www.ingramcontent.com/pod-product-compliance
Lightning Source LLC
Chambersburg PA
CBHW052033230426
43671CB00011B/1633

ŒUVRES COMPLÈTES
DE
EUGÈNE SCRIBE
DE L'ACADÉMIE FRANÇAISE

RÉSERVE DE TOUS DROITS

DE PROPRIÉTÉ LITTÉRAIRE

En France et à l'Étranger.

MARCO SPADA

OPÉRA-COMIQUE EN TROIS ACTES

MUSIQUE DE D.-F.-E. AUBER.

Théâtre de l'Opéra-Comique. — 21 Décembre 1852.

Scribe. — Œuvres complètes.   IVme Série. — 16me Vol. — 1

PERSONNAGES. ACTEURS.

LE PRINCE OSORIO, gouverneur de Rome. MM. CARVALHO.
FEDERICI, son neveu . . . . BOULO.
LE COMTE PEPINELLI, sigisbée de la
  Marchesa Sampietri, capitaine de dragons. . COUDERC.
LE BARON DE TORRIDA. . . . . . . BATTAILLE.
GERONIO, bandit romain. . . . . NATHAN.
GIANETTI, bandit romain . . . . LEJEUNE.
FRA-BORROMÉO, franciscain. . . . . BUSSINE.

LA MARCHESA SAMPIETRI, nièce du
  prince Osorio . . . . Mmes FAVEL.
ANGELA, fille du baron de Torrida. . . . CAROLINE DUPREZ.

SEIGNEURS. — DAMES. — BANDITS, hommes et femmes. — DRAGONS
ROMAINS.

Aux environs de Rome, aux premier et troisième actes. — Dans le palais du gouverneur de Rome, au deuxième acte.

MARCO SPADA

ACTE PREMIER

Un salon très-élégant, dans un château, situé au milieu des bois, près Albano. — Trois portes au fond, deux portes latérales; une croisée à droite avec balcon; l'appartement est orné de fleurs. Sur une table, à droite, des livres et des papiers de musique. Sur une table, à gauche, un candélabre chargé de bougies.

SCÈNE PREMIÈRE.

LE GOUVERNEUR, LA MARCHESA, entrant par la porte du fond, d'un air étonné. Tous deux sont en habit de chasse.

LE GOUVERNEUR, regardant autour de lui.

Nous pouvions tomber plus mal, ma chère nièce, et pour des chasseurs égarés la nuit au milieu d'une forêt, l'hôtellerie me semble agréable.

LA MARCHESA.

Une hôtellerie! on dirait plutôt d'une villa, d'un palais... à l'intérieur...

LE GOUVERNEUR.

Et d'une forteresse, au dehors...

LA MARCHESA.

Oui, cela m'effrayait d'abord et je me rassure... partout des fleurs, des bougies... mais depuis le grand escalier en marbre noir jusqu'à cet élégant salon, personne pour nous recevoir !

LE GOUVERNEUR.

C'est là le singulier !

LA MARCHESA.

On dirait d'un conte de fées... heureusement, voici notre compagnon de voyage, le capitaine Pepinelli, mon cavalier servant, qui par état doit tout savoir... Eh bien?...

LE GOUVERNEUR.

Eh bien... capitaine?...

SCÈNE II.

Les mêmes; PEPINELLI.

PEPINELLI.

Eh bien! je viens de mettre nos trois chevaux à couvert; des cours superbes, des écuries de prince... mais pas un palefrenier, pas un domestique vivant.

LA MARCHESA.

Celui qui nous a ouvert la grande porte s'est-il évanoui ?

PEPINELLI.

Non, sans doute, marchesa! mais j'ai eu beau lui annoncer le gouverneur de Rome et la marquise, sa nièce, et moi, Pepinelli, capitaine de dragons, pas un geste, pas une réponse! d'où j'ai conclu que le portier, le majordome de ce château magique, était sourd et muet.

LA MARCHESA.

Le seul à qui l'on puisse parler !

LE GOUVERNEUR.

C'est jouer de malheur !

PEPINELLI.

N'est-ce pas ? mais quand une fois la fatalité vous poursuit...

LA MARCHESA.

Aussi, aujourd'hui je vous hais à la mort... c'est vous qui êtes cause de tous nos désastres !

PEPINELLI.

Que voulez-vous, marchesa, quand la tête n'y est plus... votre oncle m'a appris ce matin, au milieu de la chasse, le retour de son neveu Federici, votre cousin ! depuis dix ans qu'il est en France, pourquoi revient-il à Rome ?... à quoi bon ?

LE GOUVERNEUR.

Ne vous l'ai-je pas dit ?

PEPINELLI, avec impatience.

Que trop ! pour réunir les deux branches de votre famille, et marier deux personnes qui ne se connaissent pas, qui ne s'aiment pas !... tandis que moi, cavalier servant de la marquise, son adorateur depuis trois ans et plus, car j'ai commencé du vivant de son premier mari, ce pauvre marquis de Sampietri... ce n'était pas la peine qu'il mourût, autant le garder... j'y étais fait, tandis que l'autre... Tenez, marchesa, si vous l'épousez, j'en perdrai la raison.

LA MARCHESA.

Cela commence déjà... Nous égarer, mon oncle et moi, en pleine chasse !

LE GOUVERNEUR.

Par une pluie battante !...

LA MARCHESA.

Nous faire entrer dans une horrible auberge !...

PEPINELLI.

Où vous étiez à l'abri!... et où vous n'avez pas voulu rester...

LA MARCHESA.

Non sans motifs!... des figures sombres et sinistres... au milieu de la forêt... et la nuit qui approchait...

LE GOUVERNEUR, souriant.

Tu te croyais déjà en pleine histoire de brigands...

LA MARCHESA, avec effroi.

Taisez-vous! taisez-vous! la seule idée d'un brigand... le nom seul de Marco Spada le bandit, me donnent, vous le savez, des attaques de nerfs...

LE GOUVERNEUR.

Petite maîtresse!...

PEPINELLI.

Rassurez-vous!... j'ai mon flacon de sels anglais... il est de fait que les États-Romains sont le pays natal... la terre classique des bandits... il y en a tant!

LE GOUVERNEUR, d'un ton sévère.

Il n'y en a plus depuis que je suis gouverneur de Rome... autant de pris, autant de fusillés... cela n'ira pas loin!

PEPINELLI.

Ecoutez!... j'ai cru entendre marcher...

LE GOUVERNEUR, entr'ouvrant une portière, à gauche.

De ce côté?... non, personne!... un salon de concert, d'une richesse et d'un goût exquis... des instruments de musique... nous sommes chez quelque grand seigneur dilettante...

LA MARCHESA, soulevant une autre portière et regardant avec admiration.

Et dans cette galerie, quelle serre magnifique!... les fleurs les plus prodigieuses et les plus rares... (Regardant sur une table, à droite.) Et sur cette table des partitions... des airs... ce duo que je chantais l'autre jour... vous savez, mon oncle : *Une déclaration d'amour, en quatre langues différentes.*

PEPINELLI, regardant par une porte à gauche.

Attendez... un vestibule sur lequel donnent plusieurs portes... si j'allais à la découverte.

LA MARCHESA.

Allez-y.

PEPINELLI, prenant le candélabre, sur la table à gauche.

C'est que je vais être obligé de vous laisser un instant sans lumière.

LE GOUVERNEUR.

Qu'importe!

(Pepinelli s'éloigne par la porte à gauche, emportant le candélabre ; le théâtre reste dans l'obscurité.)

LA MARCHESA, près de la boiserie, à droite.

Ah! mon Dieu!...

LE GOUVERNEUR.

N'as-tu pas déjà peur de te trouver seule dans l'obscurité avec moi?

LA MARCHESA, montrant la boiserie, à droite.

Non, mais en m'appuyant contre ce panneau, j'ai senti comme un bouton de sonnette.

LE GOUVERNEUR.

Il fallait donc le tirer.

LA MARCHESA.

Ah!... bien oui!

LE GOUVERNEUR.

Poltronne!... je vais sonner.

LA MARCHESA.

Gardez-vous-en bien, si l'on allait venir!

LE GOUVERNEUR.

N'est-ce pas pour cela que je sonne?

(Il tire le bouton avec force, le panneau s'ouvre, une jeune fille s'en élance

rivement, s'avance vers le gouverneur, qu'elle rencontre dans l'obscurité.)

SCÈNE III.

LE GOUVERNEUR, ANGELA, sortant de la droite, LA MARCHESA, à gauche, un peu au fond ; puis PEPINELLI.

QUATUOR.

ANGELA.

Ah ! c'est bien le signal... enfin donc, c'est bien vous !
(A part.)
Il se tait !... il est en courroux !
Je m'en doutais !...

COUPLETS.

Premier couplet.

(D'un air caressant.)
Eh mais !... eh mais, quel air sévère ?
Et pourtant ma lettre sincère
De tout vous a bien informé !
Et si j'ai quelques torts, peut-être,
Pardonnez-les-moi, mon doux maître,
Ne grondez pas, mon seigneur bien-aimé !

LE GOUVERNEUR, à part.

Je ne sais plus à présent comment la détromper.

ANGELA, redoublant de caresses.

Deuxième couplet.

Puisque la paix est revenue,
Pourquoi dérober à ma vue
Ces traits dont mon cœur est charmé ?
Pardonnez donc de bonne grâce !
Et permettez qu'on vous embrasse...
Mon doux seigneur, mon père bien-aimé !

LE GOUVERNEUR et LA MARCHESA, s'avançant.

Son père!...
(En ce moment Pepinelli paraît à la porte à gauche, portant le candélabre qui éclaire le théâtre.)

Ensemble.

LE GOUVERNEUR, PEPINELLI, LA MARCHESA.

O surprise étrange!
Que vois-je et qu'entends-je?
Oui, voilà d'un ange
La voix et les yeux!...
(Entre eux, à demi-voix.)
Car, au lieu d'un père,
Fille moins sévère
Attend d'ordinaire
Un jeune amoureux!

ANGELA, reculant effrayée.

A moi, mon bon ange!
Que vois-je et qu'entends-je?
Quelle audace étrange
Les guide en ces lieux?
Et quel téméraire,
Bravant ma colère,
Au lieu de mon père,
Paraît à mes yeux?

ANGELA, au gouverneur.

D'où venez-vous?

LE GOUVERNEUR.

La nuit, égarés dans ces bois,
De l'hospitalité nous réclamons les lois!

ANGELA.

Mon père absent défend que cette porte
S'ouvre à personne!

LA MARCHESA, effrayée.

Ah! grands dieux!

1.

ANGELA, souriant.

Il n'importe!...

Je désobéirai!...

(Regardant la marchesa.)
Loin d'être mécontent,
Il m'en remercira, je pense, en vous voyant!

CANON.

Dans ce séjour tranquille,
A l'abri des dangers,
Acceptez un asile,
O nobles étrangers!
Ainsi que moi, mon père
Vous offrirait ici
Et son toit tutélaire
Et la main d'un ami!

LE GOUVERNEUR, PEPINELLI, LA MARCHESA.

Dans ce séjour tranquille,
A l'abri du danger,
Acceptons cet asile
Qui doit nous protéger!
En l'absence d'un père,
Nous vous offrons ici
Les vœux d'un cœur sincère
Et la main d'un ami!

ANGELA, leur faisant signe de s'asseoir.

Expliquez-moi seulement comment, dans ce château... qu'il est presque impossible de trouver le jour, vous avez pu arriver la nuit...

PEPINELLI.

Malgré nous et sans le vouloir!... Voici le fait : le mauvais temps nous avait fait entrer dans une auberge où d'autres voyageurs avaient aussi cherché un refuge... et au bout de quelques heures d'impatience, je descendis pour seller moi-même le cheval de la signora... une haquenée blanche charmante; nous voulions retourner à Rome...

LA MARCHESA.

Ma monture ne le voulut pas et prit le chemin d'Albano, je m'aperçus alors que ce cheval n'était pas le mien...

PEPINELLI.

Je m'étais trompé... (Regardant la marchesa.) toujours par suite d'une préoccupation... (S'adressant à Angela.) inutile à vous raconter... c'était du reste un coursier également blanc, cheval arabe... pur sang...

ANGELA, étonnée.

Ah! mon Dieu!...

PEPINELLI.

D'une fougue... d'une impétuosité... d'une rapidité si grande, que nous pouvions à peine, et de très-loin, suivre les traces de la signora... emportée à travers des précipices, des labyrinthes, des chemins... inextricables au premier abord, et qui cependant semblaient s'aplanir d'eux-mêmes ; Que vous dirai-je? trois ou quatre lieues en une demi-heure... sans parler de la frayeur et de l'inquiétude... qui comptent double... et tout à coup nous nous trouvons, à la sortie d'un fourré épais... vis-à-vis la porte massive d'un château-fort... le cheval s'arrête... piaffe... hennit d'un air d'autorité... le pont-levis s'abaisse... notre conducteur s'élance... nous le suivons... et nous voilà !...

ANGELA, souriant.

Le cheval était chez lui... c'était le mien, messieurs, que j'avais prêté à mon père...

LA MARCHESA.

Est-il possible !...

ANGELA.

Cela me prouve que le maître de ce château, le baron de Torrida, que j'attendais ce soir, revenant de voyage... ne peut tarder à arriver... et ramènera probablement à la signora sa blanche haquenée...

LA MARCHESA.

Voilà le mystère... un échange !

LE GOUVERNEUR.

Dont il me tarde de faire mes excuses au baron de Torrida... Une seule chose m'étonne... c'est de n'avoir pas encore vu à Rome ni M. le baron, ni son aimable fille...

ANGELA.

Mon père va peu dans le monde... et moi, jamais !

LE GOUVERNEUR.

Est-il possible !... toujours seule...

ANGELA.

Seule... avec des livres... de la musique... et un père, dont l'ingénieuse tendresse devinant tous mes vœux... ne m'a jamais laissé un désir à former.

LA MARCHESA.

Vous ne désirez donc pas voir un bal... une fête ?

ANGELA.

Je n'y ai jamais pensé.

LA MARCHESA.

Nous autres, nous ne pensons qu'à cela... Mon oncle donne demain soir un bal... pour l'arrivée de son neveu, le prince Federici.

LE GOUVERNEUR.

J'espère que la signora daignera faire une exception en notre faveur... et quitter ce soir-là sa solitude.

LA MARCHESA.

Oui... oui... vous viendrez...

ANGELA.

Si mon père le veut...

LA MARCHESA, vivement.

Puisqu'il ne vous refuse rien ! aussi, dès qu'il sera là, je lui ferai moi-même notre invitation.

ANGELA.

Et si, avant qu'il n'arrive, vous vouliez un instant vous reposer et accepter quelques rafraîchissements... (Sonnant et s'adressant à un domestique en livrée qui paraît.) Conduisez la signora et ces messieurs dans leurs appartements.

(Le domestique se tient sur le seuil de la porte du fond.)

PEPINELLI, à la marquise.

Si la signora me permet de lui offrir la main...

LA MARCHESA.

Volontiers.

(Ils vont pour sortir, on entend sous la fenêtre, à droite, le prélude d'une guitare.)

ANGELA, à part.

Ah! mon Dieu!

LA MARCHESA.

Une guitare...

PEPINELLI.

De la musique dans cette forêt...

LE GOUVERNEUR.

Qu'est-ce que cela signifie?...

ANGELA.

Je ne sais... je le jure!

(On entend en dehors un coup de feu, la guitare se tait.)

LA MARCHESA, effrayée.

Ah! mon Dieu, ce bruit...

PEPINELLI, de même.

Un coup de feu!

LE GOUVERNEUR.

Ce n'est pas rare dans la forêt...

ANGELA.

Ne fussent que les braconniers!

LA MARCHESA.

Et vous n'avez pas peur la nuit... au milieu de ces grands bois ?

ANGELA.

Jamais !

LA MARCHESA.

Vous n'avez pas peur des brigands... ni de Marco le bandit ?

ANGELA.

Non, vraiment ! (Regardant du côté de la fenêtre.) Ces murailles sont assez élevées... je l'espère, pour qu'on n'ose pas les franchir... que cela ne vous inquiète pas, signora... entrez vous reposer !

(Le gouverneur, la marchesa et Pepinelli, sortent par la porte à gauche.)

SCÈNE IV.

ANGELA, écoutant la guitare ; FEDERICI.

C'est lui... lui encore !... quelle imprudence... et comme le disait la signora... si des brigands... blessé... tué peut-être ! (Avec joie.) Non, non, j'entends de nouveau la guitare !

FEDERICI, en dehors.

ROMANCE.

Premier couplet.

(Avec accompagnement de guitare.)

Dans ces forêts sauvages,
Sur ces rochers maudits,
Je brave les orages
Et le fer des bandits !
O toi que rien ne touche,
Je donnerais les cieux
Pour un mot de ta bouche,
Un regard de tes yeux !

Deuxième couplet.

A mon retour, peut-être,
Doit m'attendre la mort,
Mais daigne m'apparaître,
Et je bénis mon sort !
O toi que rien ne touche,
Je donnerais les cieux
Pour un mot de ta bouche,
Un regard de tes yeux !

ANGELA, s'éloignant de la croisée à droite.

Non... non... je ne dois pas l'entendre,
Et comment pourtant s'en défendre ?...
Il donnerait sa part des cieux,
Pour un seul regard de mes yeux...
Puis-je le refuser ?...

(Elle va ouvrir la fenêtre à droite, Federici paraît; elle pousse un cri.)

Grands dieux !

ANGELA.

Vous, monsieur... une telle audace !...

FEDERICI.

Votre balcon où je venais de m'élancer, m'a préservé du coup de feu dirigé contre moi...

ANGELA, avec frayeur et courant à lui.

Blessé !

FEDERICI.

Non, par malheur ! car si je l'étais, il me serait permis, peut-être, de rester en ce château...

ANGELA.

Jamais en l'absence de mon père !... mais je lui ai écrit, monsieur, comment un jeune étranger, un inconnu, m'avait secourue au milieu de l'orage et comment, depuis ce temps... il passait tous les jours sous mes fenêtres, du côté de la forêt...

FEDERICI.

Quoi ! vous lui avez raconté...

ANGELA.

Et vos regards... et les airs que vous chantiez... et les paroles aussi... Je dis tout à mon père, monsieur, c'est l'ami le plus tendre, le plus dévoué... c'est moi qui suis le but, le rêve, l'occupation de sa vie entière... il n'y a pas de sacrifice dont il ne soit capable, pour m'épargner un chagrin...

FEDERICI.

Et s'il s'irrite de notre rencontre, s'il vous défend de me voir?...

ANGELA.

J'obéirai, monsieur...

FEDERICI.

Ah! je devrais vous imiter! car, à moi aussi, on m'avait ordonné de quitter la France où j'ai été élevé. Des amis, des parents m'attendent à Rome... et depuis dix jours, caché dans cette forêt... dans la cabane d'un bûcheron... je passe ma journée à épier les instants de vous voir, mais demain... il faut partir...

ANGELA.

Demain!

FEDERICI.

Voilà pourquoi... à tout prix et même au risque de mes jours... je voulais ce soir vous parler... Par qui me faire présenter à votre père, quand il sera de retour?...

ANGELA.

Je l'attends... ce soir même!...

FEDERICI.

Ah! si j'osais... mais décemment ma première visite ne peut avoir lieu ainsi; je ne puis entrer chez lui par la fenêtre!... Attendez... il y a, demain... une fête magnifique... qui réunit l'élite de la noblesse romaine...

ANGELA.

Celle peut-être à laquelle on m'invitait tout à l'heure.

FEDERICI, vivement.

Vous êtes invitée! Ah! venez-y, de grâce!

(On entend au dehors plusieurs sons de cor.)

ANGELA, prêtant l'oreille.

Écoutez!...

FEDERICI.

Me le promettez-vous?

ANGELA.

Ecoutez donc!... C'est mon père qui revient...

(Elle fait quelques pas pour sortir.)

FEDERICI, la retenant.

Un mot encore!

ANGELA, avec impatience.

Je ne serai pas là pour l'embrasser...

FEDERICI.

Ainsi vous oubliez tout pour lui! ainsi vous m'ordonnez de partir?...

ANGELA.

Non, mais je vous en prie!

FEDERICI.

A condition que vous viendrez à ce bal...

ANGELA.

Ne vous l'ai-je pas promis?

FEDERICI.

A condition que je pourrai vous aimer... et vous le dire...

ANGELA.

Je ne le puis sans permission... laissez-moi...

FEDERICI.

Moi! vous laisser...

ANGELA.

Pour la demander à mon père...

FEDERICI, poussant un cri.

Ah !... je suis trop heureux... je pars...

ANGELA.

Et les dangers de la forêt... et ce balcon ?...

FEDERICI.

Grâce à l'obscurité, je m'éloignerai sans vous compromettre... ne craignez rien...

ANGELA.

Eh ! monsieur... est-ce pour moi que je crains ?...

FEDERICI, tombant à ses genoux et lui baisant la main.

Angela !

ANGELA.

Ah ! que je suis fâchée d'avoir dit ce mot-là... voyez-vous ce que c'est que la frayeur !.... Adieu... adieu...

(Federici disparaît par la fenêtre à droite. La porte du fond s'ouvre ; paraît le baron de Torrida.)

SCÈNE V.

LE BARON, ANGELA ; à la fin de la scène, GERONIO.

(Angela se jette dans les bras de son père, qui l'embrasse plusieurs fois, puis s'arrête et la contemple avec émotion.)

LE BARON.

AIR.

O mon enfant, ô ma fille chérie,
Mon bien suprême, mon trésor !
Point de malheurs que mon cœur ne défie,
Si ton amour me reste encor !

(Regardant avec tendresse Angela qui le débarrasse de son manteau et de son chapeau.)

Oui, c'est bien elle ! c'est sa grâce,

Ces traits, qu'absent je rêve et je revoi.
   Ah! de nouveau que je t'embrasse,
Pour être sûr, ma fille, que c'est toi!

O mon enfant, ô ma fille chérie, etc.

        Fleur pure et jolie,
        Charme de ma vie,
        Près de toi, j'oublie
        Un destin cruel!
        Sous ton doux empire,
        Mon âme respire,
        Et ton gai sourire
        Vient m'ouvrir le ciel!

          (Tirant de sa poche plusieurs objets.)
De voyage je te rapporte
(Car je pensais toujours à toi)
Des parures de toute sorte,
Des diamants dignes d'un roi!

    (Lui donnant un écrin qu'Angela ouvre et admire.)
        Sois belle et radieuse,
        Pour l'orgueil de mes yeux,
        Et surtout, sois heureuse...
        Pour que je sois heureux!

        Fleur fraîche et jolie, etc.

LE BARON, avec bonté, regardant Angela qui vient de lui approcher un fauteuil et qui s'est assise à ses pieds sur un tabouret.

Eh bien! mon enfant... nous voilà chez nous, en tête-à-tête... et nous pouvons causer... causer de ce beau jeune homme...

            ANGELA, avec embarras.

O mon père!...

            LE BARON.

Écoute donc... s'il ne t'intéresse pas, il m'intéresse, moi!... car il a protégé, sauvé mon enfant... (L'interrogeant du regard.) Et il est bien?... il est aimable?

ANGELA, baissant les yeux.

Je ne puis trop vous dire... mon père...

LE BARON, avec bonhomie.

Tu n'y as pas fait attention... c'est tout simple... Mais lui.. il t'a regardée... il te trouve belle... il a bien raison...

ANGELA.

En vérité!...

LE BARON.

C'est un garçon de goût...

ANGELA.

Et moi... qui craignais que vous ne fussiez fâché...

LE BARON.

Fâché!... de quoi? de ce qu'on t'aime... il faut bien que je m'y habitue... et pourvu que moi, ton père, tu m'aimes mieux... que tous les autres...

ANGELA, vivement.

Oh! oui!

LE BARON.

A la bonne heure... Eh bien! ma fille, tu es jeune, tu es jolie, tu es riche... très riche... choisis pour mari... qui tu voudras... choisis bien...

ANGELA.

Je m'en rapporterai à vous...

LE BARON.

A moi?... je serais peut-être trop difficile...

ANGELA.

Vous voudriez un prince?...

LE BARON, se levant.

Non... ni prince... ni grand seigneur... (Vivement.) et une autre condition à laquelle je tiens, c'est que ton mari ne soit pas de ce pays... qu'il ne soit pas Italien.

ANGELA, vivement.

Je crois qu'il vient de France... qu'il y a été élevé...

LE BARON.

Cela me convient ! cela me plaît... et maintenant... ce que je veux, c'est de voir mon gendre...

ANGELA, riant.

C'est très-aisé...

LE BARON.

En vérité...

ANGELA, de même.

Je vous dirai comment !... avant tout, je dois vous prévenir... mon père... et j'aurais dû commencer par là... mais vous avez causé tout d'abord de tant d'autres choses...

LE BARON.

Du jeune inconnu !

ANGELA.

Vous croyez ?

LE BARON.

Nous n'avons parlé que de lui !

ANGELA.

C'est étonnant !... alors donc... j'ai oublié de vous dire... que ce soir, en votre absence... j'avais donné, malgré vos ordres, l'hospitalité... à deux beaux messieurs et à une jeune dame perdus dans cette forêt...

LE BARON.

Tu as bien fait... comme toujours.

ANGELA.

N'est-ce pas ? La dame surtout et le plus jeune de ces messieurs... avaient une frayeur... ils ne rêvaient que brigands... Est-ce que jamais on en a vu dans ce canton ?

LE BARON.

Jamais !...

ANGELA.

Ils parlaient aussi de Marco Spada!... (Naïvement.) Spada!... Qu'est-ce que c'est?

LE BARON.

Un pauvre diable... qui depuis quinze ans les fait trembler!... proscrit, dont la famille a été massacrée dans nos guerres civiles... et que le désespoir a jeté parmi des gens qui, comme lui, n'avaient rien à perdre... Mais ne parlons pas de ce malheureux... que son nom... mon enfant, et que les idées qu'il rappelle n'attristent jamais tes belles années... (Gaiement.) Dans quelques jours, je ferai encore un voyage.

ANGELA, tristement.

Est-il possible!...

LE BARON, gaiement.

Mais cette fois... ce ne sera pas seul... je partirai avec ma fille et son fiancé pour la France... où nous irons nous établir.

ANGELA, avec joie.

Bien vrai?

LE BARON, souriant.

Très-vrai! Et d'ici là, parle, commande... tout ce qui te plaira, tout ce qui te conviendra, mon enfant, sera fait et exécuté...

ANGELA, avec joie.

Ah! s'il en est ainsi... j'ai une grâce... à vous demander.

LE BARON, s'asseyant à gauche.

Tant mieux!...

ANGELA.

On donne demain soir, à Rome, une grande fête...

LE BARON.

Au palais du gouverneur...

ANGELA.

Vous croyez?

LE BARON.

J'en suis sûr !

ANGELA.

Alors... (A part.) Et comme il a dit : « Chez moi... » c'est le gouverneur lui-même.

LE BARON, toujours assis.

Eh bien !... achève donc...

ANGELA.

Eh bien !...

DUO.

ANGELA.

Daignez, mon père, oui, daignez me conduire
A ce bal magnifique !...

LE BARON, effrayé et se levant.

A ce bal ! que dis-tu ?

Moi !

ANGELA.

Vous !

LE BARON.

Moi !...

ANGELA.

Vous !

LE BARON, à part.

A peine je respire !

(Haut.)
Et quelle idée !... un bal !

ANGELA, naïvement.

Je n'en ai jamais vu !
De cette fête si brillante
D'avance mon cœur est ravi !
Chacun m'y trouvera charmante,
Et vous, mon père !... et vous aussi !

(D'un ton caressant.)

Allons!... allons... vous dites : Oui!
N'est-ce pas?... vous êtes si bon!

LE BARON, avec effort.

Non! non! c'est impossible!

ANGELA, stupéfaite.

Non!

Ensemble.

ANGELA, avec étonnement et douleur.

Ah! quelque erreur m'abuse,
A peine si j'y crois!...
Mon père me refuse
Pour la première fois!

LE BARON.

Son pauvre cœur accuse
La rigueur de mes lois!
Hélas! je la refuse
Pour la première fois!

ANGELA, se rapprochant du baron.

Ma présence à ce bal est pourtant nécessaire!...
Il y sera!

LE BARON.

Qui donc?...

ANGELA.

Ce jeune homme, mon père!
C'est là qu'il doit vous être présenté!
Je l'ai promis!

LE BARON, vivement et avec intérêt.

En vérité!

ANGELA.

Et dès qu'on fait une promesse,
Il faut la tenir à tout prix!

LE BARON, avec douleur.

Ah! tu sais pour toi ma tendresse...
(Avec effort et comme malgré lui.)
Mais je ne puis, mon enfant, je ne puis!

Ensemble.

ANGELA, sanglotant.

Ah! quelle... douleur... m'oppresse!
Mes... efforts... sont... superflus!...
J'ai perdu... votre... tendresse,
Mon père... ne m'aime... plus!
Non... non... vous ne m'aimez plus!

LE BARON, cherchant à la calmer.

Combien ta douleur m'oppresse!
Mais, hélas! n'insiste plus!
   (A part.)
Si j'écoutais ma tendresse,
Tous deux nous serions perdus!
(Avec impatience.)
Mais de ce maudit bal qui t'a donné l'envie?

ANGELA.

Le gouverneur lui-même!...
            (Voyant l'étonnement du baron.)
      Oui, mon père, c'est lui,
Qui nous invite et nous prie...

LE BARON, vivement.

Le gouverneur de Rome!...
            (Avec colère.)
      Il est ici?

ANGELA, étonnée.

N'allez-vous pas vous fâcher à présent,
Vous qui disiez : C'est bien... tout à l'heure!...

LE BARON, avec joie.

                Oui, vraiment!

Ensemble.

LE BARON.

J'accueille avec allégresse
Un bonheur qui m'était dû!
Et mon orgueil s'intéresse
A cet honneur imprévu!

ANGELA, pleurant.

Ah! quelle douleur m'oppresse,
Tous mes soins... sont superflus!
J'ai perdu votre tendresse,
Mon père... ne m'aime... plus...
Non... non... vous ne m'aimez plus!

LE BARON, frappe sur un timbre, Geronio et plusieurs domestiques paraissent aux trois portes du fond.

Le gouverneur de Rome ici nous rend visite!
Qu'il soit traité ce soir... ainsi qu'il le mérite!
(Il parle bas à Geronio, qui fait un geste de joie, s'incline et sort.)

LE BARON, s'adressant à Angela.

Rassure-toi, ma fille!... et si ce bal a lieu,
Ensemble nous irons, je le jure!...

ANGELA, sautant de joie.

O mon Dieu!...

Ensemble.

ANGELA.

O douce promesse,
Et plus doux espoir!
Fête enchanteresse
Où je dois le voir!
Le plaisir rayonne
Soudain à mes yeux,
Et je m'abandonne
A mon sort heureux!

LE BARON.

D'une telle ivresse
Laissons-lui l'espoir!
J'ai, dans ma tendresse,
Un autre devoir!
L'avenir rayonne
Brillant à mes yeux,
Et je m'abandonne
A mon sort heureux

SCÈNE VI.

LE GOUVERNEUR, et LA MARCHESA, sortant de la porte à gauche; ANGELA et LE BARON.

ANGELA.
Voici nos hôtes, mon père!

LA MARCHESA.
Monseigneur le gouverneur de Rome.

LE GOUVERNEUR.
Et la marquise de Sampietri, sa nièce.

LE BARON.
J'étais loin de m'attendre à un pareil honneur!...

LA MARCHESA.
Et nous à une telle surprise... c'est une habitation délicieuse... ravissante... un luxe... une recherche!... Je vous amènerai, monsieur le baron, toutes les grandes dames et petites-maîtresses de Rome pour prendre ici des leçons d'élégance et de bon goût.

LE GOUVERNEUR.
Ta frayeur est donc calmée?...

LA MARCHESA.
Je n'ai jamais eu peur... c'est le capitaine Pepinelli, mon cavalier servant, que, par parenthèse, je viens d'envoyer, monsieur le baron, pour échanger contre votre terrible cheval ma paisible haquenée... c'est lui qui m'effrayait en voulant me rassurer.

ANGELA.
Il me semble cependant, signora, que vous n'aviez rien à craindre entre un capitaine de dragons et monseigneur votre oncle.

LA MARCHESA.

Raison de plus, disait-il. (Riant.) Le gouverneur de Rome est en délicatesse avec les bandits de la forêt... et s'il tombait entre leurs mains...

LE GOUVERNEUR, souriant.

Ils ne me feraient pas de grâce, je m'y attends... et ils auraient parbleu raison, car, pour ma part, je n'en épargnerais pas un seul... à commencer par leur chef... l'invisible Marco, que jamais on ne rencontre... mais que je trouverai cependant.

ANGELA, souriant.

Vous lui en voulez beaucoup?...

LE GOUVERNEUR.

Affaire d'amour-propre... Depuis plus de quinze ans il règne de fait dans les États-Romains; levant les impôts, non sur les habitants de la campagne, mais sur les percepteurs du fisc, ne s'adressant jamais à la bourse des particuliers, mais à la caisse du gouvernement, ce qui le rend populaire.

LE BARON.

En vérité!

LE GOUVERNEUR.

Et moi, le jour où l'on m'a nommé gouverneur de Rome, j'ai juré... que Marco ne serait fusillé ou pendu que par moi...

LE BARON, riant.

Et si, de son côté... il avait fait le même serment!...

LE GOUVERNEUR, élevant la voix.

Ce serait de bonne guerre...

LE BARON, riant.

Ne criez pas cela trop haut, monsieur le gouverneur...

LE GOUVERNEUR.

Peu m'importe!... ni pitié, ni merci pour lui et les siens... la seule difficulté, c'est de le connaître! vingt fois on m'a

annoncé qu'il était pris, et vingt fois j'en ai fait fusiller que l'on a su après... n'être pas lui.

LE BARON.

Il aurait peut-être mieux valu s'informer avant...

LE GOUVERNEUR.

Mais un de ces soirs nous espérons bien ne pas le manquer.

LE BARON, avec bonhomie.

Et comment cela ?...

ANGELA.

Dites-nous-le de grâce !...

LA MARCHESA.

Les histoires de brigands me donnent sur les nerfs, et ce sont les seules qui m'amusent.

LE GOUVERNEUR.

Imaginez-vous, mesdames, et vous, mon cher hôte, que Marco, le bandit, qui est de bonne famille et qui n'est, dit-on, ni sans éducation, ni sans moyens, a, entre autres, un amour des arts et un fanatisme pour la musique... tel...

LA MARCHESA.

Un bandit amateur.

LE GOUVERNEUR.

Qu'au dire de nos espions, il ne manque jamais une première représentation ; vous comprenez alors...

LE BARON.

Qu'au premier opéra nouveau !...

LA MARCHESA, gaiement et passant près d'Angela.

Dès demain... je retiens ma loge et je vous y offre une place... ce sera charmant !

LE BARON.

Oui, cela fera un coup de théâtre, un finale magnifique !

2.

(Voyant des domestiques en livrée paraître à la porte du fond. — Galamment.) Voici le souper, mesdames...

TOUS.

A l'abri des alarmes,
Loin du bruit des combats,
Goûtons en paix les charmes
De ce joyeux repas!

LE GOUVERNEUR.

Tous les chagrins... arrière!
Pour moi, rien n'est égal
A la mousse légère
Qui rit dans le cristal!

TOUS.

A l'abri des alarmes, etc.

(Le gouverneur offre sa main à Angela, le baron offre la sienne à la marchesa, et tous les quatre vont sortir, lorsque Pepinelli, pâle et troublé, paraît à la porte du fond, qu'il referme sur lui, en entrant.)

SCÈNE VII.

Les mêmes; PEPINELLI.

LA MARCHESA, levant les yeux sur lui.

Eh! mon Dieu, capitaine, quel air pâle!...

ANGELA.

Quelle physionomie renversée!

LE GOUVERNEUR.

Qu'y a-t-il donc?

PEPINELLI.

Il y a... que nous sommes tous perdus.

LE GOUVERNEUR, riant.

Allons donc!...

LE BARON, de même.

Allons donc!...

PEPINELLI.

A commencer par vous, baron de Torrida... dont le château va être incendié et pillé... car il est en ce moment rempli de bandits!

LA MARCHESA et ANGELA.

Jésus Maria!...

LE GOUVERNEUR.

Rassurez-vous, mesdames, ce n'est pas possible!

PEPINELLI, tremblant.

Je les ai vus... et entendus!... Je traversais la cour du château... malgré un brouillard... assez épais, pour obéir aux ordres de la signora... relatifs à sa haquenée...

LE GOUVERNEUR, voyant qu'on l'entend à peine.

Remettez-vous... remettez-vous... capitaine... on croirait que vous êtes ému!...

PEPINELLI, vivement.

Pour ces dames... et pour vous!... (Reprenant son récit.) J'entends dans l'obscurité... deux hommes... qui debout près d'un pan de muraille... parlaient à demi-voix... et prononçaient votre nom... Excellence... et le mien... je reste immobile... j'écoute... l'un des deux hommes disait : « C'est le gouverneur de Rome et le petit capitaine de dragons Pepinelli. » A quoi l'autre répondait brusquement :— « Qu'importe quels qu'ils soient... puisque Marco a dit : A onze heures sonnant, on vengera la mort de nos compagnons sur tout ce qui se trouvera dans le château! — Bien, avec plaisir, a continué le premier... mais des femmes c'est autre chose. — Ah! bah! a repris le second, tu es toujours galant... toi, Geronio... » et ils se sont éloignés... en se disputant... Qu'en dites-vous maintenant?

LE GOUVERNEUR.

Je dis... je dis... qu'à l'hôtellerie où nous nous sommes arrêtés, ces brigands nous auront reconnus et suivis de

loin à travers la forêt... jusqu'à ce château... où ils se sont introduits après nous...

LE BARON, froidement.

C'est probable... et vous pensez ?...

LE GOUVERNEUR.

Que j'aimerais mieux, baron, être ailleurs qu'ici !... mais que voulez-vous... c'était une partie à gagner ou à perdre, Marco est dans son droit. Ce qui me fâche... c'est pour vous... pour votre château... dont j'aurai causé la ruine... (A demi-voix.) Surtout pour ces pauvres femmes ! (A haute voix.) Mais tout n'est pas désespéré ; et il doit y avoir dans la forêt, non loin du carrefour de la Fontaine, un piquet de dragons...

LE BARON.

Vous croyez ?...

LE GOUVERNEUR.

J'ai donné l'ordre ce matin même d'en placer un.

LE BARON, secouant la tête.

Le difficile est de le prévenir.

PEPINELLI.

C'est impossible... les bandits, qui sont maîtres du château, ne laisseront sortir personne.

LE GOUVERNEUR.

Ne comptons alors que sur nous, et voyons à nous défendre !

LE BARON.

Très-bien... monseigneur...

LA MARCHESA.

Ah ! mon oncle... soutenez-moi... je me meurs de frayeur !

LE BARON, à Angela, qui est venue se placer près de lui.

Et toi, ma fille ?...

ANGELA.

Je suis tranquille, mon père... car je ne vous quitterai pas... et votre sort sera le mien !...

(Le baron embrasse Angela.)

LE GOUVERNEUR.

Eh bien! Pepinelli... que faites-vous là immobile?...

PEPINELLI, sur place et tremblant.

Immobile... non pas !...

LE GOUVERNEUR, montrant le fond.

C'est par là, sans doute, qu'on viendra nous attaquer... voyez à barricader ces portes. (Au baron.) Après tout, on peut se défendre ! nous sommes trois... vous, moi et le capitaine !

LE BARON.

Cela ne fait jamais que deux !

LE GOUVERNEUR.

Qu'importe?...

FINALE.

LE GOUVERNEUR.

Attendons l'ennemi ! Dieu guidera nos bras.
(Au baron.)
Avant que votre fille, et si jeune et si belle,
Tombe en leurs mains...

LE BARON.

Eh bien !

LE GOUVERNEUR.

Je serai mort pour elle !

LE BARON, à part.

Mourir pour ma fille !... Ah ! je ne le tûrai pas !
(On entend en dehors, dans la forêt, un appel de cavalerie.)

TOUS.

Écoutez !... écoutez !... quel bruit se fait entendre ?

LA MARCHESA.
Est-ce un nouveau renfort qui vient à ces brigands?

LE GOUVERNEUR.
Plus je cherche et moins je comprends
D'où nous vient ce secours, que je n'osais attendre !
Mais ce sont les clairons de nos dragons !

TOUS.
Vraiment !

PEPINELLI, avec joie.
Mes dragons ! braves gens !

(Courant à la fenêtre.)
Quelle nombreuse escorte !
Comme des furieux ils frappent à la porte !

LE BARON.
Attendez ! attendez ! nous allons à l'instant
Donner l'ordre d'ouvrir...

(Le baron prend un cor attaché à la muraille et en donne quelques sons en se tournant vers l'intérieur du château.)

Ensemble.

TOUS, excepté le baron.
Dieu qui nous vient en aide,
Semble nous protéger,
Et le plaisir succède
A l'horreur du danger !

LE BARON, à part.
A leurs vœux tout succède,
Mais si j'en peux juger,
De ceux qui leur viennent en aide,
Nous saurons nous venger !

SCÈNE VIII.

LES MÊMES ; FEDERICI, paraissant à la porte du fond.

ANGELA, à part.
Ah ! grand Dieu, qu'ai-je vu ?

LE BARON, voyant son émotion.

Qu'as-tu, ma fille?

ANGELA, à demi-voix.

Eh mais! c'est lui!... c'est l'inconnu!

LE BARON, étonné.

Vraiment!

ANGELA.

Qui vient pour nous défendre.

LE BARON.

C'est bien!
(Le regardant.)
Beau, jeune et brave... Eh! j'aime assez mon gendre!

FEDERICI qui, pendant ce temps, s'est avancé près des dames, salue le baron et sa fille.

Errant dans la forêt, en artiste amateur,
Que charmait de ces murs la belle et sombre horreur,
J'ai cru voir, tout à coup, et protégé par l'ombre,
Un groupe de bandits, dont j'ignore le nombre,
Se glisser en ces murs à pas silencieux!
Comment vous prévenir? et comment, seul contre eux,
Vous défendre?... J'avais, non loin de la fontaine,
En entrant dans le bois, ce matin, aperçu
Un piquet de dragons!...

LE GOUVERNEUR, avec joie.

Les nôtres?

FEDERICI.

J'ai couru!
Je les ai prévenus!... et je vous les ramène!...

LE BARON, à part.

Ah! mon gendre me plaît beaucoup moins à présent!

FEDERICI.

Heureux de vous défendre!

LE BARON, avec ironie.

En chevalier galant!

Ensemble.

TOUS, excepté Pepinelli.

Défendre les belles
Et mourir pour elles ;
Chevaliers fidèles,
C'est notre devoir.
Trop heureuse chance,
Lorsque la vaillance
A pour récompense
Un rayon d'espoir !

(Ppeinelli, qui est sorti pendant le commencement de cet ensemble, rentre en ce moment par le fond.)

TOUS, s'adressant à lui.

Eh bien ?

PEPINELLI.

Ah ! mes dragons se sont tous bien conduits.
Du château nous sommes les maîtres,
Rien ne nous manque plus... rien ! que des ennemis !

LE BARON, à part.

Par eux, mon signal fut compris.

(Haut et gaiement.)

Comment ! pas un !...

PEPINELLI.

Pas un ! Les portes, les fenêtres
Sont closes, et pourtant ils sont tous disparus !
On n'en saurait trouver un seul !

LE GOUVERNEUR, riant.

C'est un miracle !

LE BARON, à Pepinelli.

Ou plutôt, capitaine, et c'est le seul obstacle,
Vous aviez cru les voir !

PEPINELLI.

Eh ! je les ai bien vus !

FEDERICI.

Moi de même !

MARCO SPADA

PEPINELLI.
Et pourtant disparus !

SCÈNE IX.

LES MÊMES; DES DRAGONS, entrant de divers côtés du théâtre.

LES DRAGONS.
Disparus...
Du haut en bas, disparus ! disparus !
LE GOUVERNEUR.
Eh bien ! suivons leur trace,
Que ces bois par nous soient fouillés !
Et surtout point de grâce,
Tous ceux qu'on prendra... fusillés !
(Se tournant d'un air gracieux vers le baron, à qui il tend la main.)
Quant à vous, mon cher hôte,
Vous nous l'avez promis... et demain soir, sans faute,
Chez moi, demain... au bal !

LE BARON, tressaillant.
Au bal !

ANGELA, à voix haute et FEDERICI, à part.
Au bal...

LA MARCHESA.
Au bal.

ANGELA, à son père, d'un air caressant.
Vous l'avez dit.
(Au gouverneur.)
Mon père est trop loyal
Pour oublier cette promesse...

TOUS.
Au bal !

PEPINELLI et LE CHOEUR.
Obéir aux belles
Et danser pour elles,

Cavaliers fidèles,
C'est notre devoir !
Trop heureuse chance,
Quand notre constance
A pour récompense
Un rayon d'espoir !

LE BARON, à part.

Contrainte cruelle
Et crainte mortelle,
(Montrant Angela.)
Qu'il me faut, près d'elle,
Ne pas laisser voir !
O douleur cruelle
Qui fait mon désespoir !

(La marchesa embrasse Angela, puis sort avec le gouverneur et Pepinelli qui, ainsi que Federici, saluent le baron et sa fille.)

ACTE DEUXIÈME

Un salon de bal et de concert élégamment décoré dans le palais du gouverneur de Rome. — Des canapés, des fauteuils, des chaises; à l'extrême droite du théâtre, un petit guéridon sur lequel sont placés des albums et des papiers de musique.

SCÈNE PREMIÈRE.

LA MARCHESA, PEPINELLI, la suivant.

PEPINELLI.

Cette parure de bal double votre beauté, et jamais vous n'avez été plus séduisante...

LA MARCHESA, sans le regarder et s'occupant d'arranger sa toilette.

Vous trouvez?... (S'adressant à lui.) Vous êtes-vous occupé de l'orchestre?

PEPINELLI.

C'est nécessaire quand, dans la même soirée, on a un concert et un bal; aussi nous aurons, marquise, les plus illustres amateurs de Rome! pour le premier violon et la basse... les princes Corsini et Rospigliosi. Et puis... (S'arrêtant.) Ah! je voulais vous demander si je peux apporter mon hautbois.

LA MARCHESA, d'un air indifférent.

Votre hautbois... je n'y vois pas d'inconvénient.

PEPINELLI.

Je l'apporterai donc.

LA MARCHESA, vivement.

A condition que vous n'en jouerez pas.

PEPINELLI avec colère.

Comment ?

LA MARCHESA.

Eh bien ! si, vous en jouerez... (A part.) Tant pis pour eux !

PEPINELLI.

Et autre chose encore... (Avec tendresse.) Depuis si longtemps que je vous aime sans intérêt...

LA MARCHESA, sans le regarder.

Avez-vous pensé au programme du concert, à nos morceaux de musique ?

PEPINELLI, lui répondant.

J'en ai de nouveaux, j'en ai de charmants... (Avec passion.) Et il me semble qu'une passion... qui a trois ans de date... mériterait depuis longtemps...

LA MARCHESA, sans le regarder.

Sa retraite.

PEPINELLI.

Dites plutôt une récompense...

LA MARCHESA.

N'en est-ce pas une de vous écouter... de vous permettre de me servir ?...

PEPINELLI.

Certainement... Le poste de cavalier servant est un emploi honorable...

LA MARCHESA.

Mes gants !...

PEPINELLI.

Voici !... mais quand on y joindrait par hasard quelques honoraires...

LA MARCHESA.

Mon éventail !...

PEPINELLI, timidement.

Je dis quelques légers honoraires...

LA MARCHESA, avec ironie.

En vérité !...

AIR.

Vous pouvez soupirer,
Vous pouvez espérer ;
Mais, songez-y bien,
Je n'accorde rien !

Vos ardeurs,
Vos fadeurs,
Me donnent des vapeurs.
Amoureux en délire,
Qu'on devrait interdire,
De vous j'aime mieux rire...
Car le rire embellit !...
Oui, monsieur, je vous l'ai dit...

Vous pouvez soupirer, etc.

Je permets
Vos sonnets,
Vos rébus...
Je fais plus :
Je consens à les lire !
Mais d'un tendre martyre
S'il faut que l'on expire,
Qu'au moins ce soit gaîment :
Oui, vraiment, j'en fais serment...

Vous pouvez soupirer, etc.

PEPINELLI, secouant la tête.

Rien !... rien !... et mon prédécesseur, le seigneur Sylvio Frascolino ?

LA MARCHESA.

Frascolino... un petit officier.

PEPINELLI, avec chaleur.

Oui, signora... un petit officier... celui qui, avant moi, et qui quelquefois encore... de mon vivant... vous donne la main... pour aller à la chapelle Sixtine... (Rencontrant un regard de colère de la marquise.) Je m'arrête... je me calme, je ne perds pas le respect, mais on peut perdre patience... et hier... j'étais derrière vous... je suis toujours là... par état... vous lui disiez à voix basse... « Mes lettres... monsieur... mes lettres... je les exige... »

LA MARCHESA.

C'est-à-dire que vous avez cru entendre...

PEPINELLI.

J'ai très-bien entendu la demande et la réponse : « Demain, marquise... je vous les enverrai de ma villa... où je tenais caché mon trésor... »

LA MARCHESA.

Quelle folie!...

PEPINELLI.

Oui, quelle folie de vous aimer... comme je le fais...

LA MARCHESA.

Et pourquoi m'aimez-vous ?

PEPINELLI.

Parce que je ne peux pas faire autrement, parce que plus vous me trompez et plus je vous aime... et je prévois, si j'étais votre mari...

LA MARCHESA, avec fierté.

Hein!...

PEPINELLI.

Que mon amour augmenterait encore tous les jours.

LA MARCHESA.

Votre amour... votre amour!... Le moment est bien choisi! lorsque mon oncle tient plus que jamais à ce mariage avec mon cousin Federici!

PEPINELLI.

Mais on ne l'a pas encore vu, votre éternel cousin... il ne viendra pas même pour ce bal qu'on nous donne en son honneur...

LA MARCHESA.

S'il osait me faire un pareil affront...

PEPINELLI, vivement.

Vous vous vengeriez?...

LA MARCHESA, avec colère.

Sur-le-champ!

PEPINELLI, vivement.

Avec moi, marchesa...

LA MARCHESA, riant.

Eh! qui vous parle de cela, monsieur?

PEPINELLI.

Mais c'est moi qui vous en parle... moi qui serais trop heureux de partager votre vengeance... car je suis en fureur, en délire... je suis jaloux...

LA MARCHESA.

Et de qui, s'il vous plaît?...

PEPINELLI.

De votre cousin... du petit officier... de tout le monde...

LA MARCHESA.

Mais taisez-vous, monsieur, taisez-vous! N'allez-vous pas me compromettre par une scène au moment où tout le monde arrive pour le bal... Et mon oncle...

PEPINELLI.

Ah! j'oubliais! Retenu par d'importantes affaires... il vien-

dra plus tard, et nous prie, vous et moi, de faire les honneurs...

SCÈNE II.

LA MARCHESA, PEPINELLI, Seigneurs et Dames, auxquels la marchesa fait les honneurs du salon; ANGELA et LE BARON.

LE CHŒUR.

Beaux cavaliers, dames charmantes,
Venez! hâtez-vous d'accourir!
Du bal la musique enivrante,
De loin, vous appelle au plaisir!

Pendant le chœur précédent est entré le baron de Torrida donnant le bras à sa fille qui regarde autour d'elle, avec admiration. La marchesa va au-devant d'elle, l'embrasse, la prend par la main et la présente aux autres dames.)

ANGELA.

O spectacle plein de magie!
Et combien mes sens sont émus
De ce bruit, de cette harmonie,
De tous ces plaisirs inconnus!

(Des cavaliers s'approchent d'Angela qu'ils saluent et qu'ils invitent à danser; d'autres la regardent ou la montrent aux seigneurs qui les entourent.)

LE BARON, à part.

Oui, c'est ma fille qu'on admire!
Ah! j'en suis fier! j'en suis heureux!
Mais je crains les regards nombreux
Que sa beauté sur nous attire!

ANGELA, regardant autour d'elle.

Il n'est pas encore en ces lieux,
Mais ne peut tarder, je suppose!

(Plusieurs nouveaux cavaliers entourent Angela et l'invitent avec empressement à danser.)

LE BARON, à part regardant Angela.

Ah! qu'elle n'apprenne jamais
A quel péril, pour elle, je m'expose!

(A Angela qui se rapproche de lui.)
Que te disaient ces jeunes gens?...

ANGELA, souriant avec embarras.

Eh mais...
« Que j'étais belle... que la rose
Avait moins d'éclat et d'attraits... »

LE BARON, vivement.

Ils ont raison !

ANGELA.

Et puis, à la danse joyeuse
Chacun m'invite !
(Au baron.)
Ah ! que je suis heureuse !

LE BARON, la regardant avec tendresse.

Alors, j'ai bien fait de venir ?

ANGELA.

Oui, mon bon père !

LE BARON, à part, avec émotion.

Oh ! oui ! quand je devrais, pour elle,
Payer de tout mon sang cet instant de plaisir !

LA MARCHESA, répondant à plusieurs seigneurs qui viennent de l'interroger.

Vous demandez quelle est cette beauté nouvelle ?...
La fille de monsieur le baron Torrida
Qui partageait, hier, l'aventure effrayante
Et les dangers auxquels nous exposa
Le terrible Spada, ce brigand dilettante !

PEPINELLI, qui s'est approché du groupe des seigneurs.

Que bientôt nous tiendrons, pas plus tard que ce soir !

TOUS.

Vraiment !

LE BARON, à Pepinelli, en riant.

Vraiment, mon cher !

PEPINELLI.

Du moins j'en ai l'espoir !

3.

LA MARCHESA.

Du concert voici l'heure...
(A demi-voix, à Angela.)
Aura-t-on le plaisir
De vous entendre, ma charmante?

PEPINELLI, au baron.

La signora chante donc?

LE BARON, avec orgueil.

Je m'en vante!

(A part.)
Ah! quel bonheur de l'entendre applaudir!
(Les dames sont assises en demi-cercle. Les seigneurs, debout derrière elles. Le baron et Pepinelli sont à gauche du spectateur.)

ANGELA, à la marchesa.

Mais que vous chanterais-je?
(Pepinelli a pris sur un guéridon, à droite, plusieurs papiers de musique qu'il présente à la marchesa, celle-ci en prend un, qu'elle montre à Angela.)

LA MARCHESA.

Un morceau que voici...
Et qu'hier, par hasard, j'ai vu chez votre père;
Vous le connaissez donc, ainsi que moi, ma chère!

PEPINELLI, lisant le titre du morceau. (Parlé.)

Déclaration d'amour en quatre langues différentes!
(Riant.) Quatre !

LA MARCHESA.

Le titre est assez singulier.

ANGELA, souriant.

Mais un duo, d'ordinaire, réclame
Deux chanteurs!

LA MARCHESA.

Je consens à faire ici la dame!

ANGELA, gaiement.

Et moi le cavalier.

PEPINELLI, bas, à la marchesa.

Faut-il prendre mon hautbois?

LA MARCHESA, de même.

Pas encore !

(Scène de musique : — La marchesa joue le rôle d'une Française et Angela celui d'un jeune marquis.)

LA MARCHESA.
Dieu, que de monde en ces bains de Tœplitz !

ANGELA.
Quelle est cette belle étrangère ?

LA MARCHESA.
D'où sort ce jeune fat et quel est son pays ?

ANGELA.
Français, jeune et marquis, mon état est de plaire !
Je plairai !... faisons-lui ma déclaration !
Mais sachons, avant tout, de quelle nation
Est l'objet enchanteur qui se tait et m'évite ?
(La lorgnant.)
A ses beaux cheveux blonds, à son air, à ses traits,
A cette blanche hermine entourant ses attraits,
Ce doit être une Moscovite ?
(Déclaration d'amour en langue russe ; la marchesa, qui a écouté, fait signe qu'elle ne comprend pas.)
Elle ne comprend pas !... Ce doit être une Anglaise ?
C'est alors, en anglais, qu'il faut que je lui plaise !
(Déclaration d'amour sur des paroles anglaises ; la marchesa fait signe qu'elle ne comprend pas.)
Elle ne m'entend pas !... quelle erreur est la mienne !
Si c'était une Italienne !
(Déclaration d'amour sur des paroles italiennes ; la marchesa, à haute voix et le regardant d'un air impatienté.)

LA MARCHESA.
Que me veut ce monsieur, que je ne puis comprendre,
Et qui parle, je crois,
Iroquois ou chinois ?

ANGELA, poussant un cri.
Quoi, vous parlez français !

LA MARCHESA.
Oui, monsieur!
ANGELA.
Comme moi!
(A la marchesa.)
Que ne le disiez-vous?
LA MARCHESA.
Et pourquoi donc?
ANGELA.
Pourquoi?
C'est qu'un délire extrême
Embrase tous mes sens.
Oui, j'aime... je vous aime!
En français, je vous aime!
LA MARCHESA.
En français...
ANGELA.
En français! pour toujours je vous aime!
LA MARCHESA, riant.
Toujours!
ANGELA, avec chaleur.
Toujours!
LA MARCHESA.
Non pas!... je m'y connais!
Toujours!... ah! ce mot-là, monsieur, n'est pas français!

Ensemble.

ANGELA.
En français, je vous aime, etc.
LA MARCHESA.
Quelle folie extrême, etc.
(On entend en dehors du salon un orchestre de bal; tout le monde se lève et redescend au bord du théâtre.)
LE CHOEUR.
Beaux cavaliers, dames charmantes, etc.
(Ils sortent tous, excepté le baron et Pepinelli.)

SCÈNE III.

PEPINELLI, LE BARON.

PEPINELLI.
Elle est charmante, votre fille, monsieur le baron.

LE BARON.
N'est-ce pas?

PEPINELLI.
Et si mon cœur... si toutes mes pensées n'étaient pas enchaînés ailleurs... on serait trop heureux... de se mettre sur les rangs...

LE BARON, s'inclinant d'un air railleur.
Un gendre dans les dragons! ce serait trop d'honneur pour nous!

PEPINELLI.
L'honneur serait pour moi, monsieur le baron!

LE BARON.
Mais permettez, capitaine, que disiez-vous tout à l'heure... de ce Spada?... de l'espérance que vous aviez de le tenir ce soir?...

PEPINELLI, riant.
C'est piquant, n'est-ce pas?... et cela vous intéresse.

LE BARON.
Par curiosité!

PEPINELLI, avec mystère.
Et moi, par un bien autre motif. Je tiens à me signaler aux yeux de la marquise, et je deviendrais l'homme à la mode, l'homme du jour, l'adoration de toutes les dames romaines... si je parvenais à capturer et à détruire ce chef redoutable...

LE BARON.
Je vois qu'hier soir il vous a fait un peu peur... et que vous lui en gardez rancune.

PEPINELLI.

Je ne dis pas non... et si je pouvais le retrouver...

LE BARON, avec mystère.

Ce n'est pas impossible... j'ai quelque idée sur le lieu de sa retraite...

PEPINELLI.

En vérité !

LE BARON.

Idée que je n'ai encore communiquée à personne... mais pour vous, capitaine, et pour les beaux yeux de la marquise...

PEPINELLI.

Ce n'est pas de refus... si mon projet venait à échouer !... mais en attendant j'ai mieux que cela...

LE BARON.

Mieux que cela?...

PEPINELLI.

Une réussite presque assurée, qui dépend de notre discrétion! Apprenez... vous allez vous récrier... traiter cela d'invraisemblable et d'impossible... apprenez que, ce soir même... il doit venir... ici... à ce bal...

LE BARON, vivement.

A ce bal !...

PEPINELLI.

Silence !...

LE BARON.

Et comment le savez-vous?

PEPINELLI.

Grâce à une idée de moi !... une récompense de six mille écus romains avait été affichée et promise à celui qui livrerait Spada le bandit. Et aujourd'hui j'ai reçu, vers le milieu de la journée, l'avis suivant, d'un des siens, nommé Gianetti...

LE BARON.

Gianetti...

PEPINELLI, tirant un papier de sa poche.

Il ignore dans quel but et dans quelle intention... mais il est sûr que leur chef a commandé sa voiture et choisi ses compagnons les plus intrépides pour l'accompagner ce soir, incognito, au bal du gouverneur... où il y a, sans doute, vu la quantité des diamants, quelque bon coup à faire... C'est d'une témérité...

LE BARON, riant.

Et vous croyez à cela?...

PEPINELLI, lui remettant la lettre.

Voyez plutôt! voyez! Il est capable de tout.

LE BARON, lisant la lettre.

Excepté d'une sottise... et c'en serait une de venir ainsi se livrer lui-même... en vos mains...

PEPINELLI.

C'est bien ce que je me suis dit!... mais j'ai toujours prévenu le gouverneur... qui prend en ce moment les mesures nécessaires... pour que Spada ne puisse plus sortir de ces salons... s'il a l'audace d'y mettre le pied!

LE BARON.

Et ces mesures?...

PEPINELLI.

Je ne les connais pas!... puisque le gouverneur est depuis plusieurs heures renfermé dans son cabinet... Mais voici toutes ces dames.

SCÈNE IV.

Les mêmes; LA MARCHESA, ANGELA, Danseurs et Danseuses.

LE BARON, à Angela.
Est-ce que la contredanse est déjà finie?...

LA MARCHESA.
Non pas... mais voici bien un autre événement... le bruit s'était tout à coup répandu dans le bal que Spada avait osé pénétrer en ce palais...

ANGELA, au baron.
Est-ce audacieux, mon père!...

LE BARON, froidement.
Oui, mon enfant!...

LA MARCHESA.
J'ai couru alors chez mon oncle. Son valet de chambre m'a appris qu'un homme, enveloppé d'un manteau et dont les manières paraissaient fort étranges, s'était, en descendant de voiture, dirigé non vers la salle de bal... mais vers l'appartement du gouverneur. Nos gens, qui avaient déjà le mot, se sont jetés sur lui... et l'ont conduit devant mon oncle, qui l'interroge en ce moment...

PEPINELLI, au baron.
Eh bien!... que vous disais-je?...

LE BARON.
Je commence à croire que décidément il est ici!

PLUSIEURS DAMES.
Ah! que je voudrais le voir...

LA MARCHESA.
Et moi donc?... j'en mourais d'envie!... (Avec contentement.) Aussi je l'ai vu!

TOUTES LES DAMES.

Est-il possible!...

LA MARCHESA.

Et voilà le plus épouvantable... je n'en puis revenir encore...

TOUTES LES DAMES.

Parlez!... parlez!...

PEPINELLI, lui offrant un flacon de sels.

Eh! oui, signora, parlez donc !...

LA MARCHESA.

Sous prétexte de l'avertir que le bal était commencé, je me suis élancée intrépidement près du gouverneur... qui, d'une voix terrible, s'est écrié : « J'ai défendu que personne entrât dans mon cabinet; sortez, ma nièce, sortez... je vous rejoins dans l'instant... » et, par un procédé dont les oncles seuls sont capables, la porte s'était déjà refermée sur moi... mais d'un œil rapide... j'avais eu le temps de voir...

TOUTES.

Eh bien?...

PEPINELLI.

Eh bien! Spada?

LA MARCHESA, à Pepinelli et au baron.

Ah! voilà, messieurs... (A Angela.) voilà, ma chère, ce que vous ne croirez jamais... ce beau... cet élégant cavalier que nous avons rencontré hier... chez M. le baron de Torrida, votre père...

ANGELA, tremblante.

Ah! mon Dieu... achevez?

LA MARCHESA.

C'était lui...

ANGELA, pousse un cri étouffé et se jette dans les bras de son père.

Ah!

LE BARON, serrant sa fille contre son cœur.
Tais-toi ! tais-toi, ma chère !

ANGELA, à demi-voix et avec force.
Ah ! je ne l'aime plus ! rassurez-vous, mon père !
Je sens à mon amour succéder le mépris !

LE BARON, à part, avec douleur.
Le mépris !... le mépris...
(Cachant sa tête entre ses mains.)
Malheureux que je suis !

Ensemble.

LE BARON, à part.
Ah ! que toujours ma fille ignore
Et mon destin et mon malheur !
Sinon, ce père qu'elle adore
Deviendrait un objet d'horreur !

ANGELA.
Ah ! qu'à jamais le monde ignore
Ma honte, ainsi que ma douleur !
C'est à celui seul que j'honore
Que doit appartenir mon cœur !

LA MARCHESA, PEPINELLI et LE CHŒUR.
Je n'en puis revenir encore !
Quoi ! dans ces lieux, ah ! quelle horreur !
Ce bandit que chacun abhorre
Est venu jeter la terreur !

SCÈNE V.

Les mêmes ; puis LE GOUVERNEUR et FEDERICI.

LA MARCHESA, remontant le théâtre, et regardant vers le fond.
Le voici ! c'est bien lui !

TOUTES LES DAMES.
D'avance, je frissonne !
(Paraît le gouverneur, donnant le bras à Federici.)

TOUS, à voix basse.

Mais quel étrange événement !
Quoi ! le gouverneur, en personne,
Donnant le bras à ce brigand !

LE GOUVERNEUR, s'avançant au milieu du théâtre.

Venez tous prendre part au bonheur qui m'enchante,
Et permettez, messieurs, qu'ici je vous présente
Ce noble cavalier !...

TOUS.

Grand Dieu !

LE GOUVERNEUR.

Qui, depuis son enfance, absent de l'Italie,
Revoit enfin ses parents, sa patrie !
Federici, mon neveu !

TOUS.

Son neveu !

LA MARCHESA.

Que j'avais méconnu !... que j'avais offensé !
(Courant à lui.)
Lui ! mon cousin !... mon noble fiancé !

LE BARON et ANGELA.

Son fiancé !...

PEPINELLI, avec colère.

Qu'exprès Satan vient ramener
(Montrant la marchesa.)
Pour l'épouser et me faire damner !

Ensemble.

LE BARON.

Désormais, plus de clémence !
Qu'ils redoutent ma vengeance,
Ils étaient en ma puissance,
Et je les épargnai tous !
Trahison et perfidie !
Par lui ma fille est trahie,

Et c'est trop peu de sa vie
Pour apaiser mon courroux!

PEPINELLI.

Au-devant de la vengeance
Mon cœur irrité s'élance!
Après trois ans de constance,
Il deviendrait son époux!
O comble de perfidie!
Elle me serait ravie!
Qu'elle craigne la furie
De ce cœur fier et jaloux!

LE GOUVERNEUR, LA MARCHESA et LE CHŒUR, regardant Federici.

Après une longue absence,
Bientôt, j'en ai l'espérance,
Une brillante alliance
Le retiendra parmi nous!
Oui, que désormais sa vie
S'écoule dans sa patrie!
Que d'une femme chérie
Il devienne ici l'époux!

ANGELA.

Plus d'amour, plus d'espérance!
Lorsque, dans ma confiance,
Je croyais à sa constance,
D'une autre il devient l'époux!
O comble de perfidie!
Ah! c'en est fait de ma vie,
Qui, par le malheur flétrie,
Se brise, hélas! sous ses coups!

FEDERICI.

O beaux rêves d'espérance!
En l'amour j'ai confiance!
Je romprai cette alliance
Pour former un nœud plus doux!
(Regardant Angela.)
Oui, que désormais ma vie
A la sienne soit unie...
Et qu'ici sa voix chérie

Me nomme enfin son époux !
(S'approchant d'Angela, qu'il salue.)
Oserais-je implorer l'honneur
De la prochaine contredanse?

ANGELA, froidement.

L'on vient de m'engager, monsieur.

FEDERICI.

Ah! quel malheur!
Mais j'y mettrai de la persévérance!
Et la suivante...

ANGELA, de même.

Je ne peux !
Je suis fatiguée, et je veux
Me retirer de bonne heure !
(Au baron, qui est près d'elle.)
Oui, mon père,
Partons, je vous en prie!...

LE BARON, vivement.

Ah! de grand cœur, ma chère!

ANGELA.

Dans ce bal, tout me blesse et tout m'est odieux!

Ensemble.

LE BARON.

Désormais, plus de clémence, etc.

PEPINELLI.

Au-devant de la vengeance, etc.

LE GOUVERNEUR, LA MARCHESA et LE CHŒUR.

Après une longue absence, etc.

ANGELA.

Plus d'amour, plus d'espérance, etc.

FEDERICI.

O beaux rêves d'espérance! etc.

(A la fin de cet ensemble, le gouverneur vient prendre Federici, qu'il

conduit près de la marchesa. Celle-ci lui fait signe de s'asseoir à côté d'elle. Federici obéit, en jetant de temps en temps des regards du côté d'Angela, qui ne fait plus attention à lui, et s'assied près d'un groupe d'autres dames.)

LE BARON, s'approchant de Pepinelli.

Voudriez-vous, monsieur le capitaine, vous qui êtes presque de la maison, avoir la bonté de faire demander ma voiture et mes gens?

PEPINELLI.

Déjà !... moi qui voulais causer avec vous de votre proposition de tout à l'heure, car je commence à craindre que Spada ne nous échappe encore !

LE BARON, froidement.

C'est probable !

PEPINELLI, avec dépit.

Et je tiens plus que jamais (la marquise épousant le comte Federici) à me faire regretter d'elle par quelque action d'éclat, par quelque gloire...

LE BARON.

Je comprends !... (A demi-voix.) Écoutez donc... demain, au point du jour, comme qui dirait, en sortant de ce bal, trouvez-vous dans la forêt, au val de l'*Acqua verde*, je m'y trouverai de mon côté...

PEPINELLI.

Et vous me répondez du succès... vous me répondez de Spada ?

LE BARON.

Comme de moi...

PEPINELLI.

Sans danger ?...

LE BARON.

Sans danger.

PEPINELLI.

J'amènerai toujours une vingtaine de dragons!

LE BARON.

Ce sera encore mieux! Amenez aussi le gouverneur et le comte Federici... j'y tiens beaucoup!

PEPINELLI, à part.

Et moi, je n'y tiens pas!... j'aurai seul tout l'honneur! (Haut.) A demain, donc... et, dans ma reconnaissance, que ferais-je pour vous?

LE BARON, souriant.

Je vous l'ai dit, faire avancer promptement ma voiture...

PEPINELLI.

Vous attendrez peut-être un peu... car il y a une file immense... et un monde, une armée de laquais... Je vais toujours demander les vôtres... les gens du baron de Torrida, et les faire entrer là... où il n'y a personne... un petit vestibule (Montrant la porte à gauche.) qui a une sortie particulière...

LE BARON.

Par laquelle nous pourrons, ma fille et moi, disparaître incognito.

(Pepinelli s'éloigne.)

LE GOUVERNEUR, qui a entendu ces derniers mots, s'est approché du baron et lui dit :

Disparaître, monsieur le baron!... est-ce que vous songeriez déjà à nous quitter?...

LE BARON.

Oui, monseigneur!...

LE GOUVERNEUR.

J'espère que vous n'en ferez rien... ou que, du moins, vous nous donnerez encore quelques instants... (A demi-voix.) je vais vous dire pourquoi... Vous savez, ce terrible Marco

Spada, qui, hier soir, dans votre château, nous a donné une si vive alerte...

LE BARON, souriant.

Vous l'attendez à votre bal... le capitaine vient de me le confier.

LE GOUVERNEUR, à demi-voix.

C'est la vérité... le difficile, au milieu de cette foule, était de le reconnaître...

LE BARON.

Car je crois me rappeler que vous ne l'avez jamais vu!

LE GOUVERNEUR, de même.

C'est vrai!... mais il va nous arriver quelqu'un qui le connaît très-bien.

LE BARON, riant.

Ah! bah!...

LE GOUVERNEUR.

Marco Spada avait fait dernièrement prisonniers deux révérends franciscains, dont l'un, qui s'est échappé, a juré de délivrer son frère.

LE BARON.

Vraiment!

LE GOUVERNEUR.

Il viendra ce soir au milieu de cette noble et riche société... et présentant successivement sa bourse à tous ceux qui se trouveront dans ces nombreux salons... il faudra bien...

LE BARON.

Je comprends...

LE GOUVERNEUR.

Qu'il reconnaisse Spada...

LE BARON.

S'il y est!...

LE GOUVERNEUR.

C'est la question... et dans ce cas-là, baron... je veux que

vous soyez là... pour jouir de l'effet... du coup de théâtre... comme vous le disiez.

LE BARON.

Je vous remercie, monseigneur... (Montrant Angela, qui se lève et vient à eux.) mais ma fille voudrait se retirer.

LE GOUVERNEUR.

Nous la gardons en otage... une demi-heure encore... (Remontant le théâtre.) Aussi bien, voici le frère Borromeo.

(Le baron fait un geste de terreur, et se rapproche d'Angela.)

SCÈNE VI.

LES MÊMES ; FRA-BORROMEO, franciscain (habit blanc). Il paraît à la porte du fond, tenant sa bourse de quêteur à la main. Le gouverneur va au-devant de lui. La marchesa, Angela, deux groupes de dames et de seigneurs sont assis à droite du théâtre ; à gauche, un groupe de jeunes filles assises, deux groupes de seigneurs debout. Le père Borromeo passe d'abord entre les deux groupes assis à droite, et le baron se place d'un air indifférent parmi les seigneurs qui sont debout, à gauche, évitant les regards du franciscain.

FRA-BORROMEO, debout entre les deux groupes de droite, présentant sa bourse aux seigneurs et dames, qu'il regarde.

COUPLETS.

Premier couplet.

Que de riches parures !
Que d'or ! que de guipures !
Et combien nos couvents,
Hélas ! sont indigents !
Enrichissez nos quêtes
Par vos bals et vos fêtes...
Dieu les pardonnera !

(S'adressant à voix basse au gouverneur, qui est toujours à côté de lui.)

Ce n'est pas encor ça...

Je ne le vois pas là !
(A voix haute et tendant sa bourse.)
Écoutez mes prières,
Donnez, donnez, mes frères,
Donnez pour nos bons pères,
Le ciel vous le rendra !

(Le franciscain, qui était à droite et à qui tout le monde vient de donner, remonte le théâtre en passant par devant les groupes de seigneurs qui sont au fond. Pendant ce temps le baron a traversé le devant du théâtre, en tournant le dos au frère Borromeo qui est en ce moment au fond. Il va sortir par les salons à droite, mais la marchesa qui se trouve vis-à-vis de lui, l'arrête en souriant, le force à s'asseoir près d'elle, et à regarder les feuillets d'un album, qu'elle vient de prendre sur le guéridon à droite.)

Deuxième couplet.

(Fra-Borromeo, s'adressant aux jeunes filles assises à gauche.)
A voir ces perles fines,
Ces étoffes divines,
Je me souviens qu'hélas !
Nos couvents n'en ont pas !
Donnez, jeunes fillettes,
Donnez pour vos toilettes...
Dieu vous les permettra !
(Se retournant, à voix basse, vers le gouverneur, qui le suit toujours.)
Ce n'est pas encor ça,
Je ne le vois pas là !...
(A voix haute, se retournant vers les seigneurs.)
Écoutez mes prières, etc.

(La marchesa, à qui un domestique en grande livrée est venu parler à l'oreille, se lève du milieu du groupe de droite, et passant au milieu du théâtre, dit à haute voix :)

LA MARCHESA.

Le souper, mesdames ! (Elle se retourne vers le groupe de dames, à droite, près desquelles se tient le baron pâle et agité.) Eh bien ! ne m'entendez-vous pas, messieurs, la main aux dames !

(Le baron fait un geste de joie, offre vivement sa main à la marchesa qui l'accepte en souriant, et sort avec elle par la porte du fond, en tournant ainsi le dos à Fra-Borromeo, qui s'approchait de lui. Les autres jeunes gens et dames suivent ce mouvement et quittent successivement le théâtre.)

LE GOUVERNEUR, à Fra-Borromeo.

Venez, mon père, et avant le souper, parcourons les autres salons.

(Il sort avec Fra-Borromeo par un salon, à droite.)

LE CHŒUR.

Beaux cavaliers! dames charmantes, etc.

(Ils sortent tous par la porte à droite. Angela, qui était restée une des dernières, se dirige vers la porte du fond. Elle y trouve Federici, qui se place devant elle et l'empêche de passer.)

SCÈNE VII.

FEDERICI, ANGELA.

FEDERICI.

Vous ne me fuirez pas ainsi, Angela, vous me devez une explication.

ANGELA.

Aucune!... laissez-moi, monsieur, votre fiancée s'étonnerait avec raison de votre absence.

FEDERICI.

Ma fiancée...

ANGELA.

La marquise de Sampietri, votre cousine... à qui tous les hommages, tous les cœurs appartiennent.

FEDERICI.

Excepté le mien. Depuis un an, mon oncle avait arrangé cette alliance, que je n'avais point repoussée, j'en conviens... je ne vous connaissais pas alors! mais aujourd'hui, dès mon arrivée, et ne voulant tromper personne, j'ai couru chez le gouverneur... lui avouer mon amour...

ANGELA.

Est-il possible!...

FEDERICI.

La douleur qu'il en éprouve ne le rend point injuste sur vous et sur votre mérite, il me demande seulement, pour moi, quelques jours de réflexion; pour lui, le temps de préparer la marquise à une nouvelle qui, au milieu des triomphes qui l'entourent, doit blesser son amour-propre... plus que tout autre sentiment...

ANGELA.

Ah! que j'étais coupable, moi qui vous accusais...

FEDERICI.

Et qui vouliez me fuir...

ANGELA.

Je reste... je reste... je vous le jure!

FEDERICI.

Et cette contredanse que j'implorais en vain...

ANGELA.

A vous... à vous seul...

FEDERICI.

Et moi je ne danserai qu'avec vous... venez!...

ANGELA, apercevant le baron.

Mon père...

SCÈNE VIII.

Les mêmes; LE BARON, sortant du vestibule, à gauche, avec GERONIO, un de ses gens, pendant que l'orchestre se fait entendre au loin.

LE BARON, à Geronio.

Bien... et puisque vous êtes là tous les quatre... attendez mes ordres... (Geronio rentre dans le vestibule, à gauche. — S'adressant à Angela.) Allons, ma fille... hâtons-nous!... notre voiture et nos gens sont prêts, partons!

ANGELA.

Ah! pas encore, je vous en supplie.

LE BARON.

C'est toi qui voulais t'éloigner à l'instant même...

ANGELA.

Je ne le veux plus!

LE BARON.

Ce bal te paraissait... si odieux et si triste...

ANGELA.

Il me paraît délicieux maintenant... Pardon... mon père... mais vous qui cédez à tous mes caprices... accordez-moi encore celui-là!...

LE BARON.

C'est impossible!...

ANGELA.

Et pourquoi?...

LE BARON, à demi-voix.

La présence seule de M. le comte devrait te le dire... viens!

ANGELA.

Ah! c'est que vous ignorez ce qui se passe, et vous ne savez pas comme moi...

LE BARON.

Je sais que nous devons partir...

ANGELA.

Nous pouvons rester... car il n'épouse point la marquise.

FEDERICI.

Monsieur le baron, vous connaissez maintenant mon rang, ma famille et ma fortune. J'ai l'honneur de vous demander la main de la signora, votre fille...

ANGELA.

Vous l'entendez?... (Bas, à son père.) J'en mourrai de joie!

4.

LE BARON, à part.

Et moi de crainte... et de désespoir... (Haut.) Je ne le puis, monsieur... je ne le puis...

ANGELA et FEDERICI.

Et pour quelles raisons?...

LE BARON.

Je les expliquerai à ma fille... c'est pour cela, monsieur, que je désire être seul avec elle...

FEDERICI.

Ces raisons... quelles qu'elles puissent être... ne tiendront pas, j'en suis certain, contre mes prières... et celles de la signora.

LE BARON, avec impatience.

Enfin, monsieur...

FEDERICI.

J'obéis, monsieur le baron, je me retire... mais j'aime à croire que vous ne quitterez pas le bal sans me permettre d'espérer une réponse plus favorable.

(Il se retire par l'appartement à droite.)

SCÈNE IX.

LE BARON, ANGELA.

ANGELA, le regardant avec douleur.

Qu'est-ce que cela signifie, mon Dieu?

LE BARON.

Qu'il faut me suivre à l'instant!

ANGELA.

Mais partir ainsi... sans motifs... c'est rompre... à jamais...

LE BARON.

N'importe!... viens!...

ANGELA, avec soumission.

Je dois obéir à vos ordres, mon père, et les respecter, quels qu'ils soient... mais daignez du moins m'en expliquer les causes...

LE BARON.

Je ne le puis!...

ANGELA.

Et pourquoi?...

LE BARON.

Je ne le puis, te dis-je!... mais si nous tardons un instant... je suis perdu!...

ANGELA, poussant un cri.

Ah! je pars...

LE BARON, froidement.

Non, reste... il n'est plus temps!

SCÈNE X.

PEPINELLI, FRA-BORROMEO, sortant des salons, à gauche, au fond, **LE BARON** et **ANGELA**, à droite, sur le devant du théâtre.

PEPINELLI, au franciscain.

La quête est superbe...

FRA-BORROMEO.

La bourse du frère quêteur est déjà pleine... et je ne me suis pas encore adressé à tout le monde, il s'en faut.

PEPINELLI.

Vous pouvez alors vous reposer quelques instants... la marquise me charge de vous dire qu'elle vous réserve une place à côté d'elle...

FRA-BORROMEO, faisant un pas pour sortir.

Je l'en remercie!... (Apercevant de loin le baron, qui lui tourne le dos.) Quel est ce seigneur?

PEPINELLI.

Le baron de Torrida, un seigneur riche à millions.

FRA-BORROMEO.

Il ne me semble pas lui avoir encore présenté ma petite requête...

PEPINELLI.

Hâtez-vous alors... car il va partir... sa voiture est en bas...

FRA-BORROMEO, à Pepinelli.

Très-bien... mon frère... veuillez dire à la marquise que je vais me rendre auprès d'elle...

(Pepinelli sort par la porte du fond et Fra-Borromeo descend le théâtre, s'avançant vers le baron.)

SCÈNE XI.

FRA-BORROMEO, à gauche du spectateur. LE BARON, ANGELA.

ANGELA, bas, à son père, qui tressaille.

Qu'avez-vous donc?... d'où vient ce trouble?

LE BARON, à voix-basse.

Laisse-moi!

ANGELA, le regardant.

Vous m'effrayez...

LE BARON, de même.

Va-t'en!

ANGELA.

Je reste... je le dois!

(Pendant ce temps Fra-Borromeo est descendu en saluant le baron.)

FRA-BORROMEO, reprenant le motif de l'air de la quête.

Écoutez ma prière,
Donnez, donnez, mon frère!

(Tendant sa bourse pendant que le baron fouille dans sa poche.)

Le ciel vous le rendra...
(Il lève les yeux.)
Grand Dieu, Spada! Spada!... c'est bien lui... le voilà!
(Angela pousse un cri perçant et tombe évanouie sur un fauteuil, à droite.)

LE BARON, tirant un pistolet de sa poche et menaçant Fra-Borromeo.

Pas un cri, pas un geste!... ou tu meurs à l'instant!
(Le faisant reculer d'un pas à chaque phrase.)
Oui, c'est moi qui naguère épargnai votre sang,
Et vous venez d'immoler mon enfant...

FRA-BORROMEO.

Que la pitié vous gagne!

LE BARON, le faisant toujours reculer vers la porte à gauche et appelant.

A moi!...
Geronio et trois domestiques sortent de la porte à gauche. Sur un geste du baron, ils s'emparent de Fra-Borromeo et l'entraînent.)

Partez!... à la montagne!

SCÈNE XII.

LE BARON, s'approchant d'ANGELA, qui est toujours évanouie sur le fauteuil, à droite.

AIR.

Grâce et pitié, ma fille bien-aimée!...
Reviens au jour! reviens à toi!
Ou que plutôt ta paupière fermée
Ne se rouvre jamais sur moi!
Ah! tu sais enfin ma misère!
Et tu connais tout maintenant,
Tout, jusqu'à la honte d'un père
Qui rougit près de son enfant!
Grâce et pitié, ma fille bien-aimée!...
Reviens au jour! reviens à toi!
Ou que plutôt ta paupière fermée
Ne se rouvre jamais sur moi!

ANGELA, revenant à elle.

Où suis-je?...

(Elle regarde autour d'elle, aperçoit le baron qui la regarde d'un air suppliant... elle pousse un cri et se jette dans ses bras.)
Mon père!

LE BARON, rapidement et à voix basse.

Écoute-moi, rien n'est encor perdu!
Mon nom, qui fait ta honte, est encore inconnu!
Demain, et loin de toi, cachant ma destinée,
　　Je partirai! mais toi tu resteras!
Tu resteras, ma fille, et riche et fortunée,
Je ne te verrai plus, mais tu l'épouseras!
(Se retournant vivement.)
C'est lui!

SCÈNE XIII.

LE BARON, ANGELA, FEDERICI.

TRIO.

FEDERICI, au baron.

Je viens, incertain et tremblant,
Mais plein d'espoir encor, chercher votre réponse.

LE BARON, regardant Angela avec émotion.

De ma fille, à présent, monsieur, elle dépend!
(Avec intention.)
D'elle seule!... qu'elle prononce!

FEDERICI, avec joie.

Est-il possible!

LE BARON.

　　　　Et lui cédant mes droits,
Je jure d'approuver et confirmer son choix!

Ensemble.

ANGELA.

Entre mon époux et mon père,
M'obliger, hélas! à choisir!
Ah! ma douleur est trop amère,
Plutôt, mon Dieu! plutôt mourir!

LE BARON.

Hélas ! loin d'un coupable père,
Je le comprends, elle doit fuir !
    (Montrant Federici.)
C'est lui ! c'est lui qu'elle préfère,
Et moi, je n'ai plus qu'à mourir !

FEDERICI.

C'est d'elle seule, ô sort prospère,
Que dépend tout notre avenir !
En sa réponse, moi, j'espère,
Mon cœur tressaille de plaisir !

ANGELA, à Federici.

Devant Dieu, l'arbitre suprême,
Qui nous voit et nous juge tous !
J'en fais serment... oui, je vous aime,
Et ne puis jamais être à vous !

Ensemble.

LE BARON.

O mon Dieu ! que dit-elle ?
O surprise nouvelle !
A la voix paternelle
Immolant son bonheur,
Elle fuit et délaisse
L'objet de sa tendresse,
Et choisit la détresse,
L'opprobre et le malheur !

FEDERICI.

Ah ! grand Dieu, que dit-elle ?
Insensée et cruelle,
A l'amour infidèle
Et déchirant mon cœur,
Elle rompt la promesse
Qui faisait mon ivresse,
Hélas ! et ne me laisse
Que rage et que douleur !

ANGELA.

Ô contrainte mortelle!
A l'amour infidèle,
Et malgré moi cruelle,
Je dois briser son cœur!
Adieu, rêves d'ivresse!
Je dois fuir sa tendresse,
Et choisir la détresse,
L'opprobre et le malheur!

ANGELA, à Federici.

Oubliez-moi, l'honneur l'ordonne,
Et d'une autre soyez l'époux!
Loin de moi, qu'une autre vous donne
L'amour que je garde pour vous!

FEDERICI, avec désespoir.

Pourquoi?... pourquoi?... parlez, je vous en prie!

ANGELA.

Ah! pour le tourment de ma vie,
Je ne puis vous le dire, hélas!

FEDERICI, avec colère.

Pourquoi?... pourquoi?...

ANGELA.

Ne le demandez pas!

Ensemble.

LE BARON, avec transport.

C'est ma fille! c'est elle!
Qui me reste fidèle!
A la voix paternelle
Immolant son bonheur,
Elle fuit et délaisse
L'objet de sa tendresse,
Et choisit la détresse,
L'opprobre et le malheur!

FEDERICI, avec colère.

Insensée et cruelle,

A l'amour infidèle,
Une flamme nouvelle
A séduit votre cœur!
(La regardant, et à part.)
Elle rompt sa promesse
Et dans mon cœur ne laisse,
Au lieu de ma tendresse,
Que vengeance et fureur!

ANGELA.

O contrainte cruelle,
A l'amour infidèle,
Et malgré moi cruelle,
Je dois briser son cœur!
Adieu, rêves d'ivresse!
Je dois fuir sa tendresse,
Et choisir la détresse,
L'opprobre et le malheur!

SCÈNE XIV.

ANGELA, LE BARON, LE GOUVERNEUR, PEPINELLI
et PLUSIEURS SEIGNEURS, entrant par le fond, FEDERICI.

PEPINELLI, entrant en causant avec le gouverneur.
Et le révérend franciscain,
Qu'à table on attendait en vain,
Où donc est-il?

LE BARON, froidement.
Après avoir pieusement
Reçu notre modeste offrande,
Il est parti!... tant sa hâte était grande
De retourner à son couvent!

LE GOUVERNEUR, au baron.
Parti? sans avoir rien découvert!...

SCRIBE. — Œuvres complètes.   IVme Série. — 16me Vol. — 5

LE BARON.

Oui, vraiment,
C'était sûr!...

SCÈNE XV.

FINALE.

Les mêmes; LA MARCHESA, les autres SEIGNEURS et
DAMES qui sont entrés peu à peu pendant la scène précédente.

FEDERICI, apercevant la marchesa et s'efforçant de prendre un air gai.
Ah! voici ma charmante cousine.
(S'adressant à voix haute au gouverneur et avec émotion.)
Avec elle votre dessein,
Mon oncle, dès longtemps, fut d'unir mon destin!

LE GOUVERNEUR, à Federici.
Que veux-tu dire?...

LA MARCHESA.
Oh! moi, je le devine!

FEDERICI.
Je veux, en sa présence et devant nos amis,
Réclamer le bonheur que vous m'avez promis!

LA MARCHESA, avec joie.
Quoi, mon cousin...

PEPINELLI, avec désespoir.
Ah! grands dieux!

LE GOUVERNEUR, bas, à Federici.
Que dis-tu?

FEDERICI, regardant Angela.
Cet hymen fait ma joie... et j'y suis résolu!...
(Montrant la marchesa.)
Elle est ma fiancée et je veux, dès demain,
Recevoir d'une épouse et le cœur et la main!

Ensemble.

FEDERICI.

Je veux, dans ma rage,
Que l'hymen m'engage,
Pour venger l'outrage
Fait à mes amours!
(Regardant Angela.)
Maîtresse hautaine,
Orgueilleuse et vaine,
Je brise ma chaîne,
Adieu pour toujours !

PEPINELLI, à part.

Fatal mariage,
Dont mon cœur enrage!
Ah! vengeons l'outrage
Fait à mes amours!
(Regardant la marchesa.)
Maîtresse hautaine,
Inconstante et vaine,
Je brise ma chaîne,
Adieu pour toujours!

LE GOUVERNEUR.

J'ai craint d'un orage
Le sombre présage,
Mais après l'orage
Viennent les beaux jours!
Ma crainte était vaine,
L'amour le ramène
Et l'hymen l'enchaîne
Enfin pour toujours!

LA MARCHESA.

De ce mariage
J'avais le présage,
Car après l'orage
Viennent les beaux jours!
A mes pieds, sans peine,
Un regard l'amène

Et l'hymen l'enchaîne
A moi pour toujours!

LE CHŒUR.

Brillant mariage,
Fortuné présage,
L'amour au jeune âge
Promet des beaux jours!
(Montrant Federici.)
La beauté, sans peine,
Le séduit, l'entraîne,
Et l'hymen l'enchaîne
Enfin pour toujours!

ANGELA.

Perfide et volage,
C'est moi qui l'outrage,
C'est moi qui l'engage
En d'autres amours!
Et, doublant ma peine,
L'hymen qui l'enchaîne
Loin de lui m'entraîne!
Adieu pour toujours!

LE BARON, regardant Angela.

O noble courage!
(Regardant Federici.)
Fatal mariage,
(Regardant Angela.)
Qui de son jeune âge
Flétrit les beaux jours!
Mais, brisant sa chaîne,
Dieu, qui voit ma peine,
Vers moi la ramène...
A moi pour toujours!

ANGELA, au baron.

Partons, je vous suis, mon père!
Le reste ne m'est plus rien!
A vous seul ma vie entière,
Votre sort sera le mien!

Ensemble.

FEDERICI.
Je veux, dans ma rage, etc.

PEPINELLI.
Fatal mariage, etc.

LE GOUVERNEUR.
J'ai craint d'un orage, etc.

LA MARCHESA.
De ce mariage, etc.

ANGELA.
Perfide et volage, etc.

LE BARON.
O noble courage! etc.

LE CHOEUR.
Brillant mariage, etc.

(Federici donne la main à la marchesa. Angela, pâle et tremblante, s'appuie sur son père, qui l'entraîne et sort par le fond.)

ACTE TROISIÈME

Un site sauvage. — Au fond, la montagne, et à l'horizon une route qui la traverse en serpentant; à droite, une chapelle qui s'élève sur des rochers; à gauche, l'entrée d'une grotte. Au milieu de la forêt, et parmi les rochers, différents groupes de bandits se sont formés. Ils viennent de se partager le butin de la veille; ils sont assis, boivent et mangent; à côté d'eux sont leurs carabines; au fond du théâtre, plusieurs femmes ont allumé un grand feu devant lequel elles apprêtent le repas; d'autres restent debout pour servir leurs maris ou leurs frères.

SCÈNE PREMIÈRE.

LE BARON dans le même costume qu'au second acte, assis à gauche, près d'un quartier de rocher et rêvant; à droite, GERONIO, son lieutenant, et un groupe de BRIGANDS. D'autres assis au milieu du théâtre. Hommes et femmes, en costumes romains et napolitains. Puis ANGELA, et plus tard GIANETTI.

LE CHŒUR.
De ces rochers, de ces forêts,
Rois par l'audace et nos mousquets,
Partageons tout, gloire et bon vin,
Et les périls et le butin!
(Trinquant ensemble.)
Et buvons aux dragons romains
Qui doivent tomber sous nos mains!
(Ils se lèvent, s'avancent avec le baron au bord du théâtre, appuyés sur leur carabine.)
Malheur au traître

              Qui fait connaître
              Le nom du maître
              Et notre sort !
              Dictant d'avance
              Notre vengeance
              Et sa sentence,
              A lui la mort !
                La mort !

(Retournant s'asseoir à leurs places, et reprenant gaiement.)

          De ces rochers, de ces forêts,
          Rois par l'audace et nos mousquets,
          Partageons tout, gloire et bon vin,
          Et les périls et le butin !
          Et buvons aux dragons romains
          Qui pourront tomber sous nos mains !

(Les femmes des brigands, debout derrière eux, remplissent leurs verres.)

            LE BARON, tendant le sien.
    A boire !...
(De la caverne, à gauche, et conduite par Geronio, sort Angela, en costume des paysannes de la montagne.)

              O ciel ! en croirais-je mes yeux ?
        Sous ces habits... ma fille dans ces lieux !

(Se levant et l'amenant au bord du théâtre.)

    Toi, quitter mon palais ?

                  ANGELA.
                  Je n'y pouvais plus vivre !
      La fille de Spada, de son père doit suivre
      Le destin et les pas !

              (Regardant autour d'elle.)
              Fille de ces montagnes,
        Voici donc ma patrie...
                (Montrant les femmes.)
                  Et voici mes compagnes !

(Prenant un broc de vin des mains d'une des femmes qui l'entourent.)
    Buvez, mon père !

            LE BARON, se levant.
            Eh quoi ! tu veux, audacieuse...

ANGELA.

De votre vie aventureuse
Partager désormais les hasards incertains;
J'en connais les dangers!

(Gaiement.)

J'en connais les refrains!

Écoutez-moi.

(Continuant.)

COUPLETS.

Premier couplet.

Fille de la montagne,
Quel est ton amoureux ?
A-t-il feutre d'Espagne
Et de beaux rubans bleus?
Non, son costume est sombre,
Et c'est lorsque le soir
Etend au loin son ombre
Qu'il descend pour me voir!
Quand nous sommes ensemble,
Il rit, et moi je tremble!

(Vivement, et à demi-voix.)

— Tais-toi, n'entends-tu pas
Les pas
Du dragon qui nous suit
La nuit?
Caché par ces cyprès
Épais,
Ami, tiens ton mousquet
Tout prêt!
— Bah! nous narguons
Les dragons!

Ensemble.

LE CHŒUR.

Viva, viva la belle signora!
Notre amour partout la suivra,

Notre bras la protégera,
Viva, viva la belle signora!

ANGELA.

Tra, la, la, la, la, la,
La, la, la, la, la, la,
La, la, la, la, la, la,
Ah!

LE BARON.

Tais-toi, tais-toi... quel trouble je sens là!

ANGELA.

Deuxième couplet.

D'une riche dentelle,
Hier, il m'a fait présent;
Car, pour me rendre belle,
Il donnerait son sang!
Même amour est le nôtre,
Et je préfère, ici,
Au bonheur près d'un autre,
Le malheur avec lui!
Nous voici donc ensemble,
Et cependant je tremble...
— Tais-toi! parle plus bas!
Tais-toi! n'entends-tu pas
    Les pas
Du dragon qui nous suit
    La nuit? etc.

(En ce moment, descend de la montagne du fond un bandit, tenant à la main un paquet de lettres.)

LE BARON, faisant signe à sa fille de s'interrompre.

Quelques instants, ma fille, daigne attendre.

LE BANDIT, au baron.

Des lettres que l'on vient de prendre
Sur un courrier qui passait près d'ici!

LE BARON, le regardant.

Eh! c'est notre ami Gianetti!

5.

(Se retournant vers les femmes.)
De quelques pas, femmes, éloignez-vous !
(Angela et toutes les femmes se retirent au fond du théâtre.)
Compagnons, approchez-vous tous !
(Tous les bandits appuyés sur leur carabine, forment un grand cercle au bord du théâtre. Au milieu de ce cercle, Gianetti est debout et le baron assis à droite près d'une table.)

LE BARON, s'adressant à Gianetti, d'un ton grave et lent.
Gianetti, tu nous as dénoncés et trahis !

GIANETTI, hardiment.
Ce n'est pas vrai !

LE BARON, continuant de même.
Parjure et traître...
Au gouverneur, par un secret avis...

GIANETTI, moins hardiment.
Ce n'est pas vrai !

LE BARON.
Tu fis, hier, connaître
Que j'irais à son bal !

GIANETTI, tremblant.
Ah ! je l'atteste ici,
Ce n'est pas vrai !

LE BARON, tirant un papier de sa poche.
La preuve la voici.
(Il la remet au brigand qui est près de lui, celui-ci à son voisin ; la lettre fait ainsi le tour du cercle pendant le chœur suivant.)

LE CHŒUR, à demi-voix.
Malheur au traître
Qui fait connaître
Le nom du maître
Ou notre sort !
Dictant d'avance
Notre vengeance
Et sa sentence,

A lui la mort!
La mort!

(Une douzaine d'entre eux emmènent par la gauche Gianetti, pâle et tremblant. En ce moment Angela paraît à droite près du baron, qui est toujours assis, il se retourne et l'aperçoit ; Angela, sans lui rien dire, étend vers lui ses mains suppliantes et semble lui demander grâce.)

LE BARON, se lève et dit à voix basse à Geronio, en lui montrant Gianetti qu'on entraîne.

Fais qu'il s'évade, s'il se peut.

GERONIO, étonné.

Comment!

LE BARON.

Va!... ma fille le veut.

(Angela porte la main de son père à ses lèvres, Geronio sort et le baron s'adressant à ses compagnons dit :)

Nous, amis... reprenons
Nos verres et nos chansons.

LE CHŒUR.

De ces rochers, de ces forêts, etc.

LE BARON, apercevant Angela qui, à l'écart, essuie une larme.

Ah! mon Dieu! pauvre enfant, elle pleure... et frémit!

(S'adressant à Angela avec bonté.)

Je t'en prie à mon tour... Va-t'en.

ANGELA, faisant le geste de rester.

Non, je l'ai dit!...

(Elle se remet à chanter.)

Tra, la, la, la, la...

LE CHŒUR.

Viva! viva! la belle signora!
Notre amour, partout, la suivra,
Notre bras la protégera.
Viva! viva! la belle signora!

ANGELA, reprenant gaiement.

Tra, la, la, la, la, la,
La, la, la, la, la, la,

La, la, la, la, la, la,
Ah !

(Sur la ritournelle de ce morceau, le baron assigne aux brigands différents postes, et fait signe à tout le monde de se retirer.)

LE BARON, retenant Geronio.

Le père Borromeo, le franciscain que je vous ai envoyé hier soir, a-t-il eu un bon souper, un bon lit? a-t-il bien passé la nuit?

GERONIO.

Oui, capitaine.

LE BARON.

Qu'aujourd'hui encore on le retienne prisonnier... et qu'on le traite avec égards et respect.

GERONIO.

Le capitaine connaît nos principes.

LE BARON.

C'est bien... Laisse-nous.

(Geronio sort.)

SCÈNE II.

LE BARON, ANGELA.

LE BARON.

Maintenant que nous sommes seuls, parlons raison. As-tu pensé que j'accepterais un pareil sacrifice?...

ANGELA.

Il le faudra bien !

LE BARON.

Te garder dans ces lieux !... toi que j'ai entourée de toutes les recherches du luxe et de l'opulence... toi enfin dont le bonheur est ma vie... car j'aimerais mieux mourir que de te savoir malheureuse... et je vois des larmes dans tes yeux...

ANGELA, se hâtant de les essuyer.

Ce n'est pas !... ou plutôt ces larmes-là, ce n'est pas vous, mon père, qui les faites couler.

LE BARON.

Et qui donc ?

ANGELA.

Ne me le demandez pas.

LE BARON.

Alors, c'est clair... c'est *lui!*

ANGELA.

Oui, mon père.

LE BARON.

J'en étais sûr... tu l'aimes donc toujours ?... (Angela fait signe que oui.) et tu y penses sans cesse ?... (Même signe.) Pauvre enfant !... et moi aussi... je pense à lui... c'est-à-dire à toi... et voilà mon plan. Dès demain je renonce à l'existence que je mène... (Angela le presse dans ses bras.) Puisse Dieu me pardonner le passé, et, pour prix de mon repentir, m'accorder ton bonheur... (Gaiement.) Et puis...

ANGELA.

Et puis ?...

LE BARON.

Le baron de Torrida s'en ira... loin... bien loin d'ici, n'importe en quel pays... De là, mon enfant, j'écrirai à M. le comte Federici, neveu du gouverneur, que les obstacles qui s'opposaient à mon consentement n'existent plus... qu'il vienne nous retrouver...

ANGELA.

Que dites-vous ?...

LE BARON.

Il accourra sans hésiter... s'il t'aime...

ANGELA, vivement.

Et s'il ne m'aime plus !

LE BARON.

Laisse donc!... le dépit et la jalousie n'ont jamais guéri de l'amour, au contraire... il t'aime deux fois plus.

ANGELA.

Et quand il serait vrai, ce que je ne crois pas, aujourd'hui même, et dans son dépit, il épouse la marchesa, sa cousine.

LE BARON.

Pas encore...

ANGELA.

Vous ne l'avez donc pas entendu, hier, au milieu de ce bal, le promettre formellement à elle et à son oncle? Il s'y est engagé à haute voix et devant tout le monde.

LE BARON.

Eh bien?

ANGELA.

Eh bien! le comte Federici est un honnête homme, et après une promesse aussi solennelle, il ne saurait y manquer!

LE BARON, souriant.

Je l'y aiderai!

ANGELA.

Il n'y consentira sous aucun prétexte.

LE BARON.

Excepté pour des raisons de force majeure.

ANGELA, avec impatience.

Lesquelles?

LE BARON.

Cela me regarde!

ANGELA, de même.

Lesquelles, de grâce?

LE BARON.

Eh! mais le mariage doit se célébrer aujourd'hui à la villa du gouverneur, à trois lieues de Rome...

ANGELA, avec crainte.

Vous croyez?...

LE BARON.

A n'en pouvoir douter... et si par exemple on enlevait ce matin la mariée...

ANGELA.

O ciel!

LE BARON.

Avec tous les égards possibles... c'est l'ordre que j'ai donné... Ainsi sois tranquille... le mariage n'aura pas lieu.

ANGELA, avec inquiétude.

Aujourd'hui... mais plus tard... mais ailleurs... ils se retrouveront...

LE BARON, secouant la tête.

Jamais.

ANGELA.

Que voulez-vous dire?...

LE BARON.

Cela me regarde... et dès qu'il s'agit de ton bonheur... (Montrant les lettres que Gianetti lui a remises et qu'il a commencé à décacheter.) Tu peux t'en rapporter à moi.

(On entend Pepinelli en dehors.)

PEPINELLI.

Mais, messieurs... les bandits... permettez, de grâce...

LE BARON.

Une voix qui nous est connue...

ANGELA.

Le capitaine Pepinelli!

LE BARON.

Éloigne-toi... il faut qu'il ne te voie ni dans ces lieux, ni sous ce costume.

ANGELA.

Mais vous, mon père...

LE BARON.

Moi!... c'est différent... (Montrant ses habits.) Je suis resté en tenue... je puis me montrer.

(Angela rentre dans le souterrain, à gauche.)

SCÈNE III.

LE BARON, PEPINELLI, amené, les yeux bandés, par GERONIO et par PLUSIEURS BRIGANDS.

PEPINELLI, à qui l'on ôte son bandeau.

Eh bien! oui, c'est moi, le capitaine Pepinelli; tuez-mo si vous le voulez.

LE BARON.

Ce serait dommage, et j'espère qu'on n'en fera rien.

PEPINELLI.

Que vois-je?... le baron de Torrida! prisonnier comme moi de ces... de ces messieurs!

LE BARON.

Eh! mon Dieu oui! Vous avez donc été ce matin à l'embuscade convenue?

PEPINELLI, à demi-voix, au baron.

Vos renseignements étaient parfaitement exacts... il paraît qu'en effet Spada y est arrivé.

LE BARON, avec bonhomie.

En même temps que moi!

PEPINELLI.

Mais en force supérieure... et au lieu de le prendre... j'ai été pris!

LE BARON.

Moi de même!

PEPINELLI.

Amené ici...

LE BARON.

Moi de même.

PEPINELLI.

Les yeux bandés.

LE BARON.

Moi les yeux ouverts... ce qui prouve que l'on craint plus vos lumières que les miennes.

PEPINELLI.

J'en ai peur! (A voix basse, montrant Geronio.) car ce monsieur qui nous observe...

LE BARON.

Geronio!... le lieutenant de Spada!...

PEPINELLI.

Vous le connaissez?

LE BARON.

Comme vous! sous des rapports...

PEPINELLI.

Inquiétants!... Il m'a avoué qu'il avait ordre de fusiller tous les dragons.

LE BARON.

Et vous qui êtes capitaine...

PEPINELLI.

J'allais offrir ma démission, quand il a ajouté qu'il lui était permis de me faire grâce...

LE BARON.

Et à moi aussi!

PEPINELLI.

A une condition...

LE BARON.

Moi de même!

PEPINELLI.

Inouïe... absurde !

LE BARON.

Moi de même.

PEPINELLI.

C'est que je consentirais ce matin à me marier.

LE BARON.

Et moi... à la condition que je servirais ce matin de témoin à un mariage...

PEPINELLI.

En vérité !...

LE BARON.

Au vôtre peut-être ?

PEPINELLI.

C'est probable... Que dites-vous de cela ?

LE BARON.

Que j'ai accepté sur-le-champ !

PEPINELLI.

Je crois bien !

LE BARON.

Et vous ?...

PEPINELLI.

Moi... moi... vu qu'on me laisse le choix du supplice... je préfère, je crois...

LE BARON.

Être fusillé ?...

PEPINELLI.

Non !

LE BARON.

Être marié ?...

PEPINELLI.

Non !

LE BARON.

Que voulez-vous donc?

PEPINELLI.

Rester garçon... parce qu'enfin cette femme, d'où vient-elle? qui est-elle!

GERONIO.

La voici.

PEPINELLI.

O ciel! la marchesa!...

SCÈNE IV.

Les mêmes; LA MARCHESA, en grande toilette de mariée.

AIR.

Je suffoque! je me meurs
De mes nerfs, de mes vapeurs!
M'enlever, c'est déloyal,
En costume nuptial!
Et dans le désordre extrême
De ce procédé brutal,
Ne pas vous accorder même
Le temps de se trouver mal!
(Rarrangeant ses cheveux.)
Ma coiffure contrariée
Cède aux coups des vents ennemis!
Jusqu'au bouquet de mariée
Qui va se trouver compromis!
Et mes dentelles!... et mes nœuds,
Dans quel état! ah! c'est affreux!

Je suffoque!... je me meurs, etc.

(Regardant à droite et à gauche et apercevant le baron et Pepinelli. Elle pousse un cri de joie.)

Que vois-je?... est-ce bien vous que je retrouve ici?
Vous, baron Torrida, seigneur Pepinelli...

Mon sigisbée!... mon cavalier servant!...
Défendez-moi tous deux, qu'on m'emmène à l'instant!
(Montrant Geronio et les brigands.)
Loin de tous ces messieurs!...
(Voyant le geste du baron et de Pepinelli.)
Comment! c'est impossible!...
Vous aussi!... prisonniers!... cela devient terrible!
Et pourquoi m'enlever?... répondez donc!... pourquoi?
(Regardant autour d'elle.)
Que me veut-on?... qu'exige-t-on de moi?
(Le baron fait signe à Pepinelli de le lui dire. Celui-ci l'engage à s'en charger.)
Vous vous taisez!... ah! je tremble d'effroi...
Parlez! parlez!
(Pepinelli, après avoir hésité, et encouragé par le baron, s'approche de la marchesa, et lui dit, d'un air humble et soumis, quelques mots à l'oreille. La marchesa l'écoute quelques instants, puis pousse un cri.)

Ensemble.

LA MARCHESA.

Je suffoque! je me meurs
De mes nerfs! de mes vapeurs!
Manquer au nœud conjugal
En costume nuptial!
Et dans le désordre extrême
De ce procédé brutal,
Ne pas vous accorder même
Le temps de se trouver mal!

GERONIO et LES BRIGANDS.

Marco l'ordonne!... à son caprice,
Allons, il faut qu'on obéisse,
Qu'on se marie et devant nous,
Sinon la mort! Décidez-vous!

PEPINELLI.

Et moi qui soupire
Depuis si longtemps
Mon tendre martyre
Et mes feux constants!

Aimable contrainte,
Nœuds doux et charmants
Formés par la crainte
Et par ces brigands!

LE BARON.

En vain il soupire,
Pauvre fiancé!
Son tendre martyre
Est récompensé!
Aimable contrainte,
Nœuds doux et charmants
Formés par la crainte
Et par des brigands!

LA MARCHESA, au baron.

C'est absurde! cela n'a pas de nom! (Montrant Pepinelli.) Épouser monsieur... quand ce matin même tout est disposé pour un autre mariage... quand le comte Federici, mon fiancé et mon cousin... m'attend à l'autel...

PEPINELLI, d'un air soumis.

Vous comprenez bien, signora, que ce n'est pas moi qui le veux... c'est Spada.

LA MARCHESA.

Mais où est-il, ce Spada?... ne peut-on lui parler... est-il donc invisible?...

LE BARON.

Non... car je l'ai vu...

LA MARCHESA.

En vérité!

LE BARON, à demi-voix.

Il prétend... c'est original, que ses gens viennent d'intercepter des lettres que vous renvoyait le petit capitaine Sylvio Frascolino...

LA MARCHESA, à part.

O ciel!...

LE BARON.

Il a même eu l'indiscrétion de m'en lire quelques-unes... des lettres délicieuses... (Il lui en montre une que la marchesa saisit et qu'elle se hâte de déchirer.) Les autres surtout qui, adressées par lui au comte Federici, votre cousin, auraient rompu le mariage, avec un éclat désagréable !

LA MARCHESA, troublée.

Vous croyez !...

LE BARON.

Tandis qu'en épousant, comme contrainte... ce qui vous rend intéressante... un jeune et beau capitaine... qui vous adore et qui, si vous refusez, va être fusillé...

GERONIO, à ses gens.

Attention !

LA MARCHESA.

O ciel !... mais songez-y donc, baron, se marier ainsi...

GERONIO, de même.

Garde à vous !

LA MARCHESA.

Sans vous donner seulement le temps de se décider !...

GERONIO.

Apprêtez armes...

PEPINELLI, tremblant.

Signora, aurez-vous la cruauté... quand vous pouvez par un mot et par un mariage d'inclination...

GERONIO.

En joue !...

LA MARCHESA, vivement.

Voici ma main !

PEPINELLI, de même.

Voici la mienne ! (Tous deux se tiennent en tremblant par la main.) Nous voici d'accord, non sans peine. (S'adressant à Geronio sur la ritournelle du morceau suivant.) Mais où nous marier ?

GERONIO.

A la chapelle de la montagne!

PEPINELLI.

Mais qui nous mariera?

GERONIO.

Notre aumônier! le frère Borromeo que vous connaissez, et que voici!

PEPINELLI.

Ce Marco Spada pense à tout!...

SCÈNE. V.

Les mêmes; FRA-BORROMEO, Brigands, hommes et femmes; puis ANGELA.

(Le baron va au-devant de Fra-Borromeo et lui fait signe qu'il faut à l'instant même, unir Pepinelli et la marchesa, ou qu'il y va pour eux de la tête. Borroméo s'incline avec crainte.)

FRA-BORROMEO, s'adressant à la marchesa et à Pepinelli.

Dans la sainte chapelle
Où l'hymen vous appelle,
Venez, couple fidèle,
Dieu recevra vos vœux!
Offrez-lui vos hommages,
De ces rochers sauvages
Qui, voisins des nuages,
Nous rapprochent des cieux!

(S'adressant au baron et montrant la marchesa et Pepinelli.)
Pour les sauver, je cède, impie!
Mais Dieu s'apprête à te punir;
Puisse le Ciel, que je supplie,
Ouvrir ton cœur au repentir!

LE CHŒUR.

Dans la sainte chapelle, etc.

(Fra-Borromeo, la marchesa, Pepinelli et une partie des brigands, hommes et femmes, gravissent la montagne, à droite.)

LE BARON, bas, à Geronio, sur le devant du théâtre.

La cérémonie terminée, tu feras monter les nouveaux époux, tous deux en tête-à-tête, en chaise de poste, et que l'amour les conduise!

GERONIO, de même, à demi-voix.

Oui, capitaine. Mais en apprenant l'enlèvement de la marquise, le gouverneur et son neveu se sont élancés imprudemment à sa poursuite avec une faible escorte...

LE BARON.

Tant mieux!

GERONIO.

Mais un fort détachement de dragons s'avance de ce côté (Montrant la gauche.) pour les soutenir.

LE BARON.

Tant pis!

GERONIO.

On les voit, de loin, gravir lentement la montagne, guidés par ce Gianetti que votre bonté vient d'épargner.

LE BARON.

Il suffit...

GERONIO, avec colère.

Mais il connaît tous les passages secrets, par lesquels on peut nous attaquer avec avantage!

LE BARON.

J'y cours!... (Lui montrant la droite.) toi ne quitte pas ces ruines... et veille sur ma fille!... (Apercevant Angela, qui sort en ce moment de la caverne, à gauche.) à laquelle, en mon absence, chacun ici doit obéir...

ANGELA.

Où allez-vous donc?...

LE BARON, gaiement.

Recevoir de mon mieux une visite qui nous arrive... (Prenant Angela par la main.) Quant à toi, regarde...

ANGELA, regardant à droite.

O ciel!... le père Borromeo...

LE BARON, de même.

Qui bénit l'union du capitaine Pepinelli.

ANGELA, de même.

Avec la marquise.

LE BARON.

Que t'avais-je promis? pour toi, plus de rivale à craindre...

ANGELA, vivement.

Et demain nous partons?...

LE BARON.

Oui, demain une existence nouvelle.

ANGELA.

Plus de dangers pour vous!

LE BARON.

Et le bonheur pour ma fille. Adieu! adieu, mon enfant.

(Il l'embrasse sur le front et s'éloigne par la montagne du fond. Geronio par la droite; la musique religieuse qui s'est fait entendre pendant tout le dialogue précédent cesse et la ritournelle de l'air suivant lui succède.)

SCÈNE VI.

ANGELA, seule.

AIR.

Le bonheur de ma fille, a-t-il dit! ô mon père!
L'amour ne t'abuse-t-il pas?
Où veux-tu me cacher d'une main tutélaire
L'abîme entr'ouvert sous nos pas?

Vainement l'espérance
Vient sourire à mon cœur;
Je n'ose, en ma souffrance,
Croire encore au bonheur...

O doux avenir
Dont tressaille mon âme!
O rêve heureux que l'amour vient m'offrir!
Lui me nommer sa femme!
Et m'aimer sans rougir!...

Vainement l'espérance, etc.

(On entend dans le lointain le son du tambour, puis celui du clairon, pianissimo d'abord, puis en crescendo ; ce qui forme l'accompagnement de la cavatine suivante.)

O nouvelles alarmes!
Du fond de ces vallons,
J'entends le bruit des armes
Et le son des clairons!
Ah! je tremble d'avance,
Hélas! et dans mon cœur,
Je sens à l'espérance
Succéder la terreur!

Dieu n'a-t-il pas fait grâce
Au vœu par toi formé?
Quel danger te menace,
Mon père bien-aimé?

(Écoutant de nouveau.)

O mortelles alarmes! etc.

(Le bruit redouble, le cliquetis des armes et des cris se font entendre.)

A ces cris de vengeance,
De carnage et d'horreur,
Je sens battre mon cœur
De trouble et de terreur!

(Elle s'élance, gravit la montagne, à gauche, et disparaît au moment où entrant par la droite, le gouverneur et Federici désarmés sont traînés sur le théâtre par Geronio et un groupe de bandits.)

SCÈNE VII.

LE GOUVERNEUR, FEDERICI, GERONIO et PLUSIEURS BANDITS.

FINALE.

Ensemble.

GERONIO et LES BANDITS.

Enfin, ils sont à nous,
Dieu les livre à nos coups !
Notre juste courroux
Doit les immoler tous !
La vengeance à nos bras
Ordonne leur trépas !
Oui, dans leur sang, vengeons,
Vengeons nos compagnons !
Enfin, ils sont à nous !
Dieu les livre à nos coups !
Notre juste courroux
Doit les immoler tous,
  Tous !

LE GOUVERNEUR et FEDERICI.

Moi ! trembler devant vous
Et redouter vos coups !
Je ris d'un tel courroux
Et je vous brave tous !
Si le sort n'avait pas
Désarmé notre bras,
Déjà, nous vous aurions
Joints à vos compagnons !
Mais trembler devant vous
Et redouter vos coups !
Je ris d'un tel courroux
Et je vous brave tous,
  Tous !

(A la fin de cet ensemble, Geronio et les brigands, qui sont à droite, ont couché en joue le gouverneur et Federici, placés à gauche. Angela qui

redescend en ce moment de la montagne, à gauche, pousse un cri d'effroi et s'élance au devant des mousquets des bandits.)

SCÈNE VIII.

Les mêmes; ANGELA.

ANGELA.

Arrêtez !

(Geronio et les bandits relèvent leurs carabines.)
Ensemble.

FEDERICI et LE GOUVERNEUR, à demi-voix.
Ah! je n'y puis croire encor,
Et sous ce costume étrange
Est-ce bien elle? est-ce un ange
Qui nous arrache à la mort?

ANGELA, aux bandits.
Seule arbitre de leur sort,
Je n'entends pas qu'on se venge,
Et c'est moi, moi leur bon ange,
Qui les arrache à la mort !

GERONIO et LES BRIGANDS.
Les arracher à la mort,
Empêcher que l'on se venge,
C'est une injustice étrange !
A nous appartient leur sort !

GERONIO, montrant Federici et le gouverneur.
A nous leur sang !

ANGELA.
A moi, leur grâce !
Ou vous me tûrez avec eux...
Qui de vous aura cette audace ?
(Elle s'avance vers Geronio, qui vient de tirer un poignard et qui le laisse tomber devant elle.)
Partez !... je le veux... je le veux !

Ensemble.

FEDERICI et LE GOUVERNEUR.
Ah! je n'y puis croire encor, etc.

ANGELA.
Seule arbitre de leur sort,
Je n'entends pas qu'on se venge,
Partez! c'est moi, leur bon ange,
Qui les arrache à la mort!

GERONIO et LES BRIGANDS, murmurant entre eux.
Les arracher à la mort, etc.

(A la fin de cet ensemble, Geronio et les brigands se retirent lentement et en menaçant. Une fois ou deux, ils reviennent sur leurs pas, mais sur un geste d'Angela, ils s'éloignent et disparaissent.)

SCÈNE IX.

LE GOUVERNEUR, ANGELA, FEDERICI.

(Sur la ritournelle du morceau précédent, le gouverneur et Federici regardent Angela avec étonnement, puis ils s'approchent d'elle tous les deux.)

ROMANCE.

Premier couplet.

FEDERICI, à Angela.
Quelle fée inconnue
D'un tel danger m'a préservé?

ANGELA, à part.
Il est sauvé,
Mais moi je suis perdue!

FEDERICI.
Par quels charmes, quels talismans,
Avez-vous dompté ces brigands?

ANGELA.
Ah! si j'ai pu vous soustraire au trépas,
Éloignez-vous... ne m'interrogez pas!

LE GOUVERNEUR, à part.

Eh quoi ! soudain, et sa voix et sa vue
De ces brigands ont désarmé le bras !

Deuxième couplet.

LE GOUVERNEUR.

Mais plus que nous émue,
Pourquoi ces larmes dans vos yeux ?

ANGELA, à part.

Qu'ils soient heureux,
Pour moi je suis perdue !

FEDERICI.

Pour désarmer ces furieux
Quel pouvoir avez-vous sur eux ?

ANGELA, avec émotion.

Ah ! si j'ai pu vous soustraire au trépas,
Éloignez-vous... ne m'interrogez pas !

(Elle cache sa tête dans ses mains.)

FEDERICI.

Non, je ne m'éloignerai pas... je ne vous quitterai pas ainsi... vous à qui je dois tout... vous que je ne puis oublier... car malgré mes serments et ce mariage où je me suis engagé...

SCÈNE X.

LE GOUVERNEUR et FEDERICI, à gauche, PEPINELLI et LA MARCHESA, descendant par le fond, ANGELA, à droite.

PEPINELLI, donnant le bras à la marchesa, qui s'appuie sur lui.

Impossible à la voiture de descendre... Ce postillon, qui refuse d'avancer.

LA MARCHESA.

Il a raison... on se bat dans la montagne et de tous les côtés...

PEPINELLI.

Quel plaisir! un jour de noce... c'est à dégoûter du bonheur...
(Tout en parlant, ils sont descendus au milieu du théâtre, près du gouverneur et de Federici, qui les regardent avec étonnement.)

LE GOUVERNEUR et FEDERICI.

O ciel!

PEPINELLI, à la marchesa.

Votre oncle!...

LA MARCHESA, apercevant Federici.

Mon prétendu!

LE GOUVERNEUR.

Qu'ai-je vu?

PEPINELLI.

Deux nouveaux mariés...

LA MARCHESA, vivement.

Malgré nous, par autorité supérieure!

PEPINELLI.

Le mariage!... ou la vie!

FEDERICI.

Vous!... mariés! quel bonheur!

LA MARCHESA, avec reproche.

Comment, quel bonheur!...

FEDERICI.

Pardon!... signora, je voulais dire que je suis désolé...
(La ritournelle du morceau suivant se fait entendre dans le lointain.)

LE GOUVERNEUR.

Écoutez... écoutez... des cris de victoire.

PEPINELLI.

Oui! mais quels sont les vainqueurs?
(En ce moment de tous les côtés entrent sur le théâtre des dragons victorieux, traînant des brigands prisonniers ou blessés.)

SCÈNE XI.

LES MÊMES; DRAGONS et BRIGANDS prisonniers.

LES DRAGONS.
Victoire à nous! victoire! victoire!
Le ciel s'est déclaré pour nous,
Et rien ne manque à notre gloire,
Leur chef lui-même est tombé sous nos coups!

TROIS DRAGONS.
Frappé par nous d'un coup mortel,
Et tout sanglant on l'amène...

(Angela, prête à s'évanouir, est soutenue par Federici.)

SCÈNE XII.

LES MÊMES; MARCO SPADA, amené blessé, soutenu par des DRAGONS. GERONIO, blessé, est à côté de lui, puis FRA-BORROMEO, SEIGNEURS de la suite du gouverneur et le reste des BANDITS, hommes et femmes.

ANGELA, pousse un cri de douleur et court se jeter à genoux près de Marco Spada qui vient de tomber sur un siége qu'on a avancé derrière lui. En ce moment Fra-Borromeo s'avance et vient se placer debout près de Marco Spada.

Mon père!...

TOUS.
Son père! ô ciel!

(Marco Spada est couché sur une espèce de brancard, au milieu du théâtr' Angela est à genoux, à gauche, Geronio à genoux à droite près de lui, les dragons romains l'entourent. (Voir le tableau d'Horace Vernet : *La Confession d'un bandit*.) A gauche du théâtre, le gouverneur et Federici; debout, à droite, la marchesa et Pepinelli; au fond, et différemment groupés, des dragons, des seigneurs de la suite du gouverneur, bandits, hommes et femmes.)

Ensemble.

LE GOUVERNEUR, PEPINELLI, LA MARCHESA et LE CHOEUR.

O sinistre lumière
Qui vient frapper nos yeux!
Quoi! c'était là son père,
Qu'ils soient maudits tous deux!

MARCO SPADA.

O mon bonheur sur terre,
Mes seuls, mes derniers vœux,
Qu'une main aussi chère
Vienne fermer mes yeux!

ANGELA.

Je viens à toi, mon père,
Proscrit et malheureux,
Que ma main, qui t'est chère,
Puisse fermer tes yeux!

FEDERICI.

O sinistre lumière
Qui vient frapper mes yeux!
Eh quoi! c'est là son père...
  (Avec douleur.)
Que faire, malheureux!
  (S'approchant d'Angela et à voix basse.)
Oui, nos lois l'ont proscrit!... mais toi!...
Toi, tu n'es pas coupable et tu seras à moi!

MARCO SPADA, qui l'entend, relève la tête et dit, à part, avec émotion.
Ah! c'est un noble cœur!...
  (A Angela, avec force.)
Et tu l'épouseras!

ANGELA, à voix haute.
Moi, jamais!... plutôt le trépas!

LE GOUVERNEUR, à Federici.
Elle a raison, un tel hymen, c'est l'infamie!
(Angela pousse un cri et cache sa tête dans le sein de Marco Spada.)

MARCO SPADA, à part, et la regardant.

Voilà donc, après moi, le destin qui l'attend !
Non ! même après ma mort, ô ma fille chérie,
Je veux te protéger, comme de mon vivant !
(A voix haute et rassemblant ses forces.)
Avant que mon heure ne vienne,
Approchez... Devant Dieu,
Devant vous tous... je veux... faire un aveu...
(Montrant Angela.)
Sur cette enfant... que chacun... croit la mienne !

FEDERICI, vivement, et avec joie.

Ne l'est-elle donc pas ?

MARCO SPADA, sans répondre, dit à part et avec force.

Si vraiment !
C'est bien ma fille, à moi ! c'est ma chair et mon sang !

FRA-BORROMEO, avec force.

Réponds, et songe bien que devant Dieu lui-même
Tu vas paraître dans l'instant !

TOUS, répétant ces dernières paroles.

Tu vas paraître dans l'instant !

MARCO SPADA.

Je le sais !

FRA-BORROMEO, de même.

Songe bien que dans un tel moment
Un mensonge, c'est l'anathème !

TOUS, entourant Marco Spada.

Un mensonge, c'est l'anathème !

MARCO SPADA.

Je le sais !

FRA-BORROMEO.

Songe enfin qu'il n'est point de pardon,
Et qu'il y va de ton âme !...

TOUS, de même.

Il y va de ton âme !...

MARCO SPADA, à part.

Mon âme pour ma fille!...

(A voix haute.)

Écoutez tous... je jure...

Devant vous...

FRA-BORROMEO, avec force.

Devant Dieu qui punit l'imposture!

MARCO SPADA, avec intention et regardant sa fille.

Devant Dieu qui m'entend et qui lit dans mon cœur...
Je jure qu'autrefois... un noble... un grand seigneur,

(Ranimant ses forces.)

Le duc San-Germano... lui... toute sa famille...
Furent par nous... en ces lieux... massacrés...

(Montrant Angela.)

Elle exceptée...

(Avec effort.)

Elle est sa fille!

TOUS, poussant un cri et s'éloignant de Marco Spada.

Ah!

GERONIO, qui pendant ce temps se trouve seul à genoux près de Marco Spada, lui dit à voix basse :

Ce n'est pas!

MARCO SPADA, vivement.

Tais-toi!

LE GOUVERNEUR et FRA-BORROMEO, à Marco Spada.

Vous le jurez?

MARCO SPADA, levant sa main défaillante.

Oui!

LE GOUVERNEUR, mettant la main d'Angela dans celle de Federici.

Que vos nœuds par moi soient consacrés!

MARCO SPADA, avec un éclair de joie.

Ils sont unis!

(A part.)

Ah! le bonheur pour elle!...
Et pour moi...

GERONIO, à genoux près de lui, et à voix basse.
La perte éternelle !

MARCO SPADA, se relevant et levant les yeux au ciel avec espoir.
Non, non, il est un Dieu clément et tutélaire,
Dieu, notre père à tous... et ce crime d'un père
Aura grâce à ses yeux !

ANGELA, courant près de lui.
O comble de douleurs !

MARCO SPADA, étendant les bras vers elle.
Adieu, ma fille...
(Se reprenant avec force.)
Non... duchesse !...
(Laissant tomber ses bras.)
Je me meurs !

TOUS.
Ah !

(Angela tombe évanouie entre les bras de Federici, qui la soutient. Geronio se jette à genoux près de Marco Spada.)

LA
LETTRE AU BON DIEU

OPÉRA-COMIQUE EN DEUX ACTES

En société avec M. F. de Courcy

MUSIQUE DE M. G.-L. DUPREZ.

Théâtre de l'Opéra-Comique. — 28 Avril 1853.

Scribe. — Œuvres complètes.   IVme Série. — 16me Vol. — 7

PERSONNAGES.	ACTEURS.
LÉOPOLD DE RONSBERG, seigneur du village.	MM. JOURDAN.
GOLLENBACK, bourguemestre et notaire du village.	RICQUIER.
PINCK, paysan.	SAINTE-FOY.
HENRIETTE, jeune orpheline.	Mmes CAROLINE DUPREZ.
CHARLOTTE, fiancée de Pinck.	MEYER MEILLET.

PAYSANS et PAYSANNES. — UN CLERC de notaire.

En Styrie, dans le village de Bruck.

LA LETTRE AU BON DIEU

ACTE PREMIER

Une place du village de Bruck en Styrie. — A gauche, la chaumière d'Henriette; devant la chaumière une table et un banc de pierre; à droite, l'étude de Gollenback le notaire. Au second plan, du même côté, le porche de l'église; à l'entrée du porche et taillé dans la pierre est le tronc pour les pauvres. Au fond, au milieu du théâtre, un gros orme au pied duquel Pinck et ses amis boivent et mangent.

SCÈNE PREMIÈRE.

PINCK et DES PAYSANS, ses amis.

INTRODUCTION.

PINCK, debout et s'adressant à ses compagnons.
Moi, le coq du village,
Demain l'hymen m'engage,
Demain mon mariage,
Le sort en est jeté !
A ma belle jeunesse,

A ma folâtre ivresse
Succède la sagesse,
Adieu ma liberté !

LE CHOEUR.

C'est le coq du village,
Buvons au mariage
Qui dès demain l'engage,
Le sort en est jeté !
Qu'un dernier cri d'ivresse
Célèbre sa sagesse !
Adieu, folle jeunesse,
Adieu sa liberté !

SCÈNE II.

LES MÊMES ; GOLLENBACK, arrivant par le fond avec des papiers sous le bras.

PINCK.

C'est maître Gollenback, notaire du village !

GOLLENBACK.

Notaire et bourguemestre !... à la fois deux emplois !

PINCK, se levant et allant à lui.

Le contrat est-il prêt ?...

GOLLENBACK, montrant l'étude à droite.

On le dresse, je crois,
Dans l'étude, et selon la coutume et l'usage !

PINCK, à demi-voix.

Charlotte, ma future...

GOLLENBACK, gaiement.

A des attraits divins !

PINCK.

Et son apport se monte?...

GOLLENBACK.

A douze cents florins !

PINCK, à part.

C'est pou !
(Haut, avec un soupir.)
J'aurais aimé sa cousine Thérèse !

GOLLENBACK, souriant.

Ah ! vraiment !...

PINCK, à part.

Elle en avait seize !

GOLLENBACK.

Mais elle est mariée !... et d'hier !...

PINCK, de même.

Hélas, oui !
Et pas une autre dot en ce village-ci !
(Bas à Gollenback.)
N'oubliez pas, surtout, quoi qu'il arrive,
De mettre tous les biens au dernier survivant !
Charlotte, que j'adore, est mignonne et chétive,
Moi, très-bien charpenté !... solide et bien portant !...
Mais vous pouvez toujours, en attendant,
(Lui montrant la table.)
Boire avec nous, monsieur le notaire !

GOLLENBACK.

Aisément !
(Il se met à table à côté de Pinck.)

Ensemble.

GOLLENBACK et LE CHOEUR.

C'est le coq du village,
Buvons au mariage
Qui dès demain l'engage,
Le sort en est jeté !
Pour boire à la sagesse,
Un dernier cri d'ivresse !
Adieu, folle jeunesse,
Adieu sa liberté !

PINCK.

Moi, le coq du village,
Demain l'hymen m'engage,
Demain mon mariage,
Le sort en est jeté !
A ma belle jeunesse,
A ma folâtre ivresse
Succède la sagesse,
Adieu ma liberté !

SCÈNE III.

Les mêmes; HENRIETTE, sortant de la chaumière à gauche, tenant un rouet sous son bras et venant s'asseoir sur le banc de pierre, à gauche.

GOLLENBACK.

C'est Henriette !

PINCK.

Eh oui ! cette jeune ouvrière
Qui sort de sa chaumière !

GOLLENBACK.

Fraîche et belle, elle a tout pour plaire !

PINCK.

Elle n'a rien !

TOUS.

Allons donc !...

PINCK.

Oui, sans doute !... orpheline et sans bien,
Qui de vous la prendrait pour sa femme ?

PLUSIEURS PAYSANS.

Pas moi !

D'AUTRES.

Ni moi... ni moi !... non, par ma foi !

PINCK, à Henriette.
Viens t'asseoir près de nous.
GOLLENBACK.
Pour toi j'emplis ce verre,
Gentille Henriette !
HENRIETTE.
Non pas.
Le temps que vous perdez en fêtes, en repas,
Je l'emploie à l'ouvrage.
PINCK, riant.
A ta santé, ma chère !
Qui boit bien est joyeux !
HENRIETTE.
Qui travaille est content.
Buvez, mes beaux seigneurs, je travaille en chantant !
(Henriette à son rouet pendant que les autres restent à table.)

HENRIETTE.
LÉGENDE STYRIENNE.

Premier couplet.

Un jeune et gentil palatin,
Un jour d'avril, un beau matin,
Sortait pensif de son logis,
Monté sur son beau coursier gris.
Il part !... ô doux pèlerinage !
Pour courir après le bonheur ;
Il galope, et sur son passage,
Chacun disait : Mon beau seigneur,

Courez, courez encore,
A vous il s'offrira !
Chez nous chacun l'ignore,
Le bonheur n'est pas là.

(Vocalisant.)
Tra, la, la, la, la, la, la, la, la, la,
La !

Deuxième couplet.

Dans les tournois, dans les combats
Il cherche et ne le trouve pas !
Sous la chaumière... et dans les champs...
Il est absent depuis longtemps !
Aux lieux où la gloire commande,
Vainement il porte ses pas !
A la cour même il le demande...
Hélas ! on ne l'y connaît pas !

Courez, courez encore,
A vous il s'offrira !
Chez nous chacun l'ignore,
Le bonheur n'est pas là.
Tra, la, la, la, la, la, la, la, la, la,
Ah !

Troisième couplet.

Le jeune et joli châtelain,
Bien sombre, hélas ! et bien chagrin,
Retourne enfin à son logis,
Toujours sur son beau cheval gris !...
En son foyer il entre à peine...
Ce bonheur qu'au loin il cherchait...
Auprès de sa cousine Hélène
Était assis et l'attendait !

Sans plus courir encore,
Bientôt il l'épousera !
Aimé d'elle... il l'adore,
Le vrai bonheur est là.
Tra, la, la, la, la ! etc.

Ensemble.

LE CHŒUR.

C'est le coq du village,
Buvons au mariage
Qui dès demain l'engage,
Le sort en est jeté !

HENRIETTE, vocalisant.

Tra, la, la, la, la ! etc.

(A la fin de l'introduction un clerc paraît à la porte de l'étude, à droite.)

GOLLENBACK.

C'est mon maître clerc!... Je vous préviens, comme notaire, que le contrat est prêt et que si vous voulez en entendre la lecture...

PINCK, se levant.

Ah! diable!... il ne s'agit plus de boire!

GOLLENBACK.

Je vous rappellerai aussi, comme...

PINCK.

Comme notaire!

GOLLENBACK.

Non! comme bourguemestre, que la souscription est toujours ouverte en faveur de la salle d'asile du village, et qu'il est permis à tous les habitants de déposer leur offrande là, (Montrant le porche à droite.) dans le tronc des pauvres.

PINCK.

C'est connu... nous y avons tous déposé notre souscription ; n'est-il pas vrai?

TOUS LES PAYSANS.

Certainement!

HENRIETTE, se levant en fouillant dans sa poche.

Ah! mon Dieu! les trois kreutzers que j'avais mis de côté pour cela.

(Elle va les jeter dans la boîte à droite, sous le porche de l'église.)

PINCK, s'adressant à un des convives.

Cousin, prévenez Charlotte ma future. (Aux autres convives, leur montrant l'étude du notaire.) Et nous autres, entrons... (Rencontrant Henriette qui vient se rasseoir près de son rouet.) Adieu, Henriette!..

7.

HENRIETTE.

Où allez-vous donc comme ça, monsieur Pinck ?

PINCK.

Chez le notaire.

HENRIETTE.

Pour acheter du bien ?...

PINCK.

Au contraire... pour me marier... car tout le monde se marie ici, excepté toi...

HENRIETTE.

C'est vrai! et j'ignore pourquoi !...

PINCK.

Je m'en vais te le dire... Tu es la plus jolie fille du village, bien fraîche et bien avenante... mais ça ne suffit pas... il te manque quelque chose!

HENRIETTE.

Et quoi donc qu'il me manque?

PINCK.

Demande-le à monsieur le notaire...

GOLLENBACK, qui vient de boire un dernier verre de vin et qui s'est approché d'Henriette, au moment où Pinck l'a quittée pour entrer dans l'étude.

Il a raison, mon enfant! tu es sage, tu es travailleuse, de plus tu as été élevée par les sœurs du couvent de l'Annonciade, qui t'ont appris à lire et à écrire... A cela près, un peu simple, un peu niaise, ne sachant rien de rien !...

HENRIETTE.

Dame !... je ne peux pas avoir de l'esprit comme un notaire !...

GOLLENBACK.

On ne t'en demande pas tant !... et si tu avais seulement...

HENRIETTE.

Quoi donc ?...

GOLLENBACK.

Je ne veux pas te le dire... de peur de t'humilier!... parce qu'après tout ce n'est pas ta faute... mais décidément il te manque quelque chose... (A Henriette, qui veut l'interroger.) Je vais lire le contrat de mariage de Pinck! Quant au tien, ce ne sera pas de sitôt, et c'est dommage!.. (La regardant d'un air gracieux.) Grand dommage... Adieu, Henriette...

(Il entre dans l'étude.)

SCÈNE IV.

HENRIETTE, puis CHARLOTTE; à la fin de la scène GOLLENBACK et PINCK.

HENRIETTE.

Quel air moqueur!... ils ont tous cet air-là! excepté Charlotte, la nièce du fermier, qui quelquefois veut bien causer avec moi! Et hier encore... elle m'a dit des choses qui m'ont effrayée et empêchée de dormir toute la nuit! Cette bonne Charlotte! (L'apercevant et courant à elle.) Ah! te voici!

CHARLOTTE.

Oui, notre cousin Fritz vient de m'avertir qu'on m'attendait chez maître Gollenback le notaire, pour la lecture de mon contrat de mariage!

HENRIETTE.

Eh bien! va vite.

CHARLOTTE, tranquillement.

Ah! j'ai le temps!

HENRIETTE.

M. Pinck, ton futur, est si pressé!

CHARLOTTE.

Pas moi!

HENRIETTE.

Un mari est pourtant, dit-on, une chose si rare...

CHARLOTTE.

Je te cède celui-là bien volontiers.

HENRIETTE.

A moi!... tu sais bien que ça n'est pas possible!... Ils disent qu'il me manque quelque chose.

CHARLOTTE, la regardant avec compassion.

Pauvre fille!... c'est vrai!

HENRIETTE.

Et à toi, il ne te manque donc rien?...

CHARLOTTE.

Non; (En confidence.) j'ai douze cents florins de dot!

HENRIETTE, étonnée.

Ah bah!... on a donc toutes les qualités et vertus nécessaires en ménage, moyennant douze cents florins?

CHARLOTTE.

Précisément.

HENRIETTE.

C'est joliment cher!... je ne les gagnerai jamais! tandis que toi... tu les as!

CHARLOTTE, avec un soupir.

Hélas, oui!...

HENRIETTE.

Pourquoi, *hélas!*

CHARLOTTE, vivement.

Parce que... (s'arrêtant.) mais à toi... si naïve et si simple... on n'ose rien te dire...

HENRIETTE.

Essaie toujours!...

CHARLOTTE.

Il y avait chez mon oncle un jeune garçon de ferme, le petit Gipp...

HENRIETTE, vivement.

Des cheveux blonds, des yeux bleus!...

CHARLOTTE.

Qui me regardaient toujours! et qui semblaient me dire : *Je vous aime!*

HENRIETTE.

Ses yeux ?

CHARLOTTE.

Lui aussi !... quelquefois... mais il n'a rien... pas un denier vaillant...

HENRIETTE.

C'est comme moi !

CHARLOTTE.

Et la première fois que j'ai parlé de lui à mon oncle le fermier, il m'a répondu : « Tu me feras le plaisir d'épouser M. Pinck, le coq du village, parce qu'à vous deux vous serez un jour les plus riches de l'endroit. »

HENRIETTE.

Et ce pauvre Gipp ?...

CHARLOTTE.

Le jour même, mon oncle l'avait mis à la porte !... et tout à l'heure, en accourant pour ce contrat, je l'ai rencontré ici près, dans le petit bois des Aliziers... c'est ce qui m'a retardée !

HENRIETTE.

Vraiment !

CHARLOTTE.

Il était si malheureux !... et prêt à me quitter pour toujours, il me demandait un baiser d'adieu ! un dernier baiser !

HENRIETTE, d'un air de reproche.

Que tu lui as accordé ?...

CHARLOTTE.

Dame !... dans le désespoir où il était !...

HENRIETTE, de même.

Et M. Pinck ?...

CHARLOTTE, montrant l'étude à droite.

Il est là qui m'attend! mon oncle l'ordonne!... et puis, tout ce que je te disais, hier soir...

HENRIETTE.

Je ne l'ai pas oublié!

CHARLOTTE.

C'est si terrible de rester fille! vieille fille! et de coiffer sainte Catherine!... moi d'abord je ne pourrais jamais m'y résigner!

HENRIETTE.

En vérité!...

CHARLOTTE.

Sans compter que ça fait toujours du tort! on serait la personne la plus sage et la plus irréprochable... on suppose toujours que les maris ne se sont pas éloignés sans motifs!

HENRIETTE.

Ah! mon Dieu!...

CHARLOTTE.

Et comme je tiens à ma réputation...

HENRIETTE.

Moi aussi!... je n'ai fait que rêver à tout cela toute la nuit, et à force de rêver, il m'était venu une idée...

CHARLOTTE, gaiement.

Pour avoir un mari?...

HENRIETTE.

Oui! mais je n'ose pas te la dire!

CHARLOTTE.

Et pourquoi?...

HENRIETTE.

Parce que tu te moqueras de moi!

CHARLOTTE.

Allons donc!... quand il s'agit de choses aussi sérieuses!

HENRIETTE.

Et puis M. Pinck qui t'attend ?...

CHARLOTTE.

Si ce n'est que cela !... va toujours !...

HENRIETTE.

Tu m'avais quittée en me disant qu'il n'y avait pas pour moi de mariage à espérer, à moins d'un miracle.

CHARLOTTE.

C'est vrai... et alors... tu as fait comme nous faisons toutes, tu as prié sainte Catherine ?...

HENRIETTE.

Non ! on dit qu'au lieu de s'adresser aux saints... il vaut bien mieux s'adresser directement au bon Dieu...

CHARLOTTE.

Et tu l'as prié ?...

HENRIETTE.

Mieux que cela !... je lui ai écrit!

CHARLOTTE.

Est-il possible !...

HENRIETTE.

Je lui ai tout dit.

(Gollenback et Pinck paraissant sur le pas de l'étude à droite et apercevant Charlotte.)

GOLLENBACK.

Eh bien ! la future, que faites-vous donc là à causer ?...

PINCK.

On vous attend !...

CHARLOTTE.

Me voici !... me voici !...

(Elle entre avec eux dans l'étude à droite.)

SCÈNE V.

HENRIETTE, seule.

AIR.

La jeune fille à son père
Peut parler de son époux,
Et moi, mon Dieu, sur la terre,
Je n'ai de père... que vous !
    Que vous seul... que vous !

Accueillant, ô bonté divine,
    La lettre que voici,
(La tirant de son sein.)
Daignez à la pauvre orpheline
    Donner un bon mari !...

La jeune fille à son père
Peut parler de son époux,
Et moi, mon Dieu, sur la terre,
Je n'ai de père... que vous !

Le difficile
    (Regardant sa lettre.)
    Est que cette missive
D'ici-bas promptement à son adresse arrive...
Que faire ?...
    (Regardant le tronc des pauvres.)
    Ah ! quel espoir soudain brille à mes yeux !
Cette caisse de l'indigence,
Toujours ouverte à la souffrance,
Doit, nuit et jour... ah ! c'est réel,
Être en rapport avec le ciel !

    Oui, plus de crainte !...
    Naïve et sainte
    Comme la plainte
    Du malheureux,

Que ma prière,
Humble et légère,
De notre sphère,
S'élève aux cieux !
(Jetant sa lettre dans le tronc des pauvres.)
Oui, dans ce coffret sacré,
Mon message est assuré !

Soyons sans crainte !
Naïve et sainte
Comme la plainte
Du malheureux,
Oui, ma prière,
Humble et légère,
Va de la terre
Monter aux cieux !

(Regardant vers la gauche.) Un inconnu !... un jeune homme qui vient de ce côté et qui est très-bien... Est-ce que déjà... par hasard ?... (Naïvement.) Oh ! non... Il ne peut pas avoir encore reçu ma lettre !

SCÈNE VI.

LÉOPOLD, HENRIETTE.

LÉOPOLD.
Ma chère enfant, le village de Bruck...

HENRIETTE.
C'est ici, monsieur !

LÉOPOLD.
Dieu soit loué ! j'ai cru que je n'y arriverais jamais !

HENRIETTE.
Vous venez de loin ?...

LÉOPOLD.
Et à pied ! Les chemins sont charmants en ce pays ! la

voiture qui m'avait amené est restée embourbée au carrefour du Gros-Hêtre.

HENRIETTE.

Je comprends !... vous venez de la ferme de Pilsen ?...

LÉOPOLD.

Précisément.

HENRIETTE.

Vous en êtes peut-être ?...

LÉOPOLD, gaiement.

Vous l'avez dit !

HENRIETTE.

Le fils du fermier... M. Fritz ?...

LÉOPOLD, de même.

Lui-même !

HENRIETTE, le regardant avec compassion.

Ah ! mon Dieu !... quel dommage !... croyez, monsieur, que ça nous a fait ici bien de la peine à tous...

LÉOPOLD.

Eh ! quoi donc ?

HENRIETTE.

L'incendie de votre ferme, qu'on nous a raconté avant-hier...

LÉOPOLD, à part.

Il paraît que j'ai été incendié...

HENRIETTE.

Et vous n'étiez pas assuré ?...

LÉOPOLD.

Eh ! mon Dieu ! non !... mais que voulez-vous ?... je suis résigné.

HENRIETTE.

Vous avez raison !... avec du courage, du travail, et de la confiance en Dieu...

LÉOPOLD.
Merci, mon enfant, de vos bons conseils...
HENRIETTE.
Dame !... je ne peux vous donner que ça... autrement...
LÉOPOLD, à part.
Elle est charmante cette petite... (Haut.) Et vous êtes de ce village ?...
HENRIETTE.
J'y suis née et n'en suis jamais sortie !
LÉOPOLD.
Vous pouvez m'indiquer alors la demeure de maître Gollenback ?
HENRIETTE.
Le bourguemestre et le notaire ! (Montrant la porte à droite.) C'est ici... monsieur !... mais il est occupé en ce moment... pour la lecture et la signature d'un contrat de mariage... et si vous êtes pressé...
LÉOPOLD.
Je ne le suis pas ! (La regardant.) Maintenant surtout, mais je vous avoue que le grand air... et une marche forcée... (A part.) quand on n'en a pas l'habitude...
HENRIETTE.
Vous avez faim ?...
LÉOPOLD.
Un appétit de fermier... et si vous vouliez m'indiquer une auberge ?...
HENRIETTE.
Il n'y en a pas dans le village... mais à une lieue d'ici...
LÉOPOLD.
Je n'irai jamais jusque-là !
HENRIETTE, à part.
Pauvre jeune homme !... si j'osais !...

DUO.

HENRIETTE, à haute voix.

Dans ce modeste village,
Moi je ne peux vous donner
Que du pain et du laitage,
C'est là tout mon déjeuner,
(A part.)
Et de plus tout mon dîner !...

LÉOPOLD, à part.

Jolis yeux ! gentil corsage,
D'honneur, je suis enchanté !
(Haut, à Henriette.)
Et j'accepte du village
La douce hospitalité,
La douce hospitalité !

HENRIETTE, posant un pot de lait, une tasse et un morceau de pain sur la table de pierre qui est à gauche.

La nappe sera bientôt mise.
Je n'en ai pas !

LÉOPOLD, gaiement.

Ça m'est égal !
Pour moi quelle aimable surprise !

HENRIETTE.

Vous allez déjeuner très-mal...

LÉOPOLD, se mettant à table.

Ah ! sur ce point, soyez tranquille !...
(Buvant.)
Le lait d'abord est excellent,
Et le pain...

HENRIETTE, souriant.

Il n'est pas très-blanc ;
Mais je vois qu'à la ferme on n'est pas difficile !

LÉOPOLD, à part.

C'est vrai ! n'allons pas oublier
Que je suis le fils du fermier !

Ensemble.

HENRIETTE.

Dans ce modeste village,
Je ne saurais vous donner
Que du pain et du laitage,
C'est là tout mon déjeuner,
Et de plus, tout mon dîner !

LÉOPOLD.

Jolis yeux ! gentil corsage,
D'honneur, je suis enchanté !
Et je bénis du village
La douce hospitalité,
La douce hospitalité !

HENRIETTE.

Ça va-t-il mieux ?

LÉOPOLD.

        C'est étonnant,
Je crois que j'ai plus faim qu'avant !

HENRIETTE, à part.

Mais cela devient effrayant !

LÉOPOLD, gaiement.

Vous n'auriez pas quelque autre chose ?

HENRIETTE.

Mon Dieu non !... mais doublant la dose,
Vous pouvez, si vous avez faim,
Reprendre du lait et du pain !

LÉOPOLD, riant.

Ce sera le second service !

HENRIETTE, à part.

Je n'ai plus rien dans mon office ;
Il a mangé mon déjeuner,
Il va dévorer mon dîner !

Ensemble.

HENRIETTE.

Mais je le lui donne !

Gaîment je pardonne
A son appétit
Qui toujours grandit!
D'honneur, c'est étrange,
Voyez comme il mange!
Moi, pour avoir faim,
J'attendrai demain!

LÉOPOLD.

Généreuse et bonne,
Sa grâce pardonne
A mon appétit
Qui toujours grandit!
Merci, mon bon ange,
Vous, par qui je change
La soif et la faim
En joyeux festin!

LÉOPOLD.

Dieu! le bon lait! Dieu! le bon pain!
Que j'avais soif! que j'avais faim!

HENRIETTE, à part.

Il a mangé mon déjeuner
Et dévoré mon dîner!

Ensemble.

HENRIETTE.

Mais je le lui donne! etc.

LÉOPOLD.

Généreuse et bonne, etc.

HENRIETTE, gaiement.

Tenez, voici à la fois M. le bourguemestre et M. le notaire qui sortent ensemble... je vous laisse.

LÉOPOLD.

Un instant encore...

HENRIETTE.

Et mon ouvrage qui m'attend... Adieu, monsieur Fritz!

(Elle rentre chez elle en emportant sa tasse et son pot au lait qui est vider)

SCÈNE VII.

LÉOPOLD, puis GOLLENBACK.

LÉOPOLD, à part.

M. Fritz... Allons, décidément je suis le fils du fermier voisin.

GOLLENBACK, parlant à la porte de l'étude.

Je crois vraiment qu'il veut apprendre par cœur ce contrat de mariage... car après l'avoir signé, il veut encore le relire... (Apercevant Léopold.) Un étranger...

LÉOPOLD.

Monsieur Gollenback ?...

GOLLENBACK.

C'est moi-même!... Qu'y a-t-il pour votre service?...

LÉOPOLD.

Le chemin du château de Ronsberg ?

GOLLENBACK.

On n'y entre point. Le vieux comte, celui qui a été proscrit, est mort, et son fils, qui n'y est jamais venu, demeure en ce moment à Vienne.

LÉOPOLD.

Vous croyez ?

GOLLENBACK, riant.

Dépensant ses revenus à l'Opéra... sans s'inquiéter de ce domaine... dont, heureusement pour lui, je suis régisseur.

LÉOPOLD.

C'est pour cela que je désirais le voir.

GOLLENBACK.

Pour le louer ?...

LÉOPOLD.

Mieux que cela.

GOLLENBACK.

Pour l'acheter?...

LÉOPOLD.

Mieux que cela.

GOLLENBACK.

Et pourquoi donc, s'il vous plait?...

LÉOPOLD.

Pour en prendre possession.

GOLLENBACK.

O ciel!... j'aurais l'honneur de parler...

LÉOPOLD.

Au propriétaire actuel.

GOLLENBACK, criant.

A son Excellence monseigneur le comte de Ronsberg!...

LÉOPOLD.

Qui désire garder le plus strict incognito et vous ordonne expressément de vous taire.

GOLLENBACK, s'inclinant.

Trop heureux d'obéir au bon plaisir de monseigneur... que j'aurais reconnu sur-le-champ... sans son équipage pédestre.

LÉOPOLD.

Et crotté!... Ma voiture est restée à une lieue d'ici, embourbée... et j'ai eu grand' peine à me tirer à pied du chemin neuf.

GOLLENBACK, riant.

Qui est détestable.

LÉOPOLD.

Je croyais avoir alloué, l'année dernière, des fonds pour le réparer?

GOLLENBACK, troublé.

Aussi quelle différence!... si monseigneur y était passé avant les réparations...

LÉOPOLD, souriant.

J'y serais resté!... C'est ma faute... Quand on s'occupe de l'Opéra... au lieu de s'occuper de ses domaines... Aussi, profitant de vos avis, j'ai quelque idée de me fixer ici dans mes terres.

GOLLENBACK, à part.

O ciel!... (Haut.) A votre âge, monseigneur, la fleur de la jeunesse!...

LÉOPOLD.

De nos jours on mûrit promptement, monsieur le notaire, et rien que dans ma famille, tant d'événements dont j'ai déjà été le témoin, m'ont prouvé que c'était peu de chose qu'un gentilhomme et beaucoup qu'un homme heureux!... Je veux l'être, si je peux!... mais non pas seul... et c'est pour cela qu'avant de me rendre au château, je venais causer avec vous des besoins du village.

GOLLENBACK.

Nous avons d'abord la salle d'asile... pour laquelle les notables du pays, moi à la tête, avons tous souscrit...

LÉOPOLD.

C'est bien... monsieur le bourguemestre. Voyons le montant de cette souscription... Je paierai, si c'est nécessaire, le surplus de la dépense.

GOLLENBACK, tirant une clef de sa poche et ouvrant le tronc des pauvres.

Ah! monseigneur!... quelle générosité... Les offrandes de tout le village ont été versées là... dans le tronc des pauvres... à qui cette bonne œuvre est destinée...

LÉOPOLD, regardant.

Comment! c'est la cotisation communale! Total, trois kreutzers!

GOLLENBACK.

Allons donc... ce n'est pas possible...

LÉOPOLD.

Pardon... je vois un billet...

GOLLENBACK.

Un billet de banque, sans doute?

LÉOPOLD, regardant l'adresse.

Eh! non... une lettre...

GOLLENBACK, d'un air d'importance.

Pour moi, sans doute?...

LÉOPOLD, qui l'a déjà décachetée.

Pour vous... non!... (Souriant.) Au contraire. (Regardant encore l'adresse.) Voilà qui est singulier... (A demi-voix, tout en lisant.) Ah! une prière si simple... et si naïve... si touchante... signée : Henriette... (Haut, à Gollenback.) Il y a dans ce village une jeune fille nommée Henriette...

GOLLENBACK, vivement.

Monseigneur la connaît...

LÉOPOLD.

Du tout... Mais je tiens à la connaître...

GOLLENBACK.

C'est une petite orpheline... assez gentille et, il faut le dire, la plus sage du village...

LÉOPOLD.

Et il paraît qu'elle n'est pas mariée...

GOLLENBACK.

Il y a pour cela de bonnes raisons.

LÉOPOLD.

Lesquelles?...

GOLLENBACK.

Elle n'a pas un sou de dot... quelque bonne travailleuse qu'elle soit... car des fenêtres de mon étude je la vois toute la journée... à l'ouvrage... là, dans sa chaumière...

(Montrant celle qui est à gauche.)

LÉOPOLD, vivement.

Quoi ! c'est là qu'elle demeure ?...

GOLLENBACK.

Oui, monseigneur.

LÉOPOLD.

Vous en êtes sûr ?

GOLLENBACK.

Moi, bourguemestre !... je suis toujours sûr de tout, et quand elle n'a pas gagné son déjeuner ou son dîner...

LÉOPOLD, à part.

O ciel !...

GOLLENBACK.

Il faut bien qu'elle s'en prive... Elle n'en est pas plus triste pour cela.

LÉOPOLD, à part.

Et moi qui ai pu accepter...

GOLLENBACK.

Que dites-vous ?

LÉOPOLD.

Rien !... Il paraît... quoi que vous en disiez... que la pauvre fille trouve encore les moyens de recevoir et d'inviter...

GOLLENBACK.

Elle ?... allons donc !...

LÉOPOLD, à part.

Et elle n'en serait pas récompensée... et une pareille lettre ne recevrait pas de réponse... Oh ! non... non... c'est impossible... (Haut.) Écoutez-moi, monsieur le notaire... Que vous reste-t-il de mes derniers fermages ?

GOLLENBACK.

Six mille florins seulement.

LÉOPOLD.

J'aurais cru davantage.

GOLLENBACK.

Et l'entretien des routes?

LÉOPOLD, souriant.

C'est juste!... Vous allez prendre ces six mille florins dans votre caisse... Quant à moi, j'irai sans vous au château... je trouverai un guide... Pendant ce temps, vous porterez cette somme...

GOLLENBACK.

A qui, monseigneur?

LÉOPOLD.

A Henriette.

GOLLENBACK.

Est-il possible!...

LÉOPOLD.

Sans dire à elle... ni à personne, d'où cela lui vient... Je vous le défends, sous peine de perdre ma clientèle...

GOLLENBACK, effrayé.

Juste ciel!... je me tairai, monseigneur, je me tairai!... Je lui dirai qu'une succession...

LÉOPOLD.

Très-bien!

GOLLENBACK.

Qui lui tombe du ciel...

LÉOPOLD.

A merveille!...

GOLLENBACK.

Enfin... je la tromperai de mon mieux... dans son intérêt... et pour son bonheur... Ça n'est pas défendu avec un client.

LÉOPOLD.

Non, certes... Adieu, monsieur le notaire... A bientôt!

(Léopold sort par le fond.)

SCÈNE VIII.

GOLLENBACK, seul.

Voilà-t-il un événement... à bouleverser tout le village!... Et n'oser parler... ne pouvoir annoncer ni l'arrivée de monseigneur... ni sa libéralité!... Ne pouvoir pas même... comme le barbier du roi Midas... crier aux roseaux : « Henriette... Henriette... a six mille florins de dot! »

SCÈNE IX.

GOLLENBACK, PINCK, qui est sorti de l'étude à droite et qui s'est approché de Gollenback.

PINCK, à Gollenback.

Hein!... qu'est-ce que vous dites là?

GOLLENBACK.

Ah! Pinck... mon bon ami Pinck... toi qui es un homme prudent... un homme marié, on peut se fier à toi... Apprends donc...

PINCK.

Quoi donc?...

GOLLENBACK.

Qu'Henriette... cette petite Henriette... cette orpheline qui n'avait rien...

PINCK.

Eh bien?...

GOLLENBACK.

Se trouve en ce moment à la tête de six mille florins de dot...

PINCK.

Ce que vous vous disiez à vous-même tout à l'heure quand je suis entré... est-ce que c'est possible?...

8.

GOLLENBACK.

Je ne sais pas si c'est possible... mais c'est vrai!...

PINCK.

Et d'où ça lui vient-il?...

GOLLENBACK.

D'une succession tombée du ciel...

PINCK.

En vérité...

GOLLENBACK, à part.

Je suis dans les termes du programme.

PINCK.

Un oncle... de Californie?...

GOLLENBACK.

Précisément!

PINCK, avec colère.

Et pourquoi ne me l'avez-vous pas dit ce matin?...

GOLLENBACK.

Je l'apprends à l'instant même... en sortant de mon étude...

PINCK.

Où nous étions à signer ce contrat...

GOLLENBACK.

Que tu as lu et relu assez de fois...

PINCK.

Et vous êtes sûr que rien n'y manque?...

GOLLENBACK.

Pardi!...

PINCK, avec trouble.

Et que j'ai droit... en usufruit, aux six mille florins... non, je veux dire aux douze cents... que Charlotte m'apporte?... (Avec dédain.) Quelle mesquinerie... quelle misère!..., tandis qu'il y a des gens dans le monde... qui comptent par des

mille... par des six mille... mais après tout... ça n'est pas encore certain et... il faut voir...

GOLLENBACK.

Tu les verras... car je vais les chercher pour les porter... à Henriette...

PINCK, vivement et hors de lui.

Arrêtez !...

GOLLENBACK.

Qu'as-tu donc ?...

PINCK, se calmant.

Rien !... vous rentrez à l'étude ?...

GOLLENBACK.

Où Charlotte ta future est restée.

PINCK.

C'est bon... ne la dérangez pas.

GOLLENBACK.

Je vais t'envoyer par elle l'extrait du contrat dont je dois garder la minute.

PINCK, avec impatience.

Ça suffit... ça suffit...

(Gollenback sort.)

SCÈNE X.

PINCK, seul et avec colère.

Chien de contrat !... maudit contrat !... ce que c'est que de se presser !... (Réfléchissant.) Après tout, ce n'est qu'un contrat !... ça n'est pas encore le mariage... jusqu'au dernier moment on peut toujours se dédire... on peut toujours rompre... mais encore, quand on est un honnête homme et quand on tient à sa parole, faut-il une raison... un prétexte... Si je lui cherchais une bonne querelle !... une querelle d'Allemand... **nous sommes dans le pays !** (Apercevant Charlotte qui sort de l'étude à droite.) C'est elle...

SCÈNE XI.

PINCK, CHARLOTTE.

DUO.

CHARLOTTE, s'approchant et voyant l'air menaçant que Pinck vient de prendre.

Quel épais et sombre nuage
Semble obscurcir votre visage?
Vous me semblez embarrassé,
O mon aimable fiancé !
Parlez, monsieur mon fiancé !

PINCK, à part.

Sans amasser sur moi l'orage,
Comment rompre ce mariage?...
Pour ne plus être fiancé,
Ah ! je suis bien embarrassé...
Oui, je suis bien embarrassé !...

CHARLOTTE, lui présentant le papier.

Voici notre contrat de noce !

PINCK, le regardant avec colère.

Quoi !... ce contrat !...

CHARLOTTE, riant.

Quel air féroce !...
Qu'avez-vous?...

PINCK, de même.

Ce que j'ai... morbleu !...

(A part.)
Je n'en sais rien ! mais elle est si coquette,
Qu'à tout hasard, en essayant un peu...
Si l'on rencontrait juste !...

CHARLOTTE.

Eh oui... je le répète :
Qu'avez-vous?...

PINCK, s'approchant d'elle d'un air sombre et menaçant, lui dit lentement,
à voix basse.
Je sais tout!...

CHARLOTTE, à part, avec terreur.
Dieu!

PINCK, la regardant.
Quel air interdit!

CHARLOTTE, à part et troublée.
On m'aura vue!...
(Se retournant vers Pinck et avec embarras.)
Eh quoi... l'on vous a dit...

PINCK, d'un air féroce.
Oui!...

CHARLOTTE, baissant les yeux.
Que Gipp...

PINCK, de même.
Oui!

CHARLOTTE, de même.
Tout à l'heure...

PINCK, de même.
Oui, l'on m'a tout dit!
Je sais tout... je sais tout!

Ensemble.

PINCK, à Charlotte.
Ah! quelle horreur!
(A part.)
Ah! quel bonheur!
Je suis trompé,
Je suis dupé!
(A Charlotte.)
Un trait si noir!...
(A part.)
Ah! quel espoir!
Sans le vouloir,

Sans le savoir,
Heureux mari,
Je suis trahi !
Oui, Dieu merci,
Je suis trahi !
Destin chéri,
Soyez béni !
(Se frottant les mains.)
Je suis trahi !
Je suis trahi !

CHARLOTTE.

Si pour un tel enfantillage
Chacun faisait tant de fracas,
Matin et soir, dans le village,
Monsieur, l'on ne s'entendrait pas !

PINCK.

Oui, mon courroux est légitime !

CHARLOTTE.

Après tout, est-ce un si grand crime?...
Quand il va quitter ses foyers...
Un baiser... pour adieux derniers...
Ici... dans le bois d'Aliziers !...

PINCK, feignant une grande colère.

Un baiser !...

CHARLOTTE, haussant les épaules.

Un baiser...

PINCK, de même.

Pour adieux derniers !

CHARLOTTE.

Eh ! oui !

PINCK, de même.

Dans le bois d'Aliziers !
(Avec indignation.)
Dans le petit bois d'Aliziers !

Ensemble.

PINCK, à Charlotte.
Ah! quelle horreur! etc.
CHARLOTTE.
Si pour un tel enfantillage, etc.
(S'impatientant.)
C'est trop! cette absurde colère
Finit aussi par me déplaire!
PINCK.
Et lorsque je suis... convaincu,
Convaincu d'une telle offense...
Vous osez garder l'espérance
Qu'au mariage encor je pense!...
CHARLOTTE.
Eh bien! monsieur, qu'il soit rompu!
PINCK, vivement.
C'est dit!
CHARLOTTE.
C'est dit!
PINCK.
Rompu!
CHARLOTTE.
Rompu!
CHARLOTTE et PINCK.
Oui, qu'entre nous tout soit rompu!

Ensemble.

PINCK.
Après cet outrage,
Mon cœur se dégage;
Plus de mariage,
Vous l'avez voulu!
Coquette et friponne,
Je vous abandonne,
Mon honneur ordonne,
Que tout soit rompu!

CHARLOTTE.

Après cet outrage,
L'honneur me dégage;
Plus de mariage,
Vous l'avez voulu!
Sa fureur qui tonne
N'a rien qui m'étonne,
Car il déraisonne,
Et tout est rompu!
(Lui jetant le contrat.)
Le voilà, ce contrat, qu'à regret je signais!

PINCK.

Oui, dussé-je en payer les frais,
(Le déchirant.)
Pour jamais je l'anéantis,
Voilà! voilà comme je suis!

Ensemble.

PINCK.

Après cet outrage,
Mon cœur se dégage;
Plus de mariage,
Vous l'avez voulu!
Coquette et friponne,
Je vous abandonne!
Mon honneur ordonne
Que tout soit rompu!
Oui, tout est su,
Tout est connu,
Tout est rompu!

CHARLOTTE, lui donnant un soufflet.

Après cet outrage,
L'honneur me dégage;
Plus de mariage,
Vous l'avez voulu!
Sa fureur qui tonne
N'a rien qui m'étonne,
Car il déraisonne,

Et tout est rompu !
Oui... oui... c'est résolu,
C'est entendu !
Tout est rompu !

(Ils sortent chacun d'un côté différent.)

ACTE DEUXIÈME

La chaumière d'Henriette. — Porte au fond, deux portes latérales; à gauche une chaise et un rouet; près de la porte, à droite, une fenêtre donnant sur la place du village.

SCÈNE PREMIÈRE.

HENRIETTE, seule, devant son rouet et se levant.

C'est singulier!... depuis ma lettre écrite... impossible de travailler... j'attends!... j'attends toujours!... Quoi?... la réponse sans doute... et cela me fait une peur!... je désire et je crains qu'elle n'arrive... Car enfin ce mari que j'ai demandé, sans le connaître... ce mari qui doit m'épouser et m'aimer... qui sera-t-il?...

ROMANCE.

Qui donc m'aimera?
Qui peut me le dire?
De ces secrets-là
On aime à s'instruire!
Qui donc m'aimera?

Est-il jeune ou vieux?
Doit-il à mes yeux
Tarder à paraître?
A-t-il un bon cœur
Et joyeuse humeur?

On tient à connaître...
Et l'on se dit là :
(Montrant son cœur.)
Qui donc m'aimera? etc.

Lorsque j'écrivais,
A rien je n'étais
Encor décidée.
A présent, je crois,
Pour fixer mon choix...
J'aurais une idée...
Qui me sourit là...
Ah! ah!

Qui donc m'aimera? etc.

SCÈNE II.

HENRIETTE, PINCK.

PINCK, entrant vivement.

Grâce au ciel tout est fini!... tout est rompu!... je suis garçon!

HENRIETTE, étonnée.

Que dites-vous, monsieur Pinck?...

PINCK.

Je dis... je dis... que l'amour avant tout... Au moment d'épouser Charlotte... au moment même où je venais de signer... au contrat... je me suis aperçu que je n'éprouvais pour elle... comment vous dirais-je?... qu'une affection médiocre...

HENRIETTE.

Est-il possible?... et elle aussi!...

PINCK.

Que même je ne l'aimais pas.

HENRIETTE.

Elle aussi!...

PINCK, regardant Henriette avec tendresse.

Et qu'enfin... j'en aimais... j'en adorais une autre!

HENRIETTE.

Et elle aussi!... comme ça se rencontre...

PINCK.

Oui, au premier coup d'œil... ça a l'air d'un mariage assorti... eh bien, non!... parce qu'en fait de mariage... c'est mon idée à moi, l'inclination d'abord!

HENRIETTE.

Vous avez raison, monsieur Pinck, c'est parler en honnête homme.

PINCK.

N'est-ce pas?... et en fait d'inclination... j'en ai une...

HENRIETTE.

Vous, monsieur Pinck?...

PINCK.

D'autant mieux conditionnée... qu'elle m'est toute venue et presque sans que ça ait commencé.

HENRIETTE.

Et pour qui donc?...

PINCK.

Pour vous, mam'selle Henriette...

HENRIETTE, effrayée.

Ah mon Dieu! et depuis quand?...

PINCK.

Depuis un instant... comme un coup de foudre!

HENRIETTE, à part, et le regardant avec tristesse.

La réponse à ma lettre!

PINCK, tirant de sa poche un gant blanc qu'il met.

Je viens, pour vous brûlant d'ardeur,

Vous offrir ma main et mon cœur!
Et pour embellir mon destin,
Acceptez mon cœur et ma main!

HENRIETTE.

Moi qui n'ai de famille aucune,
Qui n'ai pas un denier vaillant!

PINCK.

Regarde-t-on à la fortune
Quand il s'agit de sentiment?

HENRIETTE.

Moi, pauvre fille délaissée,
Dont chacun dédaignait le sort,
Dont nul ne veut pour fiancée!

PINCK.

J'en ai plus de mérite encor...
  (Tendrement.)
  Et je viens... je viens.
   Oui, je viens...

SCÈNE III.

Les mêmes; plusieurs Garçons du village, entrant successivement, chacun en gants blancs, et reprenant avec Pinck le premier motif.

LE CHOEUR.

Je viens, pour vous brûlant d'ardeur, etc.

PINCK, à part, avec colère.

Oui! c'est ce bavard de notaire
Qui leur aura conté l'affaire!...

HENRIETTE, à part.

Ah! mes vœux sont trop exaucés!
Que de maris!

TOUS.

  Ah! choisissez!...
Tous amoureux! tous empressés!

PINCK, à part.

Et surtout désintéressés !

SCÈNE IV.

LES MÊMES ; LES AUTRES GARÇONS DU VILLAGE, entrant aussi avec des gants blancs.

LE CHŒUR.

Je viens, pour vous brûlant d'ardeur, etc.

TOUS.

Oui, pour embellir mon destin,
Acceptez mon cœur et ma main !

PINCK, avec colère.

Taisez-vous, tairteff !... taisez-vous !
Ou bien redoutez mon courroux !

HENRIETTE, à part.

O vœu téméraire
Et dont je frémis !
Que m'en vais-je faire
De tant de maris ?...

PINCK, à part.

Son cœur, je m'en flatte,
Ne peut oublier
Qu'au moins par la date,
Je suis le premier !

TOUS.

L'amour, je m'en flatte,
Me rend le premier !

Ensemble.

PINCK et LE CHŒUR.

O belle inhumaine,
Qui voyez ma peine,
C'est par trop souffrir !
Ah ! daignez choisir !

Si vous **voulez** prendre
Époux jeune et **tendre**,
Prenez-moi, je suis
La fleur des maris!
J'implore à genoux
Ce titre d'époux!

HENRIETTE.

Espérance vaine,
Ah! quelle est ma peine!
C'est par trop souffrir!
Je ne puis choisir!
Daignez me comprendre,
Et daignez m'entendre;
C'est trop de maris!
Ainsi, je ne puis
Choisir entre **vous**!
Éloignez-vous tous;
Oui, laissez-moi tous,
    Tous!

PINCK et LE CHOEUR, se disputant tous entre eux.

Non, non, c'est moi, c'est moi,
Qui mérite sa foi!
Va-t'en ou tu verras
Ce que pèse mon bras!

Ensemble.

(Se retournant tous vers Henriette.)

PINCK et LE CHOEUR.

O belle inhumaine,
Qui voyez ma peine,
C'est par trop souffrir!
Ah! daignez choisir!
Si vous voulez prendre
Époux jeune et tendre,
Prenez-moi, je suis
La fleur des maris...
Oui... oui... votre époux
Tombe à vos genoux!

HENRIETTE.

Espérance vaine!
Ah! quelle est ma peine?
C'est par trop souffrir!
Je ne puis choisir!
Daignez me comprendre,
Et daignez m'entendre...
C'est trop de maris!
Ainsi, je ne puis
Choisir entre vous!
Éloignez-vous tous,
Oui, laissez-moi tous,
Tous!

(Ils tombent tous à genoux autour d'Henriette qui est seule debout.)

SCÈNE V.

LES MÊMES; GOLLENBACK.

GOLLENBACK.

Qu'est-ce que je vois là? (Tous se relèvent et s'enfuient sur la ritournelle du morceau précédent.) O mortels cupides!... tous ont disparu, sachant bien que d'un mot je pouvais les démasquer!... (A Henriette.) Que te disaient-ils, mon enfant?...

HENRIETTE.

Ils disaient tous qu'ils voulaient me prendre pour femme! C'est à n'y rien comprendre.

GOLLENBACK.

Je comprends très-bien!...

HENRIETTE.

Et ils me pressaient de me prononcer... M. Pinck surtout...

GOLLENBACK, vivement.

Et tu l'aurais choisi?...

HENRIETTE.

Ah! bien oui! ni lui... ni personne!

GOLLENBACK.

Tu as bien fait... je t'ai toujours dit, ce matin encore, que tu étais charmante... tu t'en souviens?...

HENRIETTE.

C'est vrai...

GOLLENBACK.

De plus... une honnête fille... travailleuse, économe... toutes les vertus désirables en ménage...

HENRIETTE.

Oui... mais vous me disiez en même temps qu'il me manquait quelque chose...

GOLLENBACK.

Il ne te manque plus rien!...

HENRIETTE.

Ah! bah!...

GOLLENBACK, à part.

Et moi qui dois encore un arriéré sur ma charge de notaire... (Ouvrant son portefeuille; à haute voix.) Vois-tu, mon enfant... je t'apporte là six mille florins qui t'appartiennent.

HENRIETTE.

A moi... ce n'est pas possible!

GOLLENBACK, lui remettant dans la main un petit portefeuill

La preuve... c'est que les voici. Vois plutôt.

HENRIETTE.

Et comment cela?...

GOLLENBACK, à part.

Obéissons à M. le comte.

HENRIETTE.

D'où ça me vient-il?...

GOLLENBACK.

D'une succession que moi seul ai découverte... et que tu me dois pour ainsi dire...

HENRIETTE.

Ah! quelle reconnaissance!...

GOLLENBACK.

Je ne te demande rien pour cela... au contraire!... je viens te prévenir, en ami, que tu peux aspirer aux plus hauts partis... du canton et choisir toi-même...

HENRIETTE, vivement.

Vrai!... je peux choisir?...

GOLLENBACK, mystérieusement.

Tu peux choisir...

HENRIETTE.

Moi-même?...

GOLLENBACK.

Toi-même!

HENRIETTE, timidement.

Comme qui dirait... un fermier?...

GOLLENBACK.

Sans doute.

HENRIETTE.

Un fermier... ruiné?...

GOLLENBACK.

Bien mieux encore... tu peux élever tes vues... sur des notabilités... sur des fonctionnaires publics!...

HENRIETTE.

En vérité!

GOLLENBACK, tirant de sa poche un gant blanc.

J'en connais un, jeune encore et de tournure agréable, qui te donnera un titre et une position!... un confrère à moi! un bourguemestre!

HENRIETTE.

J'aime mieux rester fille !

GOLLENBACK.

On te saluera sur ton passage... tu seras madame la bourguemestre !... la première de l'endroit !...

HENRIETTE.

J'aime mieux rester fille !

GOLLENBACK.

Tu ne dirais pas cela si tu le connaissais.

HENRIETTE.

Où est-il donc ?

GOLLENBACK.

Il te regarde !... il te parle !...

HENRIETTE, poussant un cri.

Ah ! j'aime bien mieux...

GOLLENBACK.

Il est à tes genoux ! Henriette ! ma chère Henriette !... écoute-moi !

HENRIETTE, à Gollenback, qui vient de tomber à ses pieds.

Mais laissez donc ma main, monsieur le bourguemestre... voilà qu'on frappe, voilà qu'on entre chez moi.

(Elle se précipite vers la porte à gauche et disparaît, laissant Gollenback à genoux au milieu de la chambre. Léopold, qui vient d'entrer vivement par la porte du fond, aperçoit Gollenback, qui se hâte de se relever.)

SCÈNE VI.

LÉOPOLD, GOLLENBACK.

GOLLENBACK, à part.

Dieu ! monseigneur !... J'espère qu'il ne m'a pas vu...

LÉOPOLD.

Vous ! monsieur le notaire... que faites-vous ici ?...

GOLLENBACK.

Des réflexions!...

LÉOPOLD.

Ah! bah!...

GOLLENBACK.

Sur la coquetterie des jeunes filles... à commencer par votre protégée.

LÉOPOLD.

Henriette!... je venais lui faire visite!

GOLLENBACK.

C'est tout au plus si elle aura le temps de vous recevoir... il y a foule... chez elle...

LÉOPOLD.

En vérité!

GOLLENBACK.

C'est quelque chose de curieux... à observer, monseigneur, que ce genre de marionnettes qu'on appelle l'espèce humaine... et dont l'intérêt fait mouvoir tous les fils... Depuis la fortune d'Henriette, fortune dont on ignore l'origine, tous les jeunes gens du village se présentent comme prétendants. Je les ai trouvés ici... tous à genoux... devant elle...

LÉOPOLD.

A peu près... comme je vous ai trouvé tout à l'heure!

GOLLENBACK.

Moi!... c'est autre chose... je la pressais... comme son notaire et pour le placement même de ses capitaux... de faire un choix solide et raisonnable.

LÉOPOLD.

Vous, par exemple...

GOLLENBACK.

Elle pouvait tomber plus mal... c'était un conseil que je lui donnais... un conseil d'ami...

LÉOPOLD.

Qu'elle a repoussé...

GOLLENBACK.

Jeunes et vieux, elle a tout refusé...

LÉOPOLD.

Est-il possible!...

GOLLENBACK.

Les autres, je ne dis pas!... mais moi!... vous sentez bien que ce n'est pas naturel... qu'il y a des motifs particuliers... que j'ai devinés...

LÉOPOLD.

Lesquels?...

GOLLENBACK, à demi-voix à l'oreille.

La petite a une inclination.

LÉOPOLD, vivement et d'un air fâché.

Vous croyez?...

GOLLENBACK.

J'en suis sûr!... elle me l'a presque avoué.

LÉOPOLD, de même.

Et qui donc?...

GOLLENBACK.

La discrétion habituelle à mon ministère m'empêche... d'en dire davantage... Mais tenez... la voyez-vous d'ici dans la chambre à côté... nous tournant le dos?

LÉOPOLD, regardant.

Et écrivant...

GOLLENBACK.

A lui... à son amoureux... lui faisant part de la fortune qui lui arrive...

LÉOPOLD.

C'est probable...

GOLLENBACK.

Voyez plutôt... cet air... ému et animé...

LÉOPOLD.

En effet!...

GOLLENBACK.

Prenez garde!... elle se lève... elle vient de ce côté. (Léopold et Gollenback se retirent au fond du théâtre. Pendant que l'orchestre reprend en sourdine l'air que l'on a entendu au premier acte : *La jeune fille à son père*... Henriette sort à pas lents de la porte à gauche, tenant une lettre à la main. Elle s'arrête, réfléchit un instant, lève les yeux au ciel, puis reprend sa marche et disparaît par la porte à droite. Léopold et Gollenback regardent à travers les vitraux de la croisée à droite.) Elle sort mystérieusement.

LÉOPOLD, regardant.

Et traverse la place du village.

GOLLENBACK, de même.

Elle s'arrête sous le porche de l'église... et regarde autour d'elle avec crainte.

LÉOPOLD, avec émotion.

Elle jette encore cette nouvelle lettre dans le tronc des pauvres.

GOLLENBACK.

Oui vraiment!... elle s'enfuit... et entre dans la maison de Charlotte, sa bonne amie...

LÉOPOLD.

Vite... cette lettre... il me la faut!...

GOLLENBACK.

Quoi! monseigneur...

LÉOPOLD.

N'avez-vous pas la clef?...

GOLLENBACK.

Oui, certainement.

LÉOPOLD.

Allez donc... avant qu'Henriette ne rentre chez elle.

GOLLENBACK.

Dans un instant... je suis de retour.

(Il sort par la porte à droite.)

SCÈNE VII.

LÉOPOLD, seul.

Pauvre jeune fille! je m'en veux à moi-même!... et j'ai peine à m'expliquer le mouvement de dépit et de colère que j'ai un instant éprouvé contre elle!... Ah! je m'en punirai!

AIR, sur le motif du premier acte.

Pour époux, aujourd'hui même,
Devant Dieu je jure ici
De lui donner celui qu'elle aime,
Celui que son cœur a choisi;
Devant Dieu je le jure ici.

(L'orchestre cesse de jouer à la rentrée de Gollenback.)

SCÈNE VIII.

LÉOPOLD, GOLLENBACK, tenant la lettre à la main.

LÉOPOLD, vivement.

Eh bien?...

GOLLENBACK.

Eh!... monseigneur... j'avais deviné juste... elle aime quelqu'un... un jeune homme des environs.

LÉOPOLD.

Vous en êtes sûr?...

GOLLENBACK, montrant la lettre.

Elle demande pardon de son vœu téméraire... le ciel lui a envoyé trop de maris! Il n'y en a qu'un seul qu'elle choi-

sirait... qu'elle aimerait... Et s'il ne lui est pas permis de l'épouser... elle demande la permission de finir ses jours au couvent où elle a été élevée.

LÉOPOLD.

Non... ce ne sera pas... elle épousera celui qu'elle aime... quel qu'il soit... je l'ai juré !

GOLLENBACK.

Mais c'est un jeune homme qui n'est pas bien du tout... qui a un mauvais caractère et les cheveux crépus.

LÉOPOLD.

Si elle l'aime ainsi !...

GOLLENBACK.

Amour inexplicable !... car il ne venait presque jamais au village et j'aurais juré même qu'elle ne le connaissait pas.

LÉOPOLD.

Peu importe !...

GOLLENBACK.

Sans compter qu'il est ruiné...

LÉOPOLD.

Cela me regarde.

GOLLENBACK.

Que la ferme de son père a été incendiée la semaine dernière...

LÉOPOLD.

Que dis-tu ?...

GOLLENBACK.

Que c'est Fritz le fermier...

LÉOPOLD, vivement et lui arrachant la lettre.

Donne... donne donc !... (Lisant avec émotion.) Oui... un amour si pur, si vrai,.. si naïf...

GOLLENBACK.

Elle en est folle... c'est évident...

LÉOPOLD.

Non... nous nous trompons peut-être !... mais si cela était... ah ! mon cher Gollenback... mon cher ami... écoute-moi !...

GOLLENBACK.

Si je puis rendre service à monseigneur !

LÉOPOLD.

Un très-grand... (Apercevant Henriette par la porte à droite, que Gollenback a laissée ouverte en entrant.) Va-t'en... car la voici ! va-t'en donc !

GOLLENBACK.

Trop heureux d'être agréable à Votre Excellence... (En s'en allant.) Ce diable de Fritz est-il heureux !... avec son mauvais caractère et ses cheveux crépus !... il est né coiffé ! (Il sort par le fond au moment où Henriette rentre par la porte à droite.)

SCÈNE IX.

LÉOPOLD, HENRIETTE.

HENRIETTE, à part.

Pauvre Charlotte !... je l'ai trouvée tout en larmes... et son oncle furieux... Il paraît qu'après un mariage rompu on ne peut plus épouser personne... pas même celui qu'on aime... Ça m'a fait penser alors à ce que j'ai prié le Ciel de m'envoyer... (Apercevant Léopold qui vient de s'avancer.) Ah ! mon Dieu !... déjà !...

LÉOPOLD.

Je vous effraye, mam'selle Henriette... par ma présence inattendue...

HENRIETTE.

Oh ! non, monsieur !...

LÉOPOLD.

Je ne voulais pas partir... sans vous remercier de votre hospitalité...

HENRIETTE.

Il n'y a pas de quoi!...

LÉOPOLD.

Si vraiment... j'ai pensé depuis que c'était peut-être votre déjeuner à vous!...

HENRIETTE, souriant.

Quand ce serait?... vous en ferez autant pour le premier voyageur à jeun... qui se présentera chez vous.

LÉOPOLD, avec émotion.

A ma ferme?... vous oubliez qu'elle est brûlée.

HENRIETTE.

C'est vrai!... pardon, monsieur Fritz...

LÉOPOLD, à part, avec joie.

Fritz!... c'est bien moi!...

HENRIETTE.

Je vous disais ce matin qu'il ne fallait jamais désespérer de la Providence ; qu'au moment où l'on s'y attend le moins le bonheur est là, près de vous...

LÉOPOLD, la regardant.

C'est vrai!

HENRIETTE.

Que d'un instant à l'autre la fortune peut vous tomber du ciel.

LÉOPOLD, de même.

C'est vrai...

HENRIETTE, gaiement.

C'est ce qui m'est arrivé... une succession très-considérable... dont je n'ai que faire... car à moi... il ne me manque rien! (Timidement.) Mais vous, monsieur... qui avez besoin... de rebâtir votre ferme...

LÉOPOLD, avec surprise.

Qu'entends-je?...

HENRIETTE, timidement.

Est-ce assez de six mille florins?...

LÉOPOLD, vivement.

Y pensez-vous!...

HENRIETTE.

Vous me les rendrez par votre travail... rien ne presse... je vous donnerai du temps!

LÉOPOLD, avec attendrissement.

Henriette!... c'est vous qui me protégez... qui êtes ma bienfaitrice...

HENRIETTE.

C'est tout naturel... je suis riche et vous êtes pauvre... il ne faut pas rougir de cela... moi, à votre place...

LÉOPOLD, vivement.

Vous accepteriez?...

HENRIETTE.

Sans hésiter!... et puis... qui sait?... vous pouvez vous établir... faire un bon mariage.

LÉOPOLD, la regardant.

J'y ai déjà pensé!

HENRIETTE.

Ah!...

LÉOPOLD.

Un engagement... que j'ai pris avec une jeune fille d'ici...

HENRIETTE, avec douleur.

Un engagement...

LÉOPOLD.

J'ai juré devant Dieu de l'épouser!

HENRIETTE, tremblante.

C'est sacré... monsieur... et si elle est digne de votre affection...

LÉOPOLD, vivement.

Oui!

DUO.

Celle à qui je m'engage
Mérite mes amours,
Près d'elle, en mon village,
Je veux vivre toujours,
    Oui, toujours!

HENRIETTE.

Que le ciel en ménage
Protége vos amours!
Pour vous, en ce village,
Moi je prirai toujours,
    Oui, toujours!

LÉOPOLD, voyant qu'elle se soutient à peine.
Qu'avez-vous?...

HENRIETTE, tremblante.

Rien! je vous l'atteste!
Sur mon sort je suis sans effroi!
(Tombant sur la chaise à gauche qui est près de son rouet.)
Car le travail toujours me reste,
Et le bon Dieu veille sur moi!
(Elle essaie de tourner son rouet en s'efforçant de chanter.)
    Tra, la, la, la, la, la!

STYRIENNE, du premier acte.

Un jeune et gentil palatin,
Un jour d'avril, un beau matin,
Sortait pensif de son logis,
Monté sur son beau coursier gris!
    Tra, la, la, la, la, la!

LÉOPOLD, à part.

Les larmes roulent dans ses yeux,
Je suis aimé! je suis heureux!

Ensemble.

LÉOPOLD.

Celle à qui je m'engage
Mérite mes amours !
Près d'elle, en mon village,
Je veux vivre toujours,
En l'adorant toujours,
Oui, toujours !

HENRIETTE.

Que le ciel en ménage
Protége ses amours !
Pour lui dans mon village,
Moi je prîrai toujours,
En le pleurant toujours,
Oui, toujours !

(Léopold sort vivement par la porte du fond.)

SCÈNE X.

HENRIETTE, seule.

(A peine Léopold est-il sorti, qu'elle laisse éclater les larmes qu'elle retenait et reprend à demi-voix la romance de la première scène.)

Nul ne m'aimera,
Mon rêve s'achève !
Il s'enfuit déjà !
Adieu, mon doux rêve,
Nul ne m'aimera !

SCÈNE XI.

HENRIETTE, PINCK.

PINCK, entrant et voyant Henriette absorbée dans ses réflexions.

Elle rêve... à ma proposition et... je suis sûr qu'avec la réflexion elle y reviendra..... (Haut.) Mam'selle...

HENRIETTE, effrayée.

Ah! mon Dieu!... encore vous, monsieur Pinck?

PINCK.

Oui, encore moi... j'avais oublié de vous dire qu'outre mes avantages personnels... j'en avais encore un... qui n'est pas à dédaigner... Ma mère, madame Pinck, a été la nourrice du jeune comte Léopold de Ronsberg, que j'ai vu à Vienne, l'année dernière, quand je lui ai porté ses fermages, et le jeune comte est l'héritier de ce domaine... et il vient d'y arriver... et je l'ai rencontré! et à moi, son frère de lait... il m'a promis de signer à mon contrat... si j'en faisais un second... et de me faire un cadeau de noce... un beau cadeau... c'est quelque chose... comprenez-vous?

HENRIETTE.

Non!

PINCK.

Vous n'avez pas compris?...

HENRIETTE.

Je n'ai pas écouté!

PINCK.

Ça veut dire que dans le cas où vous m'épouseriez...

HENRIETTE.

Je n'épouserai personne.

PINCK.

Pas même moi!

HENRIETTE.

Non!

PINCK.

Rien qu'un peu?...

HENRIETTE.

Jamais!... Je retourne au couvent où j'ai été élevée.

PINCK.

Allons donc!... on ne va pas au couvent avec six mille florins de dot!

HENRIETTE.

J'en disposerai auparavant... je les donnerai...

PINCK, vivement.

A qui?...

HENRIETTE.

A une pauvre fille à qui vous avez fait grand tort dans sa réputation... par la rupture de votre mariage.

PINCK.

Charlotte...

HENRIETTE.

Oui, monsieur!... Charlotte, que son oncle renvoie de chez lui... et à qui j'ai offert un asile... Elle va venir.

PINCK.

Charlotte!...

HENRIETTE.

Et je lui donnerai devant M. le notaire tout ce que j'ai... tout ce que je possède... et puis après je m'en irai... je dirai adieu à tout le monde... à commencer par vous!...

(Elle sort par la porte à gauche.)

SCÈNE XII.

PINCK, puis CHARLOTTE.

PINCK.

Six mille florins d'indemnité... qu'est-ce que j'apprends là! (Apercevant Charlotte qui paraît à la porte du fond.) Charlotte!...

CHARLOTTE, voulant s'éloigner.

Monsieur Pinck!

PINCK, tombant à genoux.

Grâce et pardon, Charlotte, pour le remords qui m'accable... (Avec désordre.) J'étais furieux... j'étais jaloux... mais votre bonne réputation... votre innocence...

CHARLOTTE, étonnée.

Qu'est-ce qu'il dit donc?

PINCK.

Alors le repentir et l'amour... l'amour qui me revient... ou qui plutôt n'est jamais parti...

CHARLOTTE.

Ce n'est pas possible...

PINCK.

Plus on a de torts... plus on aime... Vous comprenez alors que ça augmente... que ça augmentera toujours... et la preuve... je suis prêt à signer de nouveau... à épouser de nouveau!

CHARLOTTE.

Et... et le petit Gipp?...

PINCK.

Peu m'importe!

CHARLOTTE.

Le bois des Aliziers...

PINCK.

Ça m'est égal!

CHARLOTTE.

Mais ce baiser qu'il m'a donné...

PINCK.

Ça ne me fait rien.

CHARLOTTE.

Et s'il m'en avait donné deux?...

PINCK.

Est-ce que l'on compte avec ses amis?... Dis-moi, Charlotte, dis-moi que tu me pardonnes... que tout renaît, que tout revient, que tout est commun entre nous... Dis-le-moi, ô Charlotte adorée!

CHARLOTTE.

Mais taisez-vous donc, monsieur Pinck, votre amour me compromet encore plus que vos soupçons.

SCÈNE XIII.

HENRIETTE, sortant de la porte à gauche, CHARLOTTE et PINCK.

HENRIETTE, accourant vivement et tenant à la main un petit portefeuille qu'elle remet à Charlotte.

Tiens... tiens, ma pauvre Charlotte... à toi ces six mille florins.

CHARLOTTE.

Que dis-tu?...

HENRIETTE.

Ils m'appartiennent!... je te les donne... car je ne me marierai jamais... tandis que toi...

CHARLOTTE.

Tu n'y penses pas...

HENRIETTE.

Si vraiment... tous tes chagrins par là peuvent être oubliés.

PINCK, vivement.

Ils le sont déjà... ils l'étaient dès longtemps, n'est-ce pas, ô Charlotte!... plus de séparation...

HENRIETTE, étonnée.

Comment, monsieur Pinck?...

(On entend au dehors, sous la fenêtre à droite, une sérénade.)

CHARLOTTE.

Écoute donc... là, sous tes fenêtres... comme une chanson de fiancée!...

HENRIETTE.

Allons donc...

CHARLOTTE, montrant la gauche.

De ce côté aussi...

PINCK, montrant le fond.

Et les ménétriers du village...

CHARLOTTE.

Jouant l'air de noce... le chant styrien!

FINALE.

LE CHŒUR, en dehors.

Tra, la, la, la, la, la, la, la, la, la,
Tra, la, la, la, la, la, la, la, la, la!

CHARLOTTE.

C'est bien l'heure où les amoureux
Adressent leurs chants et leurs vœux
Au logis de la fiancée!

HENRIETTE.

Ils se trompent assurément!

CHARLOTTE, allant ouvrir les deux fenêtres.

Sous tes fenêtres, cependant,
La sérénade est bien placée!

PINCK.

Écoutez donc...

(On entend chanter à haute voix en dehors les vers suivants que Charlotte, Pinck et Henriette répètent à demi-voix sur le devant du théâtre.)

LE CHŒUR, en dehors.

Qu'au loin l'écho répète...

CHARLOTTE, PINCK et HENRIETTE.

Qu'au loin l'écho répète...

LE CHŒUR.

C'est Fritz le beau fermier...

CHARLOTTE, PINCK et HENRIETTE.
C'est Fritz le beau fermier...

LE CHŒUR.
Qui va se marier !...

CHARLOTTE, PINCK et HENRIETTE.
Qui va se marier !...

LE CHŒUR.
A la belle Henriette !

CHARLOTTE, PINCK et HENRIETTE.
A la belle Henriette !

HENRIETTE, hors d'elle-même.
Que disent-ils ?

PINCK, courant à la fenêtre et criant.
Mais la belle Henriette
Ne veut pas !

HENRIETTE, vivement.
Je veux bien... je veux bien !...

CHARLOTTE, à Henriette, avec force.
Et je t'approuve !...

(Lui rendant le portefeuille.)
Ainsi reprends ton bien,
Je n'en suis pas jalouse !
Cet or devient superflu,
Puisque monsieur Pinck m'épouse !

PINCK, avec colère.
Mais du tout !... je n'épouse plus !...

Ensemble.

CHARLOTTE.

Quelle indigne surprise !
Rompre la foi promise !...
Une telle traîtrise
A dégagé mon cœur !
Oui, je contiens à peine
Ma colère et ma haine,

Et je brise ma chaîne
Avec joie et bonheur !

PINCK.

Une telle méprise
Serait une sottise
Qu'ici rien n'autorise,
Et je garde mon cœur !
Peu m'importe sa haine,
Sa dot n'est plus la mienne,
Et je brise ma chaîne
Avec joie et bonheur !

HENRIETTE.

O bonheur ! ô surprise !
Quoi ! je suis sa promise,
Et le Ciel réalise
Le seul vœu de mon cœur !
O bonté souveraine
Qui dissipe ma peine,
Et dans mes sens ramène
La joie et le bonheur !

LE CHŒUR, en dehors, continuant le chant styrien.

Tra, la, la, la, la, etc.

SCÈNE XIV.

LES MÊMES ; GOLLENBACK, tenant un papier à la main et entrant, suivi de TOUT LE VILLAGE.

CHARLOTTE, PINCK et HENRIETTE.

Le bourguemestre !

GOLLENBACK.

Non, c'est monsieur le notaire,
Qui, cette fois encor, remplit son ministère
Avec zèle et talent !... mais non pas sans stupeur !...
« J'ai, par l'ordre de monseigneur,
Rédigé ce contrat !... car il veut d'Henriette...

PINCK, avec dépit.
Être, hélas! le témoin!

GOLLENBACK.
Non pas! mais le mari!

TOUS LES GARÇONS DU VILLAGE, avec étonnement.
Quoi! monseigneur aussi!

HENRIETTE et CHARLOTTE, à part.
J'en demeure stupéfaite!

GOLLENBACK et PINCK.
Et moi j'en reste ébahi!

GOLLENBACK, présentant le contrat à Henriette.
Mais l'acte est bien en règle!

HENRIETTE, à Gollenback.
A cet honneur suprême
Je ne puis aspirer!... Oui, monsieur, dites-lui
Que j'aime Fritz et l'épouse aujourd'hui.

GOLLENBACK.
Veuillez à monseigneur le dire, alors, vous-même,
Car le voici!

SCÈNE XV.

Les mêmes; LÉOPOLD, en uniforme de colonel.

HENRIETTE, tremblante à sa vue et se soutenant à peine.
Quoi!... c'est lui!... lui!

LÉOPOLD, la soutenant dans ses bras, lui dit à demi-voix.
La réponse à ton message!

HENRIETTE, levant avec reconnaissance les yeux au ciel.
O mon Dieu!...
(Puis, tirant vivement de sa poche le portefeuille qu'elle donne à Charlotte.)
Tiens, je te le rends!

PINCK, passant son bras sous le bras de Charlotte et avançant la main.
Et nous le reprenons!

CHARLOTTE, s'en emparant.

Non pas ! je le reprends !
Et je le donne en mariage
Au pauvre Gipp, qui m'aime tout de bon !

PINCK.

Et moi ?

CHARLOTTE.

Vous, monsieur Pinck, vous resterez garçon !

LE CHOEUR, sur l'air styrien, s'adressant au comte et à Henriette.

A vous deux nos hommages !
Et gloire à l'Éternel !
Les heureux mariages
Sont écrits dans le ciel !

LE NABAB

OPÉRA-COMIQUE EN TROIS ACTES

En société avec M. de Saint-Georges

MUSIQUE DE F. HALÉVY.

THÉATRE DE L'OPÉRA-COMIQUE. — 1er Septembre 1853.

PERSONNAGES.   ACTEURS.

LORD EVENDALE, actionnaire de la Compagnie des Indes . . . . MM. Couderc.
ARTHUR, jeune officier, son cousin. . . . . . Ponchard.
LE BARONNET HENRI CLIFFORT, médecin. . . . . Mocker.
TOBY, manufacturier . . . . Bussine.
UN DOMESTIQUE de lord Evendale. . . . . Lejeune.
BRICK, garde-chasse. . . . . —

CORILLA, femme de lord Evendale . . . . . . Mmes Andréa-Favel.
DORA, nièce de Toby . . . . Miolan.

Dames et Seigneurs. — Officiers. — Esclaves indiens, hommes et femmes. — Ouvriers et Ouvrières. — Gardes-chasse. — Paysans et Paysannes. — Domestiques.

Dans les Indes anglaises, aux environs de Calcutta, au premier acte. En Angleterre, dans le pays de Galles, aux deuxième et troisième actes.

LE NABAB

ACTE PREMIER

Les jardins d'une riche habitation. Une tente attachée à de grands arbres orne une espèce de vérandah.

SCÈNE PREMIÈRE.

CORILLA est étendue sur un lit de repos : des ESCLAVES INDIENNES rafraîchissent l'air avec des éventails de plumes. LORD ARTHUR est debout près de Corilla. Çà et là, des OFFICIERS anglais et DES DAMES anglaises, DES HABITANTS de Calcutta. DES DOMESTIQUES passent, sur des plateaux, des glaces et des sorbets.

INTRODUCTION.

LE CHOEUR.

Vert bosquet, dôme de feuillage,
Par ton épais et doux ombrage
Tu nous défends des feux du jour,
Mais non pas de ceux de l'amour.

CORILLA.
AIR.
De la froide Angleterre
Au rivage indien,

Peu m'importe sur terre
Quel pays est le mien !
Moi, je vois ma patrie
Où mon cœur est heureux,
Et je donne ma vie
A qui j'aime le mieux.

(S'adressant à un esclave.)

Esclave au teint bruni, qu'a vu naître Lahore,
Sers aux fils d'Albion ces sorbets odorants.

(Aux femmes qui l'éventent.)

Vous, pour calmer les feux dont l'ardeur nous dévore,
Appelez sur nos fronts les zéphirs caressants.

De la froide Angleterre, etc.

ARTHUR, à Corilla.

Appeler près de vous les zéphirs, c'est très-sage !
Les amours y viendront d'eux-mêmes...

CORILLA.

Vous croyez ?
Toujours galant, milord !

ARTHUR.

Et toujours à vos pieds,
Soupirant sans espoir !...

CORILLA.

Ah ! c'est vraiment dommage !
Pour vous indemniser, je promets que ce soir
Vous porterez au bal mes fleurs et mon mouchoir.

Vive le caprice,
Dieu plein de malice,
Dont l'instinct propice
M'inspire souvent !
Il fait ma puissance !
Même dans la danse,
J'aime l'inconstance
Et le changement !
Longtemps dans l'Inde
Et sur le Pinde
Qui la prônait,

La Bayadère
Vive et légère,
Seule régnait !
Mais moi j'arrive
Sur cette rive ;
Tout aussitôt
On me demande
Et sarabande
Et fandango !

Vive le caprice, etc.

ARTHUR.

Lady Evendale ira donc ce soir au bal du gouverneur ?

CORILLA.

Mais oui... mon mari me l'a défendu... c'est déjà une raison... Sous prétexte que tout l'ennuie, il faudrait ne jamais sortir et l'aider chez lui à s'ennuyer.

ARTHUR.

C'est absurde !

CORILLA.

N'est-ce pas ?

ARTHUR.

Car enfin, lord Evendale est un des plus riches nababs de l'Inde... une fortune immense !...

CORILLA.

Je crois que oui !

ARTHUR.

Une femme délicieuse !

CORILLA.

Vous trouvez ?

ARTHUR.

Je trouve qu'il a trop de bonheur... et c'est là ce qui l'ennuie... il devrait donc partager avec ses amis... avec moi... son cousin !

CORILLA.

Le plus aimable de nos gentlemen... le plus séduisant de nos officiers...

ARTHUR.

Vous voulez rire, milady ! mais j'atteste que depuis mon départ de la métropole, je n'ai trouvé en ce pays conquis qu'une seule cruelle, et c'est vous !

CORILLA.

Eh bien ! cela vous change un peu !

ARTHUR.

Cela me change... cela me change, au point que j'en dessèche, que j'en dépéris... et que décidément le climat de l'Inde ne me vaut rien.

CORILLA.

Comme à mon mari !

ARTHUR.

Moi, c'est par excès de désespoir... et lui... par excès contraire... Vous l'aimez tant !

CORILLA.

Nous nous détestons !

ARTHUR.

Ah bah !

CORILLA.

Nous ne sommes jamais d'accord.

ARTHUR.

Un mariage d'inclination !...

CORILLA.

Raison de plus !

ARTHUR.

Pour lequel il a tout bravé, tout sacrifié !

CORILLA.

C'est ce qui m'a fait prendre les grandes passions en

haine... vous ne m'adressez pas une phrase, pas un mot d'amour que je n'aie entendu sortir de sa bouche... enfin, à travers vos serments, vos désespoirs et vos tendresses, je vois toujours mon mari... jugez s'il est possible d'y tenir !

ARTHUR.

Mais c'est indigne !... et au lieu de vous adorer, je vais vous maudire, vous accabler des noms les plus odieux, et alors...

CORILLA, riant.

Et alors, peut-être, je vous aimerai.

ARTHUR.

Ah ! je ne sais plus où j'en suis !... et si je ne contenais ma fureur...

CORILLA.

Mon mari est mieux que cela... il ne se fâche jamais !

ARTHUR.

Comment ?

CORILLA.

Il n'est qu'ennuyeux... Eh ! tenez, tenez, on vient... ce doit être lui... je le sens au froid glacial qui me saisit.

ARTHUR, regardant à droite.

En effet ! c'est lui que je viens d'apercevoir au bout de cette allée.

CORILLA.

Que vous disais-je ?... (S'adressant aux convives et leur montrant la porte à gauche.) Milords et miladies...

ARTHUR.

Quoi ! vous partez ?

CORILLA.

Puisqu'il arrive... (Aux convives.) Des rafraîchissements et un goûter nous attendent dans la salle voisine.

LE CHOEUR.

Vert bosquet, dôme de feuillage, etc.

(Arthur offre sa main à Corilla ; les officiers à d'autres dames, et tous entrent dans la salle à gauche.)

SCÈNE II.

LORD EVENDALE, entrant en rêvant par la droite, puis UN DOMESTIQUE.

EVENDALE.

J'ai eu tort de ne pas suivre mon idée... de ne pas me tuer hier soir... je n'aurais pas eu à supporter cette matinée dont la chaleur est accablante !... sans compter que ce matin ma femme a du monde, mes ennemis intimes... toute la société élégante et oisive de la ville. J'entends d'ici leur babil... ils sont capables de faire de la musique... qui sait même... de jouer du piano... (Avec effroi.) Quelque sonate peut-être !... Allons, décidément, j'ai eu tort de ne pas me... (A un domestique qui entre.) Que veux-tu ?

LE DOMESTIQUE.

Milord a fait demander son cheval pour la promenade.

EVENDALE.

C'est inutile... il fait trop chaud.

LE DOMESTIQUE.

Milord préfère sa litière ?

EVENDALE.

Je préfère rester tranquille !

LE DOMESTIQUE.

Voici alors un paquet de lettres pour milord...

EVENDALE.

Lire tout cela et y répondre !... Décidément il fait trop chaud, et la vie est trop lourde à supporter. Écoute-moi,

John... va me chercher dans ma chambre une boîte à pistolets.

LE DOMESTIQUE.

Monsieur veut s'exercer au tir?

EVENDALE.

Oui... va vite! (L'arrêtant.) John!

LE DOMESTIQUE, revenant.

Milord!

EVENDALE.

J'ai réfléchi... (A part.) Des armes à feu, de ce temps-ci... (Haut.) Non, descends-moi un petit flacon doré, avec un bouchon surmonté d'un rubis, que tu trouveras sur la cheminée.

LE DOMESTIQUE, sortant.

Oui, milord.

EVENDALE.

De l'opium excellent, dans un sorbet glacé... à la bonne heure, c'est une sensation agréable, j'en ai si peu !... une partie de plaisir dont je me fais fête... et quant à ces lettres, les lira qui voudra... (En décachetant une.) De la maison Cardighan, un million de roupies dont on me donne avis... un million de roupies !... encore !... rien qu'à les compter... quel travail !... Heureusement je ne serai plus là... et cette écriture... de mon ami Cliffort, le savant médecin, l'ami de ma jeunesse, lui que chacun disait mort. Quel bonheur! c'est bien son écriture... mais ce n'est pas son nom... (Regardant la signature.) Le major comte Kourakoff! (Lisant.) « Depuis « cinq ans, amis et ennemis, tout le monde me croit mort; « j'ai des raisons de désirer que cela continue; ne me donne « donc plus désormais que le nom de comte Kourakoff. » Soit, son nouveau nom ne changera rien à notre vieille amitié... Il arrive, il débarque à Calcutta aujourd'hui même... Ah! j'ai bien fait de ne pas me tuer... je n'aurais pas été là pour le recevoir!

LE DOMESTIQUE, rentrant et lui présentant un flacon.

Voici, milord.

EVENDALE.

C'est bien, c'est bien!... (Mettant le flacon dans sa poche.) Plus tard, cela me servira! (Le domestique sort.) Mon premier, mon seul ami! Un savant, un philosophe, un sage... ce n'est pas lui qui se serait jamais marié... Jamais je n'aurais exécuté une folie pareille si je l'avais eu à côté de moi, il y a deux ans... Il n'y était pas, par malheur!... Enfin, je l'embrasserai avant... avant mon départ... Ce sera le premier agrément que j'aurai eu depuis six mois... Aussi, j'éprouve là une joie, un bonheur... (Avec découragement.) qui ne pouvait durer longtemps... Voilà ma femme!

SCÈNE III.

CORILLA, EVENDALE.

CORILLA, à la cantonade.

Adieu, mes amis... Adieu, milords! A ce soir! soit!... Avec vous la première contredanse...

EVENDALE.

Une contredanse par une température pareille!

CORILLA.

Qu'est-ce à dire, milord?

EVENDALE.

Que je plains votre partner... Quel est-il sans indiscrétion?...

CORILLA.

Votre cousin Arthur, le jeune baronnet!

EVENDALE.

Lui!... C'est différent! C'est bien fait! Cela lui apprendra!... Et où dansez-vous ainsi?

CORILLA.

Au bal de lord Hastings, le gouverneur.

EVENDALE.

Je croyais vous avoir dit que je ne pouvais y aller.

CORILLA.

Vous, milord!... Mais, moi... il suffit qu'une chose me fasse plaisir pour qu'elle vous contrarie...

EVENDALE.

Ou plutôt, il suffit que je vous adresse une prière...

CORILLA, avec colère.

Dites un ordre... un ordre tyrannique, qui a révolté tout le monde, et auquel, bien certainement, je ne me soumettrai pas!

EVENDALE, à part.

Décidément, j'ai eu tort de ne pas me... cela m'aurait évité aujourd'hui une scène... comme j'en ai déjà eu tant de fois... Et toujours la même chose, (Bâillant.) c'est assommant!...

CORILLA.

Que vois-je, ô ciel! Je vous aurais pardonné de la colère et des éclats... mais bâiller ainsi avec moi... en tête-à-tête!

EVENDALE.

Deux époux bien unis ne font qu'un... et quand je suis seul, je m'ennuie!

CORILLA, avec colère.

Milord!

EVENDALE.

Écoutez-moi, ma chère Corilla.., je voudrais pour vous plaire aller chez le gouverneur, que je ne le pourrais pas... J'attends ce soir quelqu'un que je vous prie d'accueillir de votre mieux, car c'est un ami à moi.

CORILLA.

Vous êtes si aimable pour les miens

EVENDALE.

Je les supporte, du moins...

CORILLA.

En ne les écoutant pas !

EVENDALE.

Seul moyen de les supporter... car ce sont des fats ou des sots... tandis que celui-ci est un homme de mérite... le major comte Kourakoff, qui autrefois, et comme médecin, a parcouru les Indes.

CORILLA.

Le comte Kourakoff !

EVENDALE.

A qui je dois mon nom et ma fortune !

CORILLA.

Comment cela, s'il vous plaît ?

EVENDALE.

C'est assez difficile à vous dire... je le ferai cependant !

CORILLA.

Je vous en serai fort obligée !

EVENDALE.

Le dernier lord Evendale, l'un des plus opulents actionnaires de la Compagnie des Indes, avait eu d'une jeune Indienne un fils ; c'était moi... Lord Evendale, ennemi-né du mariage, voulait laisser tout ce qu'il possédait à un jeune médecin, le major Kourakoff, qui venait de lui sauver la vie... Celui-ci refusa, en lui disant : « Vous avez un fils à qui vous devez non-seulement cette fortune, mais plus encore... » et, subjugué par l'ascendant de son ami, lord Evendale, avant de mourir, donna sa main à ma mère, et son nom à moi, son unique héritier... Voilà ce que je dois au comte Kourakoff...

CORILLA.

Ah ! c'est de là que vous viennent ces immenses richesses ?

EVENDALE.
Dont j'ai fait un si mauvais usage!

CORILLA.
En m'épousant, peut-être!

EVENDALE, secouant la tête.
Eh! mais!...

CORILLA, avec colère.
Qu'est-ce à dire?

EVENDALE.
Non pas parce que vous étiez une artiste jeune et belle... Les grâces et les talents sont une dot qui en vaut bien une autre... Mais avant d'épouser la brillante prima-donna, que chacun adorait, la belle Corilla, qui avait ravi ma raison... j'aurais peut-être dû étudier un peu son caractère.

CORILLA.
Caractère que vous connaissiez très-bien, milord... Jamais je ne l'ai caché, au contraire... car c'est justement parce que j'étais capricieuse, impérieuse et coquette, que vous m'avez aimée, choisie... Ces qualités qui vous avaient séduit, je les ai toujours... Je suis toujours la même... Ce n'est pas moi, c'est vous qui êtes changé... vous qui détestez maintenant les défauts que vous admiriez alors!

EVENDALE, à part.
Allons, j'ai mal fait de ne pas me... cela m'eût évité le désagrément de reconnaître qu'elle avait raison!

DUO.

CORILLA.
C'est vous qui me devez de la reconnaissance!

EVENDALE.
Ah! c'est trop fort!

CORILLA.
C'est vous, ingrat!

EVENDALE.

Quelle insolence!

CORILLA.

Quand vingt rivaux m'offraient le plus heureux destin,
Je vous ai, sur eux tous, donné la préférence!
J'ai daigné, par faveur, vous accorder ma main!

EVENDALE, à part.

Ah! ma folie a bien mérité cette offense...
Tu l'as voulu, George Dandin!

Ensemble.

CORILLA.

Avec raison mon cœur s'offense
Des reproches et du dédain...
Quand à mes pieds chacun m'encense...
Quand mon pouvoir est souverain!

EVENDALE.

Il faut dévorer en silence
L'ingratitude et le dédain!
Tu l'as voulu dans ta démence,
Tu l'as voulu, George Dandin!

CORILLA.

Oui, sans vous j'aurais su conquérir l'opulence...
Tous ces trésors, dont vous m'environnez,
Mon talent seul me les aurait donnés,
Et de plus, les bravos, la divine influence,
Dont la gloire couronne une *prima donna!*
Ah! ah! ah! ah! ah! *brava! brava!*
Gloire que votre nom jamais ne me rendra.

EVENDALE, avec colère.

Ah! milady!

Ensemble.

EVENDALE.

Il faut dévorer en silence, etc.

CORILLA.
Avec raison mon cœur s'offense, etc.

EVENDALE.
Finissons-en... rarement je commande,
Mais aujourd'hui, milady, je demande
Que l'ami par nous attendu
Comme en sa maison soit reçu,
Vous serez donc pour lui gracieuse, attentive !

CORILLA.
Gracieuse !

EVENDALE.
Il le faut... car je l'entends ainsi !
Je l'aime !

CORILLA.
C'est donc ça que je ressens pour lui
Une répulsion, une haine instinctive !

EVENDALE et CORILLA, avec ironie, et l'un à l'autre.
Que cette sympathie
Est bien digne d'envie !
Ah ! qu'il est doux,
Pour des époux,
De se comprendre
Et de s'entendre,
De s'obéir,
De se chérir !

(Avec colère, et chacun à part.)
Ce mariage,
Dur esclavage,
Que chaque instant
Rend plus pesant,
Lien funeste
Que je déteste,
Par toi l'enfer
Nous est ouvert !

EVENDALE.
Si vous vous avisez de mal le recevoir...

CORILLA.
Que sur ce point votre cœur se rassure...
Je ne recevrai pas du tout !

EVENDALE, étonné.
Comment ?

CORILLA.
Ce soir
Je vais au bal.

EVENDALE.
Et moi, je vous le jure,
Vous n'irez pas !

CORILLA, froidement.
J'irai !

EVENDALE.
Je vous le défends bien !

CORILLA.
Raison de plus !

EVENDALE.
Craignez de me déplaire !

CORILLA.
Et craignez mon courroux... une femme en colère
De se venger a toujours le moyen.

EVENDALE.
Vous !

CORILLA.
Moi !

EVENDALE.
Vous !

CORILLA.
Moi !

EVENDALE.
Vous n'irez pas !

CORILLA.

J'irai!

(Avec colère.)
J'irai! j'irai! j'irai!

EVENDALE.

O mariage infernal!

CORILLA.

O pouvoir abhorré!

Ensemble.

EVENDALE et CORILLA.
Que cette sympathie, etc.
(Corilla sort vivement par la porte à gauche.)

SCÈNE IV.

EVENDALE, CLIFFORT.

CLIFFORT, à la cantonade.
Est-ce que j'ai besoin de me faire annoncer chez un ami?... (L'apercevant.) Evendale!... c'est lui!

EVENDALE, courant à lui.
Henri! mon ange gardien! mon sauveur!

CLIFFORT, l'embrassant.
Ton ami! ça dit tout!... j'avais promis à la pauvre Indienne, qui fut ta mère... je lui avais promis à sa dernière heure de veiller sur son fils... et tu sais que je tiens mes serments.

EVENDALE.
Toujours!... excepté cette fois... cinq années entières sans me donner de tes nouvelles!

CLIFFORT.
Il fallait que ce fût possible... l'amour de la science vous mène souvent plus loin qu'on ne voudrait... Depuis cinq

ans, tout le monde a dû me croire mort... je reviens du Caucase !

EVENDALE.

Toi, mon pauvre ami !

CLIFFORT.

Eh ! oui... j'ai voulu faire avec l'armée russe... une campagne contre les Circassiens... étudier leurs usages et leurs mœurs... c'était mon désir... il n'a été que trop bien exaucé... pendant cinq ans leur prisonnier !...

EVENDALE.

Est-il possible ?...

CLIFFORT.

Pour ne pas dire leur domestique, leur esclave... J'ai eu rudement à souffrir dans ma dignité d'homme et de savant... Longtemps d'abord j'ai cru que le bâton était le fond de la langue... aussi à la première occasion où j'ai pu fuir, je me suis hâté de regagner l'armée russe.

EVENDALE.

Où tu as mené une triste vie !

CLIFFORT.

Où j'ai trouvé des titres, des honneurs... Major et comte Kourakoff... Voilà ce que je dois à mes bons amis les Circassiens !

EVENDALE.

Tes bons amis !...

CLIFFORT.

Je leur dois bien autre chose... un grand secret...

EVENDALE.

Lequel ?

CLIFFORT.

Celui d'être heureux !... Depuis les cinq années de captivité passées chez eux... l'existence a pris pour moi un charme inconnu... Rien ne me choque, tout est bien... les

contrariétés et les ennuis de ce monde ne peuvent plus m'atteindre... quels que soient les chagrins qui se présentent pour m'effrayer ou m'abattre, je hausse les épaules avec mépris, en leur disant : J'ai vu mieux que cela... passons à d'autres !

ÉVENDALE.

Quoi ! vraiment !...

CLIFFORT.

Parlons de toi... qui, grâce au ciel, n'as jamais souffert... qui, voluptueux nabab, dors ici sur des feuilles de roses...

EVENDALE, d'un air triste.

Moi, mon ami ?...

CLIFFORT.

En est-il une, par hasard, dont le pli t'ait réveillé ?... Cette fortune colossale que t'avait laissée ton père, était peut-être assez difficile à dépenser à toi tout seul !...

EVENDALE.

Non ! j'avais des amis.

CLIFFORT.

Qui t'ont aidé.

EVENDALE.

Et puis, après avoir essayé de toutes les folies... m'ennuyant de tout, je me suis marié...

CLIFFORT.

Il y avait des remèdes plus doux... Mais enfin, si tu as fait un bon choix... si tu es heureux...

EVENDALE.

Je suis le plus malheureux des hommes !

CLIFFORT.

Ah ! bah !... moi qui te supposais une femme charmante !

EVENDALE.

Au contraire !

CLIFFORT.

Elle est donc laide ?

EVENDALE.

Elle est jolie.

CLIFFORT.

C'est donc une idiote ?

EVENDALE.

Elle a de l'esprit comme un démon et des talents comme un ange... une voix ravissante... une jeune fille de bonne maison qui, se trouvant à dix-huit ans seule et sans ressources, avait, pour sauver sa vertu, pris le théâtre.

CLIFFORT, riant.

Ah! bah!

EVENDALE.

Parole d'honneur!... elle y tournait toutes les têtes... à commencer par la mienne... et beauté coquette, mais inexorable...

CLIFFORT.

Tu l'as épousée ?

EVENDALE.

Complétement!

CLIFFORT.

Les Anglais n'en font jamais d'autres!

EVENDALE.

Grande folie, n'est-ce pas ?...

CLIFFORT.

Nullement!... la folie est de prendre au sérieux ce qu'il faut prendre en riant... et de regarder comme réel un malheur chimérique...

EVENDALE.

Chimérique, dis-tu ?... je te déclare, moi, qu'il n'y a pas au monde de chaîne plus insupportable!

CLIFFORT.

Laisse donc... si tu avais été cinq ans prisonnier au Caucase !

EVENDALE.

Ah ! je changerais volontiers !

CLIFFORT.

Allons donc !

EVENDALE.

Je changerais, te dis-je !

CLIFFORT.

Non pas moi !

EVENDALE.

Ah ! c'est que tu ne sais pas ce que c'est que le mariage !

CLIFFORT.

C'est ce qui te trompe !

EVENDALE.

Tu as été marié ?

CLIFFORT.

Très-bien !... c'est-à-dire, très-mal !...

EVENDALE.

Comme moi, par inclination ?...

CLIFFORT, d'un ton solennel.

Tous les hommes sont sujets aux erreurs... même les médecins !...

EVENDALE.

Ta femme était donc colère, entêtée ?

CLIFFORT.

Oui !

EVENDALE.

Capricieuse, coquette ?...

CLIFFORT.

Oui !

EVENDALE.

Et tu étais ?...

CLIFFORT.

Je le crois !

EVENDALE.

Mon pauvre ami !... Et que fis-tu, alors ?

CLIFFORT.

Je ne fis aucun bruit... et changeant de nom, je partis pour le Caucase, sans me plaindre, en philosophe !

EVENDALE.

Philosophe ou non... je ne prendrais pas ainsi la chose...

CLIFFORT.

C'est que tu n'as pas été en Circassie !

AIR.

Quand un maître, un tyran, au travail vous entraîne,
Lorsque du fouet sanglant la lanière inhumaine
Fait voler les lambeaux de vos membres meurtris,
Les ennuis de l'hymen, ses chagrins, ses colères,
Auprès de pareils maux sont des peines légères,
Et c'est après l'enfer rêver le paradis.

  Des soucis du ménage
  Aisément on guérit !
  Comme l'a dit un sage,
  Un sage, homme d'esprit
  Et qui, je le suppose,
  S'y connaissait très-bien,
  De loin, c'est peu de chose
  Et de près ce n'est rien !

  L'amour fait ta souffrance
  Et torture ton cœur ;
  Avec l'indifférence
  Renaîtra le bonheur !
  Chez toi, pour être en garde

Contre de tels chagrins,
De temps en temps regarde
Les ménages voisins !
Tu verras, tu verras...
Et tu diras :

Des soucis du ménage, etc.

SCÈNE V.

Les mêmes ; UN DOMESTIQUE avec un bouquet.

EVENDALE, au domestique.

Où allez-vous ?... qu'est-ce ?

LE DOMESTIQUE.

Un bouquet pour milady !

EVENDALE, lui prenant le bouquet.

Très-bien ! laisse-nous !

(Le domestique sort.)

CLIFFORT, regardant le bouquet.

Bouquet superbe ! bouquet de bal !

EVENDALE.

C'est probable ! je lui avais défendu de quitter la maison !

CLIFFORT.

C'est ta faute... il fallait lui ordonner de sortir !

EVENDALE.

C'est juste... elle serait restée au logis... (Regardant le bouquet.) Ah ! que vois-je là, au milieu de ces roses...

CLIFFORT.

Une surprise !

EVENDALE, avec colère.

Une lettre, un billet doux !... (Lisant la signature.) Lord Arthur, le baronnet !... pardieu ! je ne m'en serais jamais douté !

CLIFFORT.

Comme c'est nous... comme c'est mari!

EVENDALE.

Nous causerons de cela plus tard, mon ami... (Il sonne sur un timbre.) Mais je veux qu'avant tout tu prennes quelques instants de repos... (Au domestique qui paraît.) Conduisez monsieur dans son appartement... (Bas au domestique.) Tu reviendras dans une heure, ici, prendre mes ordres... D'ici là, qu'on ne laisse entrer personne... (A Cliffort.) Ce soir, ici, à table, j'ai quelques amis, quelques compatriotes à qui je serai heureux de te présenter.

CLIFFORT.

A tantôt!

(Il sort avec le domestique.)

SCÈNE VI.

EVENDALE, seul, en regardant le bouquet qu'il a posé sur la table.

C'est une belle invention que les bouquets... et surtout les petits cousins... quand ils arrivent à propos... Moi qui m'ennuyais, voilà une distraction!... ou je tuerai mon cousin, et ce sera un fat de moins... ou bien, ce que je veux, ce que je désire... il me tuera, sans que j'aie la peine de m'en mêler. (S'essuyant le front avec son mouchoir.) il fait si chaud!... alors permis à lui d'épouser ma veuve... à moins que celle-ci, d'après les coutumes de l'Inde, ne veuille absolument se brûler sur mon bûcher! Non!... elle ne se brûlera pas!... elle épousera en secondes noces mon cousin le baronnet... ce sera bien fait... je serai vengé, une vengeance posthume... et de peur de leur laisser ma fortune... à qui la donnerai-je?... eh! parbleu! à celui à qui je la dois, et qui la mérite mieux que moi... à Cliffort, mon seul ami... (Se mettant à table et écrivant.) Oui, oui, écrivons... Donation pleine, entière, sans réserve... (Regardant autour de lui. Montrant

la porte à droite.) Quel silence!... est-ce que ma femme serait déjà sortie? sortie pour cette fête!... (On entend un grand bruit de porcelaines brisées. Evendale reprend froidement.) Non, elle est encore ici!

SCÈNE VII.

DORA, EVENDALE, à droite, écrivant et tournant le dos à Dora.

DORA, sortant de la droite.

Ah! mon Dieu! quel tapage et quelle colère!

EVENDALE, sans se retourner et brusquement.

Qui vient là?

DORA.

Pardon, monsieur!

EVENDALE, de même.

J'ai défendu de laisser entrer personne!

DORA.

Monsieur est de la maison?

EVENDALE.

Apparemment!

DORA, timidement.

Vous ne pourriez pas alors, mon bon monsieur, me faire parler à lord Evendale?

EVENDALE, écrivant toujours.

Pas dans ce moment!... il n'y est pas... il est occupé!... voyez lady Evendale!

DORA, se rapprochant.

J'en viens, monsieur... elle n'a pas voulu me recevoir... elle essaie une robe de bal, et comme la robe n'allait pas, il paraît qu'elle a brisé un cabaret de porcelaines!...

EVENDALE, de même.

C'est bien cela.

DORA.

Et donné un soufflet à sa femme de chambre qu'elle a renvoyée... je le tiens de sa femme de chambre... qui le tenait d'elle.

EVENDALE, écrivant toujours.

Et que voulez-vous à milady... ou à milord? je le lui dirai.

DORA.

Monsieur est son intendant?

EVENDALE.

Peu importe! pourvu que vous vous dépêchiez!...

DORA, à part.

Ah! qu'il est méchant!

EVENDALE.

Allons donc... je n'ai pas de temps à perdre... parlez toujours... je vous entends!

DORA.

Monsieur, je suis venue dans l'Inde avec ma mère et mon père, qui était sergent dans l'armée anglaise, un bien brave homme, monsieur... le sergent Straw!... Vous ne l'avez pas connu?

EVENDALE, écrivant toujours.

Non!

DORA.

Il a été tué sous les murs de Lahore... ma mère est morte de la fièvre jaune... et aussi de chagrin!

EVENDALE.

Morts!... (A part.) Ils sont bien heureux, ceux-là!

DORA.

Et moi, orpheline, je suis toute seule en ce pays, n'ayant qu'un parent au monde, mon oncle qui est en Angleterre, un ouvrier, un contre-maître dans une manufacture...

EVENDALE, avec impatience.

Après ?

DORA.

Et quoiqu'il ait à peine de quoi vivre, si je pouvais aller le retrouver...

EVENDALE, de même.

Après ?

DORA.

Il y a aujourd'hui, dans une heure, un paquebot qui va partir de Calcutta ; le passage coûterait vingt guinées... Il y a là des négociants et des marins qui offrent bien de me le payer... mais, vous comprenez... ça me coûterait trop cher...

EVENDALE, brusquement.

Il suffit !

DORA.

Et je me disais : Si lady Evendale, ou bien milord, qui sont si riches...

EVENDALE, plus brusquement.

Assez, vous dis-je ! assez !...

DORA, tombant sur un canapé à gauche et pleurant.

Ah ! tout est fini pour moi ; il n'y a plus d'espoir !

EVENDALE, voyant entrer le domestique, cachette la lettre qu'il vient d'écrire et la lui remet.

Cette lettre au major, demain, entends-tu bien ? demain matin seulement, pas avant. Il y aura pour toi, je t'en réponds, un bon pourboire... Va-t'en !... (Le domestique sort ; Evendale met plusieurs billets de banque dans un petit portefeuille, où il écrit à la hâte quelques mots sur la première page.) Et maintenant, à lord Arthur, mon cher cousin... Mais auparavant... (Re-

gardant Dora qui pleure et cache sa tête dans ses mains.) Ah! j'ai bien fait de ne pas me tuer ce matin!...
(Il passe derrière Dora, jette sur ses genoux le portefeuille, puis il s'enfuit vivement.)

SCÈNE VIII.

DORA, seule et ouvrant le portefeuille qu'Evendale lui a jeté.

AIR.

Que vois-je! ô ciel! trois cents guinées!
Quel bon ange a soudain changé mes destinées?
Serait-ce, par hasard, ce terrible intendant,
    A la voix farouche et brutale?
    (Regardant de plus près.)
    Quelques mots sont écrits... oui, vraiment,
    (Lisant.)
« De la part de lord Evendale. »
    (Avec douleur.)
Et je n'ai pu le voir... hélas! mon bienfaiteur
Se dérobe à mes yeux... mais non pas à mon cœur!

Vous, qui de la pauvre orpheline
Fuyez les vœux reconnaissants,
Que votre âme au moins les devine;
Vivez heureux!... vivez longtemps!
Et que parfois, sur ce rivage,
Pour vous payer de vos bienfaits,
Un rêve vous offre l'image
Des heureux que vous avez faits!
Mais l'heure approche, et l'on m'attend!
Oui, du départ voici l'instant!

Heureuse attente! ô doux moment!
Oui, du départ voici l'instant!
J'entendrai donc, ô mes compagnes,
Le chant si doux de nos montagnes!

    Léger navire,
    Viens me conduire;

Terre où j'aspire,
Mon seul espoir!
L'âme ravie
Naît à la vie.
O ma patrie,
Je vais te voir!

Ah! lorsque l'Angleterre
A mes yeux brillera,
Quand de notre chaumière
Le toit chéri m'apparaîtra,
Permets, Dieu que j'implore,
Ah! permets, Dieu sauveur,
Que je les voie encore
Sans mourir de bonheur!

Léger navire, etc.

J'entends le bruit des flots,
Les cris des matelots.
A toi, mon bienfaiteur,
Et mes vœux et mon cœur!
Mais mon âme ravie
A tressailli d'espoir!
O famille! ô patrie!
Je vais donc vous revoir!

(Elle sort en courant par le fond, au moment où Cliffort et le domestique entrent par la droite.)

SCÈNE IX.

CLIFFORT, LE DOMESTIQUE, botté, éperonné, et un fouet à la main.

LE DOMESTIQUE.

Oui, monsieur, il ne faut pas que vous le disiez à milord.

CLIFFORT.

Et pourquoi?

LE DOMESTIQUE.

Pourquoi?... Parce que milady, à qui il ne fait pas bon de désobéir, m'envoie sur-le-champ à vingt lieues d'ici, à cheval, pour une commission à elle, une parure... et d'un autre côté, milord m'a dit : « Tu remettras cette lettre au major, demain matin, demain seulement, pas avant... Il y aura pour toi, j'en suis sûr, un bon pourboire. »

CLIFFORT, souriant.

Que tu ne veux pas perdre... je comprends.

LE DOMESTIQUE.

Comme de juste.

CLIFFORT, lui donnant de l'or.

Le voici... Et ne crains rien; je serai censé n'avoir reçu le message que demain.

LE DOMESTIQUE.

A merveille!... je peux alors partir?

CLIFFORT.

A l'instant même!

(Le domestique sort.)

SCÈNE X.

CLIFFORT, seul, décachetant le papier.

Qu'est-ce que cela signifie?... (Parcourant l'écrit.) Donation de tous ses biens, à moi!... (Lisant.) « Mon bon et fidèle « ami, depuis longtemps l'ennui m'accable. L'ennui et ma « femme, c'est trop à la fois!... Quand tu recevras cette « lettre, je serai délivré de l'un et de l'autre... Je me suis « précautionné d'un duel avec mon jeune cousin lord Ar- « thur... et si ce moyen me manque, j'en ai un plus sûr, « qui ne me manquera pas... Fais meilleur usage que moi « de la fortune que je te devais, et que je te rends... » (Avec effroi.) Ah! courons... non!... (Regardant vers la gauche et avec

joie.) C'est lui... je l'aperçois de loin, au milieu de ses amis. Cerveau malade!... Allons! une bonne ordonnance!...
(Il se met à la table à droite et écrit rapidement quelques lignes pendant la ritournelle.)

SCÈNE XI.

CLIFFORT, EVENDALE, CONVIVES hommes et femmes.

FINALE.

(Pendant le chant suivant, Cliffort et les convives se saluent. Des esclaves apportent une table richement servie. Cliffort a toujours les yeux attachés sur Evendale et suit tous ses mouvements.)

LE CHOEUR.
Sur les rives du Gange,
Séjour des voluptés,
Tout sourit, tout promet un bonheur sans mélange
A nos yeux enchantés!

EVENDALE, à part, avec humeur.
Mon attente est trompée!
C'est comme un fait exprès... le destin me poursuit!
Quand j'espérais un coup d'épée...
J'en donne deux... rien ne me réussit!...
(Tirant un flacon de sa poche.)
Mais du moins ce flacon, ce fidèle breuvage,
Ne me trahira pas... je veux mourir en sage,
Le sourire à la bouche et la coupe à la main,
Comme Sardanapale, au milieu d'un festin.
(Haut.)
A table!... amis... à table!

EVENDALE et LE CHOEUR.
Sur les rives du Gange, etc.

CLIFFORT.

COUPLETS.

Premier couplet.

De la philosophie,
Amis, je me défie,
Alors que son flambeau
Nous conduit au tombeau !
Mourir est bien facile ;
Sans être fort habile,
Un sot peut ici-bas
Se donner le trépas !
Tandis que savoir vivre
Est un rare talent...
Que dans plus d'un gros livre
On n'apprend pas souvent !

(Levant son verre.)

Oui, vivons,
Et chantons,
Et buvons !
Mes amis, puisqu'il faut qu'on succombe,
Ah ! du moins succombons au plaisir !
Car un jour nous aurons dans la tombe
Le loisir de dormir.

LE CHOEUR.

Mes amis, puisqu'il faut qu'on succombe, etc.

CLIFFORT.

Deuxième couplet.

Vous que ce monde ennuie,
Qui fermez à la vie
Vos yeux, et pour jamais...
Ah ! plutôt ouvrez-les...
Voyez, le ciel rayonne,
Dieu lui-même vous donne
L'amour et les raisins,
Et les joyeux refrains !
Oui, les roses nouvelles
Qui naissent sous nos pas,

Oui, l'amour et les belles
Tout nous dit ici-bas :
Oui, vivons,
Et chantons,
Et buvons !
Mes amis, puisqu'il faut qu'on succombe, etc.

LE CHŒUR.

Mes amis, puisqu'il faut qu'on succombe, etc.

(A la fin de ce chœur, on entend une marche orientale vive et brillante.)

TOUS.

Quel bruit se fait entendre ! et quel brillant cortége !

EVENDALE, nonchalamment.

C'est ma femme, je crois...

(Bas à Cliffort.)

Fidèle en ses desseins,
Qui, pour se rendre au bal, traverse ces jardins !

CLIFFORT.

Et tu le permets !

EVENDALE.

Que ferais-je ?...

(A part.)

D'ailleurs, peu m'importe à présent !

(Le cortége commence à paraître ; tous les convives tournent le dos à la table et regardent passer Corilla dans son palanquin, entourée d'esclaves, qui l'éventent avec de grands éventails ; elle est suivie par d'autres dames et seigneurs qui l'accompagnent.)

LE CHŒUR.

Honneur à la plus belle !
Que le plaisir fidèle
Partout suive ses pas !

(Tous les convives, debout, tournent toujours le dos à la table. Evendale seul est assis, et Cliffort à quelques pas derrière lui, debout, et ne le perdant pas des yeux.)

EVENDALE, à part.

Voici l'instant!... pendant que l'on ne me voit pas!
(Il verse le contenu du flacon dans un verre.)

CLIFFORT, à part.

Dieu! que fait-il?
(Il descend près d'Evendale; tous deux, en ce moment, sont sur le devant du théâtre, et tournent le dos au cortége, qui continue à défiler.)

EVENDALE, encore assis, et montrant son verre qui est resté sur la table.

Je bois à l'amitié!

CLIFFORT, remplissant son verre.

Dans ce toast je suis de moitié;
Mais tu sais qu'en amis sincères
Autrefois nous changions de verres.
Qu'il en soit de même!...
(Prenant vivement le verre qu'Evendale a laissé sur la table et lui donnant le sien.)
A tes vœux,
Ami, je bois!...
(Il porte le verre à ses lèvres.)

EVENDALE, se levant vivement.

Arrête, malheureux!

CLIFFORT, regardant Evendale qui baisse les yeux.

J'ai donc deviné juste!
(Il jette le vin qui est dans le verre.)

EVENDALE, à haute voix.

Eh bien! oui.

CLIFFORT.

Du silence!
Tu veux mourir?

EVENDALE, avec force.

Et j'y suis résolu!

CLIFFORT.

Soit! mais te souviens-tu du jour où tu m'as dû
Ta richesse... et bien plus, l'honneur et la naissance?

Tu me juras alors... tu m'en fis le serment,
De tout m'accorder... tout!

EVENDALE, vivement.

Je te laisse en mourant
Tous mes biens!

CLIFFORT, vivement.

Peu m'importe! il me faut plus encore...

EVENDALE.

Eh! qu'est-ce donc?

CLIFFORT.

Tu vas, fidèle à ton serment,
Me l'accorder...

EVENDALE.

Soit! soit!

CLIFFORT.

Avant tout, je m'honore
Du nom de médecin... je tiens à te guérir!

EVENDALE.

Et moi, je te l'ai dit... je ne tiens qu'à mourir!

CLIFFORT.

Eh! plus tard j'y consens... mais pour mon honneur même,
Tu ne mourras que guéri... mon système,
(Tirant de sa poche le papier qu'il a écrit à la scène précédente.)
Mon ordonnance est là, dans ce papier...
Tu la suivras pendant un an entier!
(Voyant qu'Evendale veut décacheter le papier.)
Tu la liras plus tard...
(D'un ton grave.)
J'ai reçu ta promesse,
Sur l'honneur, et j'y compte... un an!... et puis après,
De quitter cette vie, ami, je te permets!
Je te rends ta parole...
(Pendant ce temps le cortége est passé et les convives reviennent vers la table.)

(A haute voix.)
Allons! allons! à table!
Que rien ne trouble, amis, ce repas délectable!

Oui, vivons
Et chantons!
Mes amis, puisqu'il faut qu'on succombe, etc.

LE CHŒUR.
Mes amis, puisqu'il faut qu'on succombe, etc.

ACTE DEUXIÈME

L'intérieur d'une fabrique. — Au fond, une grande porte donnant sur des jardins ; à l'intérieur, un grand poteau sur lequel est écrit : *Manufacture de tabacs.*

SCÈNE PREMIÈRE.

DORA, en scène au lever du rideau, TOBY, entrant, portant des sacs d'argent, PLUSIEURS OUVRIERS.

TOBY.
Eh bien ! Dora, ma nièce... qu'est-ce que tu fais là ?

DORA.
Pardon, mon oncle... c'est que je pensais...

TOBY.
Et nos ouvriers !... c'est samedi ! c'est jour de paie !
(Il va sonner une cloche qui est au fond, après avoir posé sur la table à droite les sacs d'argent.)

LES OUVRIERS, arrivant de tous côtés au son de la cloche.
La cloche résonne,
Au loin elle sonne
La fin des travaux,
L'heure du repos !
C'est le jour de paie !
Ce mot seul égaie
La bourse et le cœur
Du bon travailleur !

(Ils se rangent tous au fond du théâtre en attendant la paie.)

DORA, regardant autour d'elle.

Eh! mais... je ne vois pas Preston!

TOBY.

Il travaillait depuis l'aurore!

LES OUVRIERS.

Eh! sans doute, il travaille encore

DORA.

C'est un bon ouvrier!

TOBY.

C'est un brave garçon!

TOUS.

De plus, un joyeux compagnon!

DORA.

Qui depuis une année entière
Qu'il est ici...
(Bas à Toby.)
Mérite un surcroît de salaire.

TOBY.

C'est bien! c'est bien! l'on verra.

DORA, à part, l'apercevant.

C'est lui! le voilà!

SCÈNE II.

LES MÊMES; EVENDALE, en habits d'ouvrier.

EVENDALE, entrant.

Bonjour, mes amis! salut, mam'selle Dora!

TOBY.

COUPLETS, du tabac.

Premier couplet.

Le destin comble mes vœux;
Fabricant des plus heureux,
Les tabacs font ma richesse;

Aussi, je me dis sans cesse :
Tout est fumée ici-bas,
Hormis celle des tabacs.
Pourvu qu'à la ronde on fume,
  Fume...
  Fume...
  Fume...
L'argent vient... crac ! je le hume
A la vapeur du tabac !

LE CHOEUR.

Pourvu qu'à la ronde on fume, etc.

Deuxième couplet.

EVENDALE.

Des savants les almanachs...

TOBY.

Ne valent pas nos tabacs !

EVENDALE.

Par le tabac on oublie
Tous les maux de cette vie.
Le marin sur le tillac...

TOBY.

Le soldat à son bivouac...

EVENDALE.

Se croit riche quand il fume,
  Fume...
  Fume...
  Fume...
Quand sa pipe le parfume
D'un nuage de tabac !

LE CHOEUR.

Se croit riche quand il fum etc

Troisième couplet.

TOBY.

De l'ouvrier bon enfant
La femme gronde souven

DORA.
Oui, souvent!

TOBY.
Le tabac est de sa vie
La seule philosophie!

EVENDALE.
Mieux que le rhum ou le rack...

TOBY.
Il réjouit l'estomac!

DORA.
Et c'est sa femme qui fume,
Fume...
Fume...
Fume..?
Pendant que joyeux il hume
Les délices du tabac!

LE CHŒUR.
Et c'est sa femme qui fume, etc.
(Un peu avant la fin des couplets, on a apporté à Toby des lettres et des journaux.)

EVENDALE, à Toby.
Ce n'est pas encore mon tour pour toucher ma paie?...

TOBY.
Eh! non; tu es arrivé le dernier!... mais parmi les lettres de commandes et d'affaires qui m'arrivent, j'en vois là une pour Georges Preston.

EVENDALE, prenant vivement la lettre.
Georges Preston, ouvrier à la manufacture de tabacs, à Holywell, comté de Galles... c'est bien pour moi!

TOBY.
Tu sais donc lire et écrire?

EVENDALE.
Tout au plus!

TOBY, à Dora.

Et il ne me l'a jamais dit!

DORA.

Monsieur Georges est si modeste!

TOBY.

Mais alors, mon garçon... lis ta lettre...
(Il va se placer à la table à gauche avec Dora, et distribue la paie aux ouvriers qui sortent à mesure qu'ils sont payés; pendant ce temps Evendale, debout sur le bord du théâtre, à droite, décachette sa lettre.)

EVENDALE lisant la signature.

Henri Cliffort! (Lisant.) « Cher ami et cher malade, je te
« prie avant tout de relire attentivement ma dernière or-
« donnance et de t'assurer si elle a été bien et fidèlement
« exécutée. » (Fouillant dans sa poche et en tirant un papier qu'il lit.)
« Le malade quittera Calcutta au plus tôt... » (S'interrompant.)
Je suis parti le soir même, m'embarquant pour l'Angleterre!
(Lisant.) « Le malade prendra, en partant, cinquante gui-
« nées, et s'arrangera pour vivre pendant un an avec cette
« somme... car d'ici là, je jure sur l'honneur de ne pas lui
« faire passer un schelling! » (S'interrompant.) Il a tenu parole!... (Continuant.) « Arrivé dans le pays de Galles, et sous
« le nom de Georges Preston, le malade se tirera d'af-
« faire comme il pourra, par son industrie, son énergie,
« ou son esprit... s'il en a! Misère et travail à haute dose...
« voilà ma première ordonnance!... » (Vivement.) Elle était
rude, et je l'ai suivie... Je dois convenir, en revanche, que
la recette du docteur a fait merveille... depuis que j'ai tant
de peine à vivre, je tiens à la vie comme un enragé... je
tiens à tous ces braves gens, ouvriers comme moi, en qui
j'ai trouvé franchise, amitié... Mais achevons... (Reprenant
la première lettre.) « Si l'ordonnance a été exactement suivie,
« tu dois être à présent en pleine convalescence... car
« voilà bientôt un an que dure le traitement... » (S'interrompant.) Une année... déjà! (Continuant.) « Attends-toi donc

« incessamment à la visite de ton médecin !... » (S'interrompant.) Est-il possible ! (Continuant.) « Qui veut juger par « lui-même de l'état du malade, avant de lui prescrire un « nouveau régime... *Post-scriptum.* Je ne te parle dans ce « moment ni de tes affaires, ni de ta femme... » (S'interrompant.) Quelle attention !... il craint, ce cher docteur, de troubler les progrès de ma convalescence... Mais il ne risquait rien... depuis que je suis dans le pays de Galles, et que la moitié de moi-même est aux Grandes-Indes... je ne lui en veux plus... au contraire... C'est étonnant, entre mari et femme, comme l'éloignement rapproche !...

TOBY, voyant que tous les ouvriers se sont éloignés, vient de prendre l'argent qui revient à Evendale et le lui donne.

Ils sont tous partis !... A nous maintenant de régler nos comptes... Cinq schellings par jour, font pour la semaine une guinée et dix schellings !

EVENDALE.

Merci, mon patron... Ah ! quel plaisir on éprouve à palper l'argent qu'on a gagné soi-même et par son travail... (Le comptant.) Eh ! mais, eh ! mais, dites donc... Il me semble qu'il me manque un schelling six pence !

DORA, regardant.

Il a raison... Comment, mon oncle, vous ne faites pas mieux que cela les comptes !

TOBY.

Ne vas-tu pas me gronder !... (Remettant de l'argent à Evendale.) Tout le monde se trompe... et comme indemnité je te dirai que Dora, ma nièce, a demandé pour toi de l'augmentation !

EVENDALE.

En vérité, miss !

TOBY.

Comme ouvrier, c'était difficile... parce que tu n'en sais pas long encore... mais, dès que tu sais lire et écrire, tu

aideras ici ma nièce dans la tenue des registres... et au lieu de cinq schellings, tu en auras dix par jour.

EVENDALE, avec joie.

Est-il possible ! dix que je gagnerai, à moi tout seul !

TOBY.

Je vais donner à la manufacture le coup d'œil du maître... Et toi, Dora, dès que tu l'auras mis au fait, tu viendras me retrouver ; j'ai à te parler d'une affaire importante... d'une affaire grave... et qui... tu m'entends...

(Il sort.)

DORA.

Oui, mon oncle !

SCÈNE III.

DORA, EVENDALE, assis à la table à gauche.

DORA, le plaçant devant un registre.

Voilà, monsieur, ce que vous aurez à copier... c'est un peu difficile... mais je vous montrerai... je vous aiderai... comprenez-vous ?

EVENDALE.

Je tâche !... (Regardant le registre.) Mais d'après ce que je vois là, cette manufacture n'appartient donc pas à votre oncle ?

DORA.

Il ne l'a qu'à loyer... le propriétaire est lord Dembigh, un grand seigneur ruiné...

EVENDALE.

Vraiment !

DORA.

A telles enseignes que l'on vend tous ses biens, y compris son château... ce qui est fâcheux !

EVENDALE.

Pourquoi ?

DORA.

Parce que demain, jour de la fête du pays, on dansait d'ordinaire au château.

EVENDALE.

Et vous comptiez danser ?

DORA.

C'est si amusant... quand on a un bon danseur! Dansez-vous, monsieur Georges ?... (Regardant par-dessus son épaule.) Ah! la belle écriture!... plus belle que la mienne... et cela vaudrait plus de dix schellings par jour... si mon oncle était riche.

EVENDALE.

Il ne l'est donc pas ?

DORA.

Une si nombreuse famille!... dans ce pays de Galles, ils ont toujours dix à douze enfants, pour le moins !

EVENDALE.

Bah ! et pourquoi ?

DORA, naïvement.

C'est l'usage... et tous à sa charge... excepté moi, qui ai une dot, et une belle !

EVENDALE.

Et d'où vous vient-elle ?

DORA.

Si je vous le disais, vous ne le croiriez pas... et cela vous empêcherait de travailler... (Voyant le geste d'Evendale.) Non... eh bien! monsieur, elle me vient des Grandes-Indes... où mon père était mort sergent... et, pauvre orpheline, je ne savais comment retourner en Angleterre, lorsqu'il me vint dans l'idée de m'adresser à un grand seigneur, dont tout le monde disait un mal horrible... lord Evendale!

EVENDALE.

O ciel!...

DORA.

Vous en avez entendu parler?

EVENDALE.

Oui, comme d'un être oisif, ennuyé, inutile!

DORA.

Juste!... c'est ce qu'ils disaient tous... et ce n'était pas vrai!

EVENDALE.

Vous le connaissez... vous l'avez donc vu?

DORA.

Lui!... non pas... Je n'osais m'avancer pour le regarder, tant il était bourru et de mauvaise humeur... mais au moment où, perdant tout mon espoir, et fondant en larmes, je cachais ma tête dans mes mains... je sentis tomber sur mes genoux un portefeuille!

EVENDALE.

C'est vrai!

DORA.

Comment, si c'est vrai!... avec ces mots écrits de sa main : *De la part de lord Evendale*... et il avait disparu, et je n'avais pu me jeter dans ses bras... oui, monsieur... l'embrasser et le remercier... mais son souvenir ne m'a jamais quittée... mais soir et matin je prie pour lui... pour qu'il soit heureux... pour qu'il soit récompensé...

EVENDALE, vivement.

Il l'est!... il l'est à coup sûr... plus qu'il ne le mérite!

DORA.

Comment! plus qu'il ne le mérite... Apprenez, monsieur, que je ne laisserai jamais devant moi dire du mal de lui... Le connaissez-vous seulement?

EVENDALE.

Non! non!

DORA.

Eh bien! vous tout le premier... vous qui parlez... vous lui devez de la reconnaissance... car lorsque vous vous êtes présenté ici, chez mon oncle, pour avoir de l'ouvrage... savez-vous pourquoi j'ai parlé en votre faveur... et pourquoi je vous ai porté intérêt?... car j'en ai pris à vous, et beaucoup... c'est parce que dans le son de votre voix, il me semblait toujours entendre quelque chose de la sienne... le jour où il était si bourru et si grondeur...

EVENDALE.

Quoi! c'est pour cela?

DORA.

Oui, monsieur... voilà comment cela a commencé... Je ne dis pas que, depuis, comme vous étiez un ouvrier laborieux, qui aviez une bonne conduite et de bonnes manières, ça ne m'ait pas disposée en votre faveur... mais si vous voulez que ça continue, il ne faut pas dire de mal de mes amis... il faut les respecter... il faut les aimer comme je les aime... ou sinon!

EVENDALE, vivement.

Dora! si je pouvais... si j'osais vous parler, je vous dirais...

DORA.

Quoi donc?

EVENDALE, avec chaleur.

Que vous êtes charmante... que vous êtes un ange... que tous les trésors du monde n'auraient jamais pu me donner ce que j'éprouve là d'émotions inconnues... (S'arrêtant.) Pardon! pardon!

DORA.

Ça ne me fâche pas!

EVENDALE.

Vous ne m'en voulez-vous plus de mes idées sur lord Evendale?

DORA.

Non! si vous êtes réconcilié avec lui!

EVENDALE.

Cela commence...

DORA.

Si vous êtes persuadé que c'est un galant homme, un homme d'honneur!

EVENDALE.

Puisque vous le dites!

DORA.

A la bonne heure!

DUO.

DORA, lui tendant la main.
Je vous pardonne,
Tant je suis bonne,
Et je vous donne
Mon amitié.

EVENDALE.

Avec vous, indulgente et bonne,
Je suis donc réconcilié!

DORA.

Entre nous deux plus de nuage;
Nous serons unis désormais.

EVENDALE, avec joie.

Est-il vrai?

DORA.

Je ne mens jamais.

EVENDALE.

Eh bien! il est un gage
Que vous ne pouvez refuser.

DORA.

Lequel, monsieur ?

EVENDALE.

Un seul baiser !

DORA.

Vraiment, monsieur, vous voulez rire !
Ma parole doit vous suffire.
A l'instant je viens de vous dire :
    Je vous pardonne,
    Tant je suis bonne,
    Et je vous donne
    Mon amitié.
Déjà l'avez-vous oublié ?

EVENDALE.

Non, non, avec vous je soupçonne
Que je suis réconcilié !
    Mais, moi, par caractère,
    Je suis très-défiant...

DORA.

C'est fort mal !

EVENDALE.

Un serment
Ne peut me satisfaire.

DORA, riant.

Vraiment !

EVENDALE.

Il en est tant
Dont parfois on se joue !
Mais, s'il était pourtant
Gravé sur votre joue...

DORA, de même.

Vous croiriez ?

EVENDALE.

A l'instant !

DORA.
Vouloir des gages,
Des arrérages,
C'est très-vilain !

EVENDALE.
Mais c'est l'usage ;
Il est fort sage,
Et plus certain !

DORA.
La défiance
Est une offense,
Quand j'ai juré !

EVENDALE.
Rien qu'un seul gage,
Pas davantage,
Et je croirai !

DORA.
C'est ridicule
D'être incrédule
A ce point-là.
Mais, malgré ça,
La défiance
Est une offense,
Quand j'ai juré !

EVENDALE.
Ah ! pour épreuve
Rien qu'une preuve,
Et je croirai !

DORA.
Mais, c'est égal...
Oui, c'est fort mal...
(A ce moment Evendale l'embrasse. Elle reprend.)
Vouloir des gages,
Des arrérages,
C'est très-vilain !

EVENDALE.
Mais c'est l'usage;
Il est fort sage
Et plus certain!

DORA.
Ah! maintenant vous me croirez?

EVENDALE.
Je vous croirai
Quand vous voudrez!

DORA.
Vous me croirez,
Quand je dirai :
Je vous pardonne,
Tant je suis bonne,
Et je vous donne
Mon amitié.
Oui, tout est oublié!

EVENDALE.
Avec vous, indulgente et bonne,
Je suis donc réconcilié!

(A la fin du duo, Evendale l'embrasse de nouveau, et Cliffort paraît à la porte du fond.)

SCÈNE IV.

Les mêmes; CLIFFORT.

CLIFFORT, à la porte du fond.
Est-ce qu'il n'y a personne à la manufacture?

DORA, s'enfuyant en poussant un cri.
Ah! un étranger!

CLIFFORT, à Evendale.
Bravo!

EVENDALE, se retournant et courant à lui.
Henri!

CLIFFORT.

Bravo, mon malade!

EVENDALE.

Un malade hors de danger.

CLIFFORT, regardant Dora, qui s'éloigne.

Peut-être!

EVENDALE, lui serrant les mains.

Quel plaisir de se revoir!

CLIFFORT.

Après une année d'absence!

EVENDALE.

Plus que cela, après toute une existence nouvelle!

CLIFFORT.

Les mains rudes, le teint bruni, et la veste d'ouvrier, que tu portes avec une aisance...

EVENDALE.

Et un plaisir!... aujourd'hui du moins... car les commencements ont été pénibles... lorsqu'entouré naguère de valets et d'esclaves, il m'a fallu tout à coup me servir de mes bras, de mes jambes, et malgré moi...

CLIFFORT.

Te bien porter.

EVENDALE.

Et le jour, donc, où je me suis trouvé littéralement sans un schelling dans la poche!... Tu ne connais pas cette position-là?

CLIFFORT.

Si, vraiment!... mais toi, un nabab, cela a dû te changer... C'était drôle!

EVENDALE.

Non, parbleu! Sans ressources, sans amis, le courage m'a manqué. Je t'ai écrit; tu n'auras pas reçu ma lettre.

13.

CLIFFORT.

Si, vraiment!... Tu me demandais cent guinées.

EVENDALE.

Et tu ne m'as pas répondu?

CLIFFORT, froidement.

Il fallait un traitement énergique... il y allait de la guérison du malade.

EVENDALE.

En attendant, j'ai manqué mourir de faim et de froid.

CLIFFORT.

En vérité?

EVENDALE.

Une nuit, entre autres, passée tout entière dans la rue d'Holywell.

CLIFFORT.

Est-il possible!... Et à quoi pensais-tu dans ce moment-là?

EVENDALE.

A établir un jour des salles d'asile pour tous ceux qui n'en auraient pas.

CLIFFORT.

Tu vois bien... la nuit porte conseil.

EVENDALE.

Enfin, je ne demandais rien que du travail; et le lendemain au matin, une Providence, c'en était une!... une jeune fille qui venait du marché, celle que tu as vue tout à l'heure, s'arrêta devant moi et me dit : « Il y a toujours de l'ouvrage pour les honnêtes gens et les bons travailleurs. Vous m'avez l'air d'un brave jeune homme; venez à la manufacture de mon oncle, maître Toby... c'est dit!... » Voilà comment, depuis un an, je gagne cinq schellings par jour, et aujourd'hui dix; car je suis monté en grade!... et Georges Preston, je m'en vante, est aimé et estimé de tous... de son patron, de ses camarades...

CLIFFORT.

Et de moi, milord... qui vous salue, comme un homme de cœur!... car à présent, je l'espère, vous ne pensez plus à mourir ?

EVENDALE.

Depuis que mon médecin m'a appris à vivre !

CLIFFORT.

Science inconnue...

EVENDALE.

A beaucoup de tes confrères... Et maintenant, quelles nouvelles de l'Inde ?

CLIFFORT.

Le jour même de ton départ, je suis parti de Calcutta... Mais j'ai su que lord Arthur, ton jeune cousin, avait résisté à ses blessures !

EVENDALE.

Tant mieux !

CLIFFORT.

Les deux coups d'épée lui avaient fait un bien infini... et avaient étendu la domination anglaise dans l'Inde... toutes les beautés raffolaient de lui... et l'on assurait que lady Évendale, qui, tu le sais, ne pouvait souffrir le jeune officier...

EVENDALE.

S'intéressait à son sort !

CLIFFORT.

Mieux que cela !

EVENDALE, froidement.

Ah !

CLIFFORT.

Lady Evendale s'était embarquée sur le brick *la Pénélope*, pour aller à la découverte de son époux.

EVENDALE, de même.

Ah!

CLIFFORT.

Et s'était fait accompagner dans ses recherches, par le plus proche parent de son mari... ce même Lord Arthur.

EVENDALE, de même.

Ah!

CLIFFORT.

Lorsque...

EVENDALE.

Ce n'est pas tout?

CLIFFORT.

Non... voici le plus important!

SCÈNE V.

LES MÊMES; TOBY, entrant d'un air agité.

TOBY, à Evendale.

Georges, j'ai à te parler!

EVENDALE.

A moi, maître?

TOBY.

A l'instant même!

EVENDALE.

C'est que je suis là, avec un étranger.

TOBY.

Quel est ce monsieur? Que veut-il?... vient-il pour acheter?

CLIFFORT.

Précisément!

TOBY.

Une partie de tabac... à priser... à fumer?

CLIFFORT.

Vous l'avez dit !

TOBY.

Veuillez passer dans les bureaux.

EVENDALE.

Je vais le conduire.

TOBY, brusquement.

Du tout, j'ai besoin de toi... tu resteras... je le veux, je l'ordonne !

CLIFFORT, avec colère.

Par exemple !

TOBY.

Je suis le maître, je l'espère !

EVENDALE, bas à Cliffort.

C'est toi qui l'as voulu !

CLIFFORT.

C'est juste... il n'y a rien à dire. (A Toby.) Je vous suis, monsieur. (Bas à Evendale.) Je vais t'attendre tout en faisant ma provision de tabac...

(Il sort avec un ouvrier qui l'accompagne.)

SCÈNE VI.

EVENDALE, TOBY.

EVENDALE, à Toby, qui, sous un air de colère, cherche à cacher son embarras.

Eh bien ! qu'avez-vous donc, maître Toby ?

TOBY, prenant la main d'Evendale.

Ce que j'ai ?... ce que j'ai ?

AIR.

Pour toi mon estime est grande !
Bon ouvrier, bon enfant !

Jamais une réprimande ;
C'est pour ça que, franchement,
En ami, je te demande
De t'en aller sur-le-champ !
Avec mon amitié, va-t'en !

Intelligent, habile,
Et l'air toujours joyeux,
Nul ne m'est plus utile,
Nul ne travaille mieux...
Et puis de la droiture,
Caractère parfait,
Point de boxe ou d'injure ;
Jamais au cabaret.
Et puis, le soir, sous l'ombrage,
Faisant, au son de ton archet,
Danser tout le village.
Ah ! mon ami, quel coup d'archet !
(Il fait le geste de jouer du violon.)
Tra, la, la, la, la, la !
La, la, la, la, la, la !
(Essuyant une larme.)
Ah ! pour nous quel regret !
(Lui prenant la main.)
Oui, mon ami,
Mon cher ami,
Je te le di :

Pour toi mon estime est grande ! etc.
(Tirant une bourse de sa poche.)
Avec tout mon argent,
Va-t'en, va-t'en !
Avec mon amitié, va-t'en !

EVENDALE.

Je vous remercie bien... mais je ne m'en irai pas sans savoir pourquoi.

TOBY.

Comment ! tu ne comprends pas que je ne veux pas te le dire ?

EVENDALE.

Il le faudra pourtant bien... ou je reste.

TOBY, effrayé.

Dieu! s'il en était ainsi!... Apprends donc que tout à l'heure, j'ai parlé à ma nièce d'un parti superbe, qui se présente... un des premiers fabricants d'Holywell, qui est amoureux d'elle!

EVENDALE.

Je crois bien... ça n'est pas étonnant!

TOBY.

L'étonnant, c'est qu'elle refuse!

EVENDALE, avec joie.

En vérité!

TOBY.

Elle ne veut pas se marier!

EVENDALE.

Et pourquoi?

TOBY.

Pourquoi? parce que je me doute, je soupçonne... et quand je dis que je soupçonne... c'est elle-même qui m'a avoué qu'elle en aimait un autre.

EVENDALE.

O ciel!

TOBY.

Un beau garçon, si on veut... de la tournure... mais un homme de rien... un ouvrier, qui n'a pas un schelling d'économie.

EVENDALE.

Est-il possible!

TOBY.

C'est indigne, n'est-ce pas? la nièce d'un manufacturier... parce qu'enfin, sans être fier, on tient à sa position... à son rang!

EVENDALE.

Vous avez raison.

TOBY.

N'est-ce pas?... Tu es un brave garçon, que ça doit désoler... et moi aussi... parce qu'elle est capable de refuser ainsi tous les partis!

EVENDALE.

Dora!... pauvre jeune fille... que ne puis-je reconnaître tant de générosité... que ne puis-je t'offrir ma main et ma fortune!

TOBY.

Certainement!... si tu en avais... mais n'en ayant pas... tu comprends combien c'est désagréable pour moi... sans compter que cela peut lui faire du tort, à elle!

EVENDALE.

Ah! voilà ce que vous avez dit de mieux... car Dora mérite la tendresse du monde entier!...

TOBY.

C'est vrai!

EVENDALE.

La mienne!

TOBY.

Non pas!

EVENDALE.

Et c'est parce que je l'aime... que je m'en irai... que je ne la verrai plus... que je vous obéirai, en vous détestant!

TOBY, lui sautant au col.

Ah! mon ami... mon neveu!... non! je me trompe... mais tu en étais digne... Après cela, mon garçon, tu comprends bien que je ne te renvoie pas sur-le-champ... mais ce soir, le plus tôt possible... le temps de faire ton paquet. (Regardant vers le fond.) C'est elle!... va-t'en.

EVENDALE, à part.
Ah! c'est ce que j'ai de mieux à faire!
(Toby fait sortir Evendale par la droite.)

SCÈNE VII.

TOBY, DORA.

DUO.

TOBY, regardant Dora qui s'avance en rêvant.
Mettons un terme à nos alarmes!...
Que d'un seul coup tout soit fini!
(Haut à Dora.)
Tu peux, je crois, sécher tes larmes...
Car c'en est fait... il est parti!

DORA, poussant un cri douloureux.
Parti!...

TOBY, se frottant les mains.
Parti... ne pensons plus à lui!

DORA.
Ah! n'ayant plus sa vue à craindre,
Je puis pleurer, sans me contraindre!

Ensemble.

DORA, sanglotant toujours.
Ah! ah! ah! ah! ah! ah! ah!
Pourquoi, par un vain effort,
Vouloir retenir encor
Les sanglots et la douleur
Qui brisent mon pauvre cœur?
Ah! ah! ah! ah! ah! ah! ah!
Me taire... Je ne veux pas!
Il faut que je pleure, hélas!
Ce seront mes derniers pleurs,
Car je sens que je me meurs.
Oui, je me meurs!

TOBY, avec colère.
Ah! ah! ah! ah! ah! ah! ah!

Voilà qu'elle pleure encor,
Goddam! sur un ton plus fort!
C'est assez! c'est trop de pleurs,
De sanglots et de douleurs!
Ah! ah! ah! ah! ah! ah! ah!
Mais tais-toi, ne pleure pas!
Tais-toi donc... que faire, hélas!
Moi-même je meurs de peur!
Rien n'égale ma frayeur!
 Je meurs de peur!

(La tenant à moitié évanouie.)
Dora! Dora!... je t'en supplie...
Ne va pas mourir dans mes bras!

   DORA, presque mourante.
Sans lui, mieux vaut perdre la vie,
Et puisque vous... ne pouvez pas...
Consentir... adieu!... je m'en vas!
Mon bon oncle!

   TOBY, effrayé.
  Ne t'en va pas!

(Hors de lui.)
Je consens!

   Ensemble.

DORA, poussant un cri en revenant à elle, riant et chantant.
 O douce parole!
 Allégresse folle!
 Espoir qui console
 Toutes les douleurs!
 Je nais, je respire!
 Et dans mon délire
 Le joyeux sourire
 Succède à mes pleurs!

   TOBY.
 O toi, mon idole!
 Ton ivresse folle
 M'émeut, me console
 De tous les malheurs

Et je ne puis dire
Quel joyeux délire
Fait naître le rire
Au milieu des pleurs!

TOBY.

Ainsi, de moi, ma chère,
Ton cœur est donc content?

DORA.

Un oncle est un Dieu sur la terre!

TOBY.

Un oncle qui consent!

DORA.

Nous vous bénirons,
Nous vous aimerons!
Nous vous redirons
Noëls et chansons!

TOBY.

Comme en un instant
L'amour est changeant!
Toi qui sanglotais,
Et toi qui pleurais!

Ensemble.

TOBY, *riant.*

Ah! ah! ah! ah! ah! ah!
Toi, qui sanglotais si fort...
Qui pleurais plus fort encor!
Le soleil et le beau temps
Soudain chassent les autans!
Ah! ah! ah ah! ah! ah!
Ah! quel changement heureux!
Au lieu des pleurs douloureux,
C'est le sourire joyeux
Qu'on voit briller dans tes yeux,
Oui, dans tes yeux!

DORA.

O douce parole!

Allégresse folle!
Espoir qui console
De tous les malheurs!
Je nais, je respire!
Et dans mon délire
Un joyeux sourire,
Remplace les pleurs!
Ah! ah! ah! ah! ah!
Ah! ah! ah! ah! ah!

SCÈNE VIII.

LES MÊMES; CORILLA, ARTHUR, parlant à la cantonade.

TOBY.

Quel est ce bruit?

CORILLA.

C'est un affreux pays que votre pays de Galles!

ARTHUR.

Permettez, milady... tous les pays sont affreux pour verser!

TOBY, vivement.

Une lady... une grande dame... un accident...

CORILLA.

A deux pas de cette fabrique.

TOBY.

C'est la mienne.

ARTHUR.

Le fait est que notre roue est cassée, ainsi que le brancard... quant au landau... (Éternuant.) attchïs!... où sommes-nous ici?

TOBY.

Dans une manufacture de tabac.

ARTHUR.

C'est donc ça!... attchïs!

TOBY.

Et comme vous n'en avez pas l'habitude... Nous avons ici des ouvriers fort habiles... (A Corilla.) Je vais donner des ordres pour qu'on répare votre chaise de poste.

DORA.

Et si milady daigne accepter jusqu'à demain l'hospitalité ?

(Corilla fait un signe d'assentiment.)

TOBY.

Dora, ma nièce, va préparer l'appartement de milord et de milady.

CORILLA.

Non pas !... (Montrant la droite.) Moi, de ce côté... et le baronnet où vous voudrez !

TOBY.

Monsieur n'est donc pas ?...

CORILLA.

Je vous présente Lord Arthur... un proche parent... un cousin de mon mari... qui voyage pour son instruction.

ARTHUR.

Et milady pour son agrément !

CORILLA, à Dora.

A tout à l'heure, ma belle enfant... merci, maître Toby !...

TOBY, à part.

Cette femme-là est charmante ! (A Dora.) Viens, ma nièce !...

(Ils sortent par la droite.)

SCÈNE IX.

CORILLA, ARTHUR ; à la fin de la scène, **TOBY.**

ARTHUR.

Décidément, la fatalité me poursuit sur terre et sur mer !

CORILLA.

Et moi, donc... je ne connais pas de femme...

ARTHUR.

De femme plus heureuse...

CORILLA.

Plus à plaindre que moi!

ARTHUR.

Mais vous, milady, c'est parce que vous le voulez; car enfin, tout vous obéit, tout cède à vos caprices... mais moi qui ne peux pas fléchir un seul des vôtres... et chaque jour c'en est un nouveau!...

CORILLA.

Plaignez-vous donc!

ARTHUR, avec chaleur.

Eh bien! oui, je me plaindrai... je vous rappellerai sans cesse mes amours, ma constance, mes bouquets, mes deux coups d'épée... voilà des titres!

CORILLA.

Certainement! Pauvre baronnet!... des titres qui m'avaient touchée malgré moi... L'imprévu, le romanesque de la situation; et puis, votre pâleur qui vous rendait intéressant!... Par malheur... non, je veux dire, par bonheur... vous ne pouviez pas toujours être blessé!

ARTHUR.

Et vous m'aviez dit, vous m'aviez promis qu'après ma guérison!...

CORILLA, d'un air de doute.

Croyez-vous?...

ARTHUR.

Je le jure!

CORILLA.

C'est possible!... La bonne santé, la gaieté, les couleurs vous ont été moins favorables... C'est un caprice si vous le voulez, j'en conviens; mais si c'était raisonnable, ce ne serait plus un caprice... alors, vous ne l'auriez pas inspiré... alors, vous n'auriez rien à me demander.

ARTHUR.

Permettez !... Lorsque, sous le ciel de l'Inde, je vous pressais d'écouter mon amour, vous me répondiez en souriant : « Plus tard, loin des bords du Gange... » Et quand je vous rappelais votre promesse sur ce paquebot qui fendait les flots de l'Océan, vous me disiez : « Taisez-vous !... quand nous toucherons les rivages de l'Europe... »

CORILLA.

Eh bien?

ARTHUR.

Eh bien ! milady, le pays de Galles, c'est l'Angleterre... l'Angleterre, c'est l'Europe... Nous ne sommes plus sur ce maudit navire !...

CORILLA.

Par malheur ! car il était plus solide et plus sûr que la chaise de poste que vous avez la maladresse de me rappeler.

ARTHUR.

Il n'en est pas moins vrai que plus je fais de chemin et moins j'avance ; il n'en est pas moins vrai, je le répète, que, sur terre et sur mer, je vois chaque jour mes espérances renversées !

CORILLA.

Si vous parlez encore de verser, je vais avoir des attaques de nerfs, je le sens !

ARTHUR.

Eh bien, non, milady ! eh bien, non, je me tais !

CORILLA.

A la bonne heure ! vous voilà aimable !... Vous l'êtes quand vous voulez... mais vous ne voulez jamais !

ARTHUR.

Si vraiment ! Je ne m'occupe que de vous, de votre sécurité ; et nous pouvons traverser la Grande-Bretagne sans danger, grâce à la précaution que j'ai prise...

CORILLA.

Laquelle ?

ARTHUR.

Un trait de génie !... J'ai fait mettre dans la *Gazette de Bombay* un article rédigé par moi, où il est dit que le vaisseau sur lequel nous étions embarqués a fait naufrage, naufrage complet ; rien n'en est échappé !...

CORILLA.

A quoi bon ce mensonge ?

ARTHUR.

A quoi bon ?... Comment, milady, vous qui avez de l'esprit, vous ne comprenez pas qu'on ne songera pas à nous poursuivre, et que, nous croyant naufragés, lord Evendale, mon féroce cousin, ne courra plus après nous ?

CORILLA.

Ce sera peut-être dommage !

ARTHUR.

Pourquoi cela ?

CORILLA.

Ce serait du dramatique... un coup de théâtre... une scène !

ARTHUR, à part.

Merci ! un troisième coup d'épée... et pour ce que cela me rapporte !...

CORILLA.

Enfin, ce serait du nouveau... Moi, je m'ennuie à périr !

ARTHUR.

Et que voulez-vous donc ?

CORILLA.

Retournons dans l'Inde !

ARTHUR.

Nous en arrivons !

CORILLA.

C'est pour cela.

ARTHUR, à part.

Ah! qu'une femme capricieuse est insupportable, en tête-à-tête!

CORILLA, à part.

Ah! qu'un fat est assommant dans l'intimité...

ARTHUR, à part.

Puisque nous ne savons l'un et l'autre que faire... si je reprenais ma déclaration... ici du moins, rien ne viendra m'interrompre...

(Sur la ritournelle du duo, Arthur va fermer la grande porte du fond, puis il revient près de Corilla, qui est assise à gauche.)

DUO.

ARTHUR.

Sur les rives du Gange,
Lorsqu'à mes yeux surpris
Avec tes ailes d'ange
Tu m'apparus...

(S'interrompant pour éternuer.)

Tu m'apparus... Attchïs!

CORILLA, se levant.

Qu'avez-vous?

ARTHUR.

Rien!... Attchïs!

(Reprenant.)

Je sentis dans mon âme
Et dans mes sens ravis,
Un trait de vive flamme
Qui pénétrait... Attchïs!

(Regardant autour de lui.)

C'est l'influence atmosphérique
De l'endroit où nous nous trouvons!
Toutes les émanations
De ce tabac qu'on y fabrique...

CORILLA, souriant.

Nuisent aux déclarations !

ARTHUR, éternuant.

Attchïs !... pardon !... attchïs !

CORILLA, riant.

Ah ! c'est comique !

(Tendrement.)

Mais continuez... c'est égal...
Mon âme par vous maîtrisée...

ARTHUR.

O bonheur !

CORILLA.

Et cédant à son penchant fatal...
Jamais pour vous... je crois, ne fut mieux disposée !...

ARTHUR, avec transport.

Délices du paradis !

(Reprenant sa déclaration.)

Pour toi, mon âme enivrée...

(Éternuant.)

Attchïs !... attchïs !

(Lui prenant la main.)

Veut sur ta main adorée...
Attchïs ! attchïs ! attchïs !

(Il veut baiser la main de Corilla; l'éternument l'en empêche, il est obligé d'y renoncer.)

Ensemble.

ARTHUR.

Quand déjà son cœur plus tendre
Se décidait à m'entendre,
Ah ! morbleu ! c'est à se pendre !
O trop funeste destin !
  A l'heure décisive
  Un obstacle m'arrive,
  Qui m'arrête et me prive
D'un triomphe certain !

CORILLA, riant.
Quand déjà mon cœur plus tendre
Se décide à vous entendre,
  Lorsque j'allais me rendre
Et vous céder à la fin !
  A l'heure décisive
  Sa voix reste captive,
  Et lui-même se prive
  D'un triomphe certain !

ARTHUR.
Hélas ! à mon amour
Quand mon cerveau commande,
Pour calmer en ce jour
Une peine aussi grande,
Un mot... ce mot si doux
Qu'en vain j'attends de vous !

CORILLA, avec coquetterie.
Un seul mot ?...

ARTHUR.
Il le faut! (Il éternue.)

CORILLA, riant.
Eh bien... Dieu vous bénisse !

ARTHUR.
Ah ! quel caprice !
Ah ! quel supplice !

TOBY, entrant, à Corilla.
Votre appartement est prêt !

ARTHUR, à Corilla.
Si milady daigne accepter mon bras ? (Éternuant.) Attchïs ! Ça dure encore ! c'est comme mon amour... c'est plus fort que moi...

(Il sort par la gauche, donnant le bras à Corilla et suivi de Toby.)

SCÈNE X.

DORA, entrant, par la droite.

Ah ! que viens-je de voir !... c'est lui !... c'est Georges, en habit de voyage... Ah ! c'est qu'il ne sait pas encore !... et mon oncle qui n'est pas là !... Je n'ose pas lui apprendre que maître Toby a consenti à ma prière... ce serait lui dire que je l'ai demandé en mariage... (Voyant Evendale qui entre.) C'est lui... je ne peux cependant pas le laisser partir.

SCÈNE XI.

DORA, EVENDALE.

EVENDALE.

ROMANCE.

Premier couplet.

Je dois, par une loi sévère,
 Fuir pour toujours
L'asile où j'espérais naguère
 Passer mes jours.
Adieu, rives que j'abandonne,
 Doux avenir !
De ces lieux, le devoir l'ordonne,
 Il faut partir !...
Oui, loin de vous je vais mourir ;
Car, c'en est fait, il faut partir...
 (Apercevant Dora, qu'il n'avait pas vue en entrant.)
Dora !...

DORA.

Deuxième couplet.

Mon oncle a dit, dans sa colère :
 Éloignez-vous !...
Mais les parents ne gardent guère

De grands courroux.
De sa part il veut que je vienne ;
Et moi, tout bas,
Je viens vous dire de la mienne :
Ne partez pas !...
Je vous le dis tout bas, tout bas :
Si vous m'aimez, ne partez pas.

(Elle sort vivement par la gauche.)

SCÈNE XII.

EVENDALE, seul, allant s'asseoir à gauche.

Ah ! c'est d'aujourd'hui seulement que je connais le malheur !... une jeune fille qui m'aime réellement, celle-là... qui m'aurait apporté en mariage la joie et la félicité de tous les instants... et au lieu de me jeter à ses pieds... de lui offrir ma fortune et ma main... je dois la repousser, la fuir à jamais... Ah ! c'est pour le coup qu'il faut mourir !...

SCÈNE XIII.

EVENDALE, assis, CLIFFORT, qui est entré sur les derniers mots d'Evendale.

CLIFFORT, d'un air sévère.

Encore !... abandonner lâchement la partie au premier revers !

EVENDALE, se levant vivement.

Ah ! cette fois, si tu savais !

CLIFFORT.

Je sais tout !... l'oncle Toby m'a tout raconté... il m'a parlé de sa nièce Dora, d'une brave et honnête fille, qu'on serait heureux d'enrichir, je le comprends... et fier de nommer sa compagne...

14.

EVENDALE, avec désespoir.

Et quand on ne le peut pas!

CLIFFORT.

Qu'en sais-tu?... qui te dit que ce bonheur ne t'est pas permis?

EVENDALE.

Que veux-tu dire?

CLIFFORT.

Écoute!... Voilà un journal, la *Gazette de Bombay*, que je t'apportais ce matin, et que l'arrivée de maître Toby m'a empêché de te lire... (Lisant.) « Lady Evendale s'était em-
« barquée pour aller à la recherche de son mari... mais le
« paquebot, assailli par une tempête furieuse... »

EVENDALE, lui prenant le journal.

Donne! (Le parcourant et jetant un cri.) Ciel!... Ah! pauvre femme!...

(Moment de silence. Cliffort contemple quelques instants Evendale.)

CLIFFORT, gravement.

Milord, vous m'avez fait, il y a un an, une donation de tous vos biens, je vous la rends.

(Il lui remet un papier.)

EVENDALE, vivement.

Ah! mon ami!

CLIFFORT, continuant.

Ce n'est pas à moi, maintenant, c'est à cette jeune fille qu'il faut l'offrir... avant tout, il faut payer ses dettes. Quant à vos immenses revenus, ils m'ont servi à acheter en votre nom, dans les environs, un magnifique château qui appartenait à lord Dembigh, son parc, ses métairies... et de plus, cette manufacture qui en dépendait...

EVENDALE, avec joie.

O ciel!

CLIFFORT.

Pensant que lord Evendale ne serait pas fâché de revoir, comme propriétaire, cette fabrique où il avait travaillé comme ouvrier, à la condition par lui d'y revenir chaque fois qu'il serait tenté d'accuser la Providence et de se plaindre d'elle.

EVENDALE, se jetant dans ses bras.

Ah! mon cher ami!

CLIFFORT.

Écoute maintenant... c'est demain la fête de ce canton... fête qui d'ordinaire se célébrait au château de Dembigh...

EVENDALE.

Ce que Dora regrettait.

CLIFFORT.

Le château sera ouvert... il sera illuminé... les danses sur la pelouse... le festin dans la grande salle... le village invité.

EVENDALE.

Et en première ligne, mes compagnons, mes camarades... pour le reste, ne dis rien à personne.

CLIFFORT.

Sois donc tranquille... on sait préparer une surprise... Pour commencer, je viens d'apprendre à maître Toby, que lord Evendale...

EVENDALE.

Y penses-tu?

CLIFFORT.

Venait de te nommer régisseur du château de Dembigh, avec deux cents guinées de traitement.

EVENDALE.

A merveille!

CLIFFORT.

Aussi plus d'obstacles à ton bonheur... l'oncle consent... il attelle le cheval à la carriole, pour conduire les deux

fiancés au château... et voici déjà les ouvriers de la manufacture qui viennent te féliciter... Je pars, je te précède... dans deux heures tout sera disposé.

EVENDALE.

Et dans deux heures je t'aurai rejoint avec son oncle. Adieu! Adieu!...

CLIFFORT.

Adieu, mon ami!

(Il s'éloigne vivement par la droite.)

SCÈNE XIV.

EVENDALE, seul, puis LES OUVRIERS et LEURS FEMMES, entrant en foule.

EVENDALE.

Ah! que j'aurais eu tort de me tuer!... ma seule crainte maintenant, c'est de mourir de joie, tant le cœur me bat avec violence.

FINALE.

LE CHŒUR, entourant Evendale.

Hyp! hyp! hyp! hyp! hourrey!...
En ouvrier sage,
Il veut du ménage
Faire aussi l'essai.
Hourrey!
Compagne jolie
Est de notre vie
Bonheur le plus vrai.
Hourrey!
Hyp! hyp! hyp! hyp! hourrey!

EVENDALE, gaîment.

Vous viendrez tous demain...

LE CHŒUR.

Hourrey!

EVENDALE.
A la noce, au festin !
LE CHŒUR.
Hourrey !
EVENDALE.
Boire à ce qui m'est cher !...
LE CHŒUR.
Hourrey !
EVENDALE.
Et bon vin et porter !
LE CHŒUR.
Hourrey !
Hyp ! hyp ! hyp ! hyp ! hourrey !

SCÈNE XV.

Les mêmes ; ARTHUR et CORILLA, sortant de la porte à gauche, pendant que les ouvriers entourent Evendale.

CORILLA.
Dans ce vieux bâtiment...
ARTHUR.
Où l'on respire à peine...
CORILLA.
Nous serons mieux que je n'avais pensé ;
Si ce n'était pour ma migraine,
Cette odeur de tabac...
ARTHUR.
Dont on est oppressé.
(Arthur s'est dirigé vers la droite, au moment où Evendale se détachant du groupe des ouvriers, s'avance vers lui ; ils se contemplent en se regardant.)
O ciel !
EVENDALE.
O ciel !

CORILLA, riant, voyant le trouble d'Arthur.

Serait-ce encore un nouveau rhume?

ARTHUR, tout interdit.

Eh non! eh non!...
(Montrant Evendale.)
De ce côté, je vois...

CORILLA, regardant.

Grands dieux!

EVENDALE, le reconnaissant aussi.

Grands dieux!

CORILLA, ne pouvant en croire ses yeux.

Comment, sous ce costume...

(Atterrée.)
C'est lui!

EVENDALE, de même.

C'est elle!

LE CHŒUR, s'avançant, et les regardant.

Ah! qu'ont-ils donc tous trois?

Ensemble.

EVENDALE.

Sort fatal! terreur profonde!
En mon cœur l'orage gronde,
Revenir du sein de l'onde
Pour détruire mon bonheur!
Toujours lui près de ma femme;
Ah! sur lui, sur cet infâme,
Que retombent de mon âme
Le dépit et la fureur!

CORILLA.

Sort fatal! terreur profonde!
Sur nous deux l'orage gronde.
Qu'à nos vœux le ciel réponde
Et nous sauve d'un malheur!
A l'aspect seul de sa femme,
Un courroux nouveau l'enflamme

Et ranime de son âme
Le dépit et la fureur!

ARTHUR.

Sort fatal! terreur profonde!
Sur nous deux l'orage gronde;
Le mari, que Dieu confonde,
Revient donc pour mon malheur!
A l'aspect seul de sa femme,
Un nouveau courroux l'enflamme,
Et ranime de son âme
Le dépit et la fureur!

LE CHOEUR.

Leur terreur semble profonde,
Dans leur cœur l'orage gronde;
(Montrant Evendale.)
On croirait, Dieu me confonde,
Qu'il connaît ce grand seigneur!
Et vois donc?... la noble dame,
Ses regards sont pleins de flamme,
Et trahissent de son âme
Le dépit et la fureur!

EVENDALE, à Corilla à demi-voix.

Quelle heureuse rencontre!...

CORILLA, à demi-voix.

Point d'éclat dans ces lieux!

EVENDALE.

L'un à l'autre nous montre!

CORILLA, de même.

Ah! soyez généreux!

EVENDALE.

O scène conjugale,
Trio plein de chaleur!

CORILLA, de même.

Évitons le scandale,
Pour vous!... pour votre honneur

CORILLA et ARTHUR à Evendale.

Devant eux, par prudence,
Ah! gardez le silence!
L'heure de la vengeance
Plus tard aura son tour.
Sauvez à l'infidèle
Une honte nouvelle,
Et par égard pour elle
Attendez un seul jour!

EVENDALE.

Devant eux, par prudence,
Conservons le silence.
Taisons-nous... la vengeance
Bientôt aura son tour!
Je punirai par elle
Une injure cruelle,
Et le couple infidèle
Qui trahit mon amour!

LE CHOEUR, les montrant.

Ils sont de connaissance,
Mais tous trois, par prudence,
A demi-voix, je pense,
Se parlent tour à tour.
Certes, l'histoire est belle,
Et piquante et nouvelle,
Et d'une histoire telle
Nous rirons plus d'un jour!

SCÈNE XVI.

Les mêmes; TOBY, le fouet à la main, DORA, avec son manteau et son chapeau.

DORA.

Nous voilà prêts.

TOBY, riant.

Et nous sommes pressés.

(Frappant sur l'épaule d'Evendale.)
La carriole attend les jeunes fiancés,
Mon neveu!

CORILLA, étonnée.

Que dit-il?

TOBY.

Qu'il épouse ma nièce!

DORA, à Corilla.

Oui, madame, demain.

CORILLA.

Ah! cela m'intéresse!
Pour la noce j'arrive! Ah! vraiment, c'est charmant!
(A Evendale, riant.)
C'est admirable, c'est charmant!
(A demi-voix.)
Quelle heureuse rencontre!

EVENDALE, à voix basse.

Point d'éclat en ces lieux!

CORILLA, de même.

Qu'ici l'amour se montre!

EVENDALE, de même.

Silence devant eux!

CORILLA, montrant Dora.

Que d'attraits et de grâce!

EVENDALE, à demi-voix.

Pour vous, pour votre honneur,
Silence!

CORILLA, le regardant en riant.

Lovelace!

EVENDALE.

Taisez-vous!

CORILLA, de même.

Séducteur!

Ensemble.

CORILLA.

Devant eux, par prudence,
Je garde le silence ;
L'heure de la vengeance,
Plus tard aura son tour !
Ce mari si fidèle,
Des époux le modèle,
Forme chaîne nouvelle,
C'est chacun à son tour !

DORA et TOBY.

Ah ! quelle heureuse chance !
Quelle douce espérance !
Passer son existence
En un riant séjour !
(Montrant Evendale.)
Oui, cet époux modèle,
Près de sa tourterelle
Attentive et fidèle,
Ne vivra que d'amour !

ARTHUR.

Devant eux, par prudence, etc.

EVENDALE.

Devant eux, par prudence, etc.

LE CHŒUR.

Ils sont de connaissance, etc.

CORILLA, gaiement, à Arthur.

Mon tendre époux qui m'oublie,
De son côté se marie ;
Admirez la sympathie !
En vérité c'est plaisant !
(Bas à Evendale.)
On pourrait par jalousie,
Vous démasquer... l'on se tait !
Mais il faut qu'en amie
Bientôt je vous parle en secret.

EVENDALE.
Pas maintenant!

CORILLA.
C'est trop juste... l'on vous attend.

TOUS.
Partez! partez!

EVENDALE, à part, hors de lui.
Que résoudre? que faire?
Cliffort qui n'est pas là!

TOUS.
Partez, heureux époux!

EVENDALE.
Ah! je crois sous mes pas sentir trembler la terre!

TOBY, à Evendale, lui montrant sa nièce.
A vous de lui donner le bras... et nous...

DORA.
Et nous...

Ensemble.

ARTHUR.
De notre voyage
Fatal accident!
(Montrant Corilla.)
Quand l'amour l'engage
Par un doux penchant,
O chance inouïe,
Comme un spectre affreux,
L'époux qu'elle oublie
Paraît à nos yeux!

CORILLA.
De notre voyage
Heureux dénoûment!
Lorsqu'un mariage
Se tramait gaîment,
Celle qu'on oublie,
Comme un spectre affreux,
Dans sa jalousie
Paraît à leurs yeux!

EVENDALE.

Terrible esclavage
D'où mon sort dépend !
Fatal mariage,
Éternel tourment !
Pour ma triste vie,
Plus de jours heureux !
Que mon infamie,
Se cache à leurs yeux !

DORA et TOBY.

Tous trois en voyage
Mettons-nous gaîment.
Quel doux mariage
Bientôt nous attend !
Mon âme ravie
Et mon cœur joyeux
N'auront dans la vie
Que des jours heureux !

LE CHŒUR.

Tous trois en voyage,
Se mettent gaîment.
Quel doux mariage
Demain les attend !
Leur âme est ravie,
Leur cœur est joyeux,
L'amitié chérie
Pour eux fait des vœux !

(Evendale, troublé, en désordre, donne le bras à Dora; ils s'avancent vers le fond, précédés par Toby; Corilla les regarde avec un sourire ironique, tout en s'appuyant sur le bras de Lord Arthur. Les ouvriers et leurs femmes sont différemment groupés.)

ACTE TROISIÈME

Un beau parc. — Au fond, une rivière qui traverse le parc. A gauche quelques marches qui mènent à un pavillon élégant.

SCÈNE PREMIÈRE.

CLIFFORT, environné de GARDES-CHASSE, de PAYSANS et PAYSANNES du domaine, BRICK, premier garde-chasse.

LE CHOEUR, s'adressant à Cliffort.
Nous comprenons... cela suffit !
Car dans ce beau pays de Galle
L'intelligence est sans égale,
Et nous avons tous de l'esprit !

CLIFFORT.
Aujourd'hui donc, lord Evendale
Avec sa femme arrive ici !
Vous comprenez ?

LE CHOEUR.
Oui ! oui ! oui ! oui !

CLIFFORT.
Il faut fêter leur arrivée :
Vous comprenez !

LE CHOEUR.
Oui ! oui ! oui ! oui !

CLIFFORT.

Quelle fête avez-vous rêvée?
Que ferez-vous?

TOUS, se regardant avec inquiétude.

Nous! nous!

CLIFFORT.

Que ferez-vous pour lui?

TOUS, avec satisfaction.

Voici! voici!

(Ils se mettent tous à jouer du cor gallois.)

CLIFFORT.

Très-bien! très-bien... milord sera ravi!
Des paysans gallois j'aime la cornemuse.
Mais pour que milady s'amuse,
Il lui faudrait un bal... un orchestre et des fleurs :
Et puis, feu d'artifice, et verres de couleurs!...
Avez-vous cela?

TOUS.

Non! mais nous avons ici...

CLIFFORT.

Quoi donc?

TOUS.

Voici! voici!

(Ils reprennent le même air sur le cor gallois.)

CLIFFORT.

Comment! encor la cornemuse!

(Se bouchant les oreilles.)

Assez! assez!

LE CHŒUR.

Nous comprenons... cela suffit, etc.

CLIFFORT, avec impatience.

Il faudrait donc alors employer cet esprit,
Et lui débiter avec grâce
Quelque harangue!

TOUS, effrayés.
Une harangue, nous!

CLIFFORT, s'adressant à Brick.
Toi, premier garde-chasse,
Ça te regarde!

BRICK.
Moi!...

CLIFFORT.
Tu m'as l'air érudit...
Que diras-tu?

BRICK.
Voici.
(Il se met à jouer du cor gallois.)

CLIFFORT, impatienté.
Toujours la cornemuse!
(A part.)
Je crois que le pays sur son esprit s'abuse.

LE CHŒUR.
Oui, nous avons tous de l'esprit,
Car dans ce beau pays de Galle, etc.

CLIFFORT, les interrompant.
J'entends une voiture.

BRICK, regardant au fond.
Ah! si c'était milord!

CLIFFORT.
Milord! O ciel! Et rien n'est prêt encor!
Et l'heure avance... le temps vole...

BRICK, regardant vers la gauche.
Non! ce n'est rien... rien qu'une carriole!

CLIFFORT, regardant aussi, et à part.
Lord Evendale!
(Haut.)
Allez préparer tout sans moi;
En votre intelligence... en votre esprit j'ai foi!

Ensemble.

LE CHŒUR.

Nous comprenons, cela suffit ;
Car dans ce beau pays de Galle
L'intelligence est sans égale,
Et nous avons tous de l'esprit.

CLIFFORT.

Oui, laissez-moi, cela suffit ;
Car c'est lui, c'est lord Evendale,
Que, dans son ardeur sans égale,
En ce séjour l'amour conduit.

(Brick et les paysans sortent par la gauche, et Evendale entre vivement par la droite.)

SCÈNE II.

CLIFFORT, EVENDALE.

CLIFFORT, à Evendale.

Voilà bien ton impatience ordinaire... ne pas même laisser le temps de tout disposer pour ton bonheur !

EVENDALE, vivement.

Mon bonheur !... il est fini, dissipé, détruit à jamais... Ma femme existe !

CLIFFORT.

Ah ! mon Dieu !

EVENDALE.

Je l'ai vue ! je lui ai parlé.

CLIFFORT.

Tu en es sûr ?

EVENDALE.

Nous avons déjà eu une scène... Je l'ai laissée à la manufacture... mais elle veut me suivre... et tu comprends...

des explications devant Toby, devant Dora... Pauvre fille, il y a de quoi la tuer... Sans compter un scandale!

CLIFFORT.

Qu'il faut empêcher!

EVENDALE.

Et comment?

CLIFFORT.

Je vais la trouver... lui faire entendre raison.

EVENDALE.

Tu te flattes, mon ami... tu te flattes... ça n'est pas possible... et dans mon désespoir... je ne vois guère, pour lui échapper, qu'un seul moyen.

CLIFFORT.

Et lequel?

EVENDALE, faisant le geste de se faire sauter la cervelle.

Toujours le même... mon ancien.

CLIFFORT, sévèrement.

Encore!...

EVENDALE.

En connais-tu d'autres?... je te le demande... lorsqu'il me faut renoncer à Dora... lorsqu'au moment d'être heureux et libre... je me vois lié par une chaîne...

CLIFFORT, avec impatience.

Qu'après tout l'on peut rompre... dans ce pays le divorce est permis... et si ta femme y consent...

EVENDALE.

Elle n'y consentira pas.

CLIFFORT, haussant les épaules.

Bah!... tiens-tu à l'argent?...

EVENDALE.

Du tout... depuis que j'ai appris à en gagner...

15.

CLIFFORT.

Eh bien! si je lui offrais de ta part la moitié de ton immense fortune!

EVENDALE, vivement.

Donne-lui tout, en échange de ma liberté... Je ne demande rien pour moi... rien que cette place de régisseur que tu m'as donnée... et dont la réalité comblerait tous mes vœux!

CLIFFORT.

C'est dit... je cours à la manufacture.

EVENDALE.

Merci!... car l'essentiel est d'empêcher ma femme de venir ici.

CLIFFORT.

Sois tranquille... tu ne la verras pas.

EVENDALE, lui sautant au cou.

O mon ami, mon véritable ami!... grâce à toi le malheur s'en va.

CLIFFORT, lui montrant Dora qui entre par la droite.

Tiens!... et voilà le bonheur qui arrive.

(Il sort.)

SCÈNE III.

EVENDALE, DORA.

DORA, entrant vivement et gaîment.

Ah! mon Dieu! mon Dieu! que d'affaires... c'est à peine si je pourrai y suffire... (Apercevant Evendale.) Ah! que vous êtes gentil ainsi... bien mieux qu'en ouvrier... Ah çà, que devenez-vous donc, monsieur?... disparu aussitôt notre arrivée.

EVENDALE.

Je m'occupais, Dora, de notre avenir, de notre bonheur

DORA.

Et moi aussi... j'ai été voir la maison du régisseur... elle est charmante... un jardin, des fleurs... précisément ce que j'avais rêvé !... et je vous cherchais partout.

EVENDALE.

Pourquoi ?

DORA.

Je ne sais... mais il me semblait que vous deviez avoir quelque chose à me dire...

EVENDALE.

Que je vous aime, que je vous adore... et qu'il y a bien longtemps que je ne vous ai embrassée.

DORA.

C'est possible !... mais je n'ai pas le temps... on cueille de tous les côtés des bouquets... et mon oncle Toby m'a promis de m'apprendre la chanson du vieux chasseur gallois et de sa meute... et il nous attend tous pour nous la faire répéter.

EVENDALE.

Et pourquoi tous ces apprêts ?

DORA.

Vous ignorez donc les nouvelles !... lord Evendale va venir.

EVENDALE.

Vous croyez ?

DORA.

C'est certain... il s'est fait précéder par sa femme, lady Evendale, qui arrive à l'instant même.

EVENDALE, à part.

O ciel !

DORA, gaiement.

Vous ne savez pas!... c'est cette dame que nous avons reçue à la manufacture... avec ce petit gentleman, si drôle... attchis!...

EVENDALE, terrifié.

Elle est ici?

DORA.

Elle s'est fait reconnaître à moi et à mon oncle, qui en fait part en ce moment à tout le monde.

EVENDALE, à part.

Et Cliffort qui court après elle!

DORA.

Ah!... j'oubliais de vous le dire... elle a demandé le régisseur... et quand je lui ai eu appris que c'était vous, Georges Preston, que j'allais épouser... aujourd'hui même!... elle a répondu vivement : « Je veux le voir, je veux lui parler! »

EVENDALE, à part.

Grand Dieu!

DORA.

Peut-être pour vous faire son compliment, ou un cadeau, que sais-je!... (Regardant à droite.) Tenez, tenez... la voici, je vous laisse, et vais apprendre mon air gallois... que nous viendrons chanter en grande pompe et avec des bouquets, à lady Evendale!...

(Elle sort en courant.)

SCÈNE IV.

EVENDALE, puis CORILLA.

EVENDALE.

Allons, il n'y a pas à hésiter... la commission que j'avais confiée à Cliffort, il faut m'en charger moi-même... et cette

séparation à l'amiable, ce divorce... n'importe à quel prix... je l'obtiendrai.

CORILLA, le saluant.

Enfin, milord... on peut vous voir, seul, en tête-à-tête... j'en suis ravie... car j'ai à causer avec vous.

EVENDALE.

Et moi, milady, j'ai une demande à vous adresser.

CORILLA.

Cela se trouve à merveille ! je vais donc droit au fait... Je viens, milord, vous proposer franchement et loyalement une réconciliation.

EVENDALE, poussant un cri de rage.

Oh ! j'aurais dû m'en douter... il y a en vous un tel instinct de contradiction !

CORILLA.

Je vous prouve le contraire ! je consens à oublier vos torts...

EVENDALE, avec exaspération.

Vous !... voilà qui est d'une audace !

CORILLA.

Votre fuite, vos aventures, votre déguisement en ouvrier, pour cette jeune fille. (D'un ton de reproche.) Vous n'en auriez pas fait autant pour moi, perfide !

EVENDALE, se contenant à peine.

Milady !...

CORILLA, riant.

Et votre place de régisseur... et cette plaisanterie de mariage... Je pourrais me plaindre... vous faire des reproches !

EVENDALE.

Il ne manquerait plus que cela ! vous, madame, vous !

CORILLA, gaiement.

Voilà que vous vous fâchez ! est-ce que je me fâche,

moi ?... je suis tranquille, je suis calme comme les gens...

EVENDALE, avec ironie.

Qui n'ont rien à se reprocher.

CORILLA.

Eh bien! si... quelques étourderies, qui ont tourné à votre avantage... ce dont j'ai été la première punie... car ce lord Arthur,.. à qui, du reste, je n'ai accordé que le droit de soupir, ce lord Arthur est un sot, un fat, à qui vous devez une grande reconnaissance !

EVENDALE.

Moi ?

CORILLA.

Oui, monsieur; il vous a fait valoir, ingrat! il vous a fait regretter... ce que je ne croyais pas possible, mais les femmes... écoutez bien, milord! ceci est de la haute morale, les femmes s'en tiendraient plus souvent à leur mari... si elles savaient de quelle succession elles sont menacées !... Vous, du moins, vous étiez amusant dans vos ennuis, et original dans vos colères... mais lui, il est assommant... je viens de le congédier... il part ! Cet aveu, je l'espère, doit vous suffire !

EVENDALE.

Non, milady !

CORILLA.

Et que voulez-vous de plus ?

EVENDALE.

Une séparation... un divorce.

CORILLA.

Vraiment ! c'est bien difficile.

EVENDALE.

Pourquoi ?

CORILLA.

Mon consentement qui est nécessaire, qui est même in-

dispensable, vous rendrait si heureux, qu'il y a grandement à parier que je ne le donnerai pas.

EVENDALE, se contenant.

Milady, si vous acceptiez cette séparation, il est bien entendu que je vous laisse toute ma fortune.

CORILLA.

Vous me détestez donc bien ?

EVENDALE.

Non... mais je veux à tout prix...

CORILLA.

Votre haine est trop généreuse... la mienne ne le sera pas moins... (Tendrement.) Je refuse, je reste près de vous, je ne vous quitte plus. Vous conviendrez, malgré votre mauvaise humeur, qu'il est impossible d'être plus aimable.

EVENDALE.

Exprès, morbleu ! pour me faire enrager !

CORILLA, gaiement.

Cela vous fait enrager... il fallait donc le dire ; si je l'avais su, milord, je vous aurais adoré !... mais je peux, dans ma vengeance, réparer le temps perdu.

EVENDALE.

Finissons-en, milady, et parlons sérieusement. Si vous persistez à refuser cette séparation à l'amiable, je l'obtiendrai malgré vous !

CORILLA.

Et comment, s'il vous plaît ?

EVENDALE.

En plaidant !

CORILLA, avec colère.

Plaider... vous l'oseriez !... Il suffit, milord, le défi est jeté... vous me déclarez la guerre... je l'accepte. (Avec ironie.) Pour commencer, et quelle que soit votre estime pour maître Toby, le fabricant, et pour sa famille, j'ai trop long-

temps toléré vos inclinations manufacturières, et je vous prie de congédier sur-le-champ l'oncle et la nièce.

EVENDALE, avec indignation.

Qu'osez-vous dire ?

CORILLA, avec fierté.

Que je suis ici chez moi !... c'est ce que vous aurez la bonté de faire comprendre à M. Toby.

EVENDALE.

Jamais !

CORILLA.

J'entends qu'il sorte d'ici !

EVENDALE.

Il ne sortira pas !

CORILLA.

Ils vont venir... (Indiquant le pavillon à gauche.) Je les entends dans ce pavillon... et nous verrons.

EVENDALE.

Soit !... déshonorez-nous, vous et moi, par une scène pareille et par un tel éclat... je le désire.

CORILLA.

Vous le désirez ?

EVENDALE.

Ce sera une circonstance aggravante dans notre procès en séparation.

CORILLA.

A la bonne heure !... Renvoyez-les donc vous-même... sinon, et avec tous les égards possibles, c'est moi qui m'en chargerai...

(Elle entre dans le pavillon à gauche.)

EVENDALE, à part.

Moi, moi, leur avouer mes torts... moi, les renvoyer de ce château... non, jamais !... et je sais ce qui me reste à faire...

(Il disparaît un instant par la droite.)

SCÈNE V.

TOBY, DORA, TOUT LE VILLAGE avec des bouquets ; puis CORILLA et EVENDALE.

LE CHŒUR.
Jour de fête et d'allégresse,
Nous accourons en ces lieux
Offrir à notre maîtresse
Nos hommages et nos vœux !

TOBY, à Dora.
Oui, nous savons très-bien l'air du pays de Galle,
Mais nous allons encor le répéter !
(Aux paysans.)
Qu'ici votre voix se signale !
(A Dora.)
Ne va pas te déconcerter !

DORA.
Laissez-moi faire un trait, pour essayer ma voix !

TOBY.
Pas mal ! pas mal !

DORA.
Vous croyez ?

TOBY.
Je le crois !

BALLADE.

Premier couplet.

Lorsque la nuit est claire,
Avez-vous vu parfois
L'esprit de la bruyère ?
Il chasse au fond du bois ;
Sa meute qui le suit,
Et court à petit bruit...

DORA.

Court et passe en grondant,
Comme au loin, sourdement,
Vient mugir l'ouragan!

TOBY.

Entendez-vous les jappements
Des fins limiers, des chiens courants?

TOUS, imitant l'aboiement des chiens.

Ouah! ouah! ouah! ouah! ouah!
Ouah! ouah! ouah! ouah! ouah!
C'est la chanson,
C'est la leçon
Du grand chasseur des bois,
C'est la chanson
Du grand chasseur gallois!

Deuxième couplet.

DORA.

Est-ce le daim, ou le noir sanglier,
Qu'en sa course rapide il suit dans le sentier?
Non, non, non, c'est Jenny,
Qui court, passe et s'enfuit!

TOBY.

Fillettes du pays,
Ah! dans l'ombre des nuits,
Restez bien au logis!

DORA et TOBY.

Entendez-vous les jappements
Des fiers limiers, des chiens courants?

TOUS, imitant l'aboiement des chiens.

Ouah! ouah! ouah! ouah! ouah! etc.

CORILLA, sortant du pavillon, à Dora et Toby qui lui présentent des fleurs.

Merci, mes bons amis, de ce joli bouquet!
Je le reconnaîtrai par un cadeau.

(Faisant signe à Toby de s'approcher.)

Silence!

Et pas le moindre éclat, surtout en ma présence!
(A voix basse.)
Vous allez marier votre nièce?

TOBY.

En effet,
Avec Georges Preston!

CORILLA, de même.

C'est un mauvais sujet!...
Et déjà marié!

TOBY.

Juste ciel!

CORILLA.

Du silence!
Devant eux, je l'ai dit... point d'éclat, point de bruit!
Mais de ce bon avis faites votre profit!

DORA, à Toby, montrant Corilla.

Pour elle, au moins, disons notre premier couplet!

TOBY, avec colère.

O trahison! ô perfidie!

DORA.

Mais ce n'est pas cela... mais vous manquez l'effet.

TOBY, de même.

Ah! quelle horreur! quelle infamie!

DORA, reprenant le couplet.

Lorsque la nuit est claire,
Avez-vous vu parfois
L'esprit de la bruyère?
Il chasse au fond du bois.

TOBY, de même.

O trahison! ô perfidie!
Ah! quelle horreur! quelle infamie!

DORA.

Mais, mon Dieu! vous manquez l'effet!
Ah! mon oncle, je vous en prie,
Allons, dites bien ce couplet :

A la pauvre Jenny,
Qui tremble et frémit!
Eh bien! mon oncle?...

TOBY.

Ouah! ouah! ouah! ouah!

DORA.

Mais ce n'est pas cela!

TOBY.

Ouah! ouah!

(A part.)
J'étouffe! et la fureur m'oppresse!

CORILLA, à voix basse à Toby.
Partez! emmenez votre nièce!

TOBY, à Corilla et à Evendale qui vient d'entrer.
Oui, je pars sur-le-champ!

CORILLA, bas à Evendale, d'un air triomphant.
J'ai dit qu'il partirait,
Il partira!

EVENDALE, à demi-voix et avec colère.
Non pas!... J'ai dit qu'il resterait.

Ensemble.

CORILLA.

La guerre! la guerre!
C'est vous qui la voulez!
La guerre! la guerre!
Vous l'aurez! et tremblez!
La même chaîne
Toujours nous unira!
Ma haine, ma haine,
Partout vous poursuivra!

DORA.

La plaisante affaire!
Moi je n'ai pas tremblé.
Mon oncle, au contraire,
S'est lui-même embrouillé.

Sa terreur soudaine
Doublait son embarras!
J'ai cru que de peine
Il ne sortirait pas!

EVENDALE.

La guerre! la guerre!
C'est vous qui la voulez!
La guerre! la guerre!
Vous l'aurez! et tremblez!
Ma chaîne, ma chaîne
Bientôt se brisera!
Ma haine, ma haine,
Partout vous poursuivra!

TOBY.

Que faire? que faire?
A mes yeux aveuglés,
Fatale lumière,
Tout à coup vous brillez!
Nouvelle peine
Pour ma pauvre Dora;
Ma haine, ma haine
Partout le poursuivra!

LE CHŒUR.

Ah! la plaisante affaire!
Dora n'a pas tremblé,
C'est son oncle, au contraire,
Que voilà tout troublé.
Quelle peine est la sienne,
Quel est son embarras?
J'ai cru que de peine
Il ne sortirait pas!

TOBY, prenant Dora par la main.

Allons! partons!

DORA.

Comment! nous en aller!
Et notre mariage, il faut bien en parler!

EVENDALE, passant au milieu du théâtre.

Non! il devient, hélas! impossible!

TOBY et CORILLA, à part.

Et pour cause!

EVENDALE.

Lord Evendale même à cet hymen s'oppose!

DORA et TOBY, surpris.

Lord Evendale!

EVENDALE.

Il vient d'arriver... je l'ai vu...
Et tel est l'ordre exprès que de lui j'ai reçu :
Maître de ce château... son bien, il en dispose
Pour vous, maître Toby!

Ensemble.

TOBY, stupéfait.

Pour moi!

TOUS.

Pour lui!

EVENDALE.

C'est son dessein!
Et l'acte, en bonne forme, est signé de sa main;
Je viens vous le remettre...

(Il le donne à Toby.)

TOBY, hors de lui.

A moi! l'étrange chose!
Mon sort, quoique pénible, est encore assez beau!
Oui, je perds un neveu... mais je gagne un château!
Et je reste...

EVENDALE, bas à Corilla avec ironie.

Maître Toby,
Vous le comprenez, est chez lui
Et ne partira pas... c'est donc nous, milady...

CORILLA, avec une colère concentrée.

Je partirai, d'accord... mais vous, vous me suivrez!

EVENDALE.
Vous croyez !

CORILLA.
J'en réponds !

EVENDALE.
Nous verrons !

CORILLA.
Vous verrez !

Ensemble.

DORA.
O douleur amère !
O cœur désolé !
De tant de misère
Il reste accablé.
D'où vient donc la haine
Qui nous sépara ?
Je sens qu'à la peine
Il succombera !

EVENDALE.
O douleur amère !
O cœur désolé !
De tant de misère
Je reste accablé.
Mais bientôt ma chaîne,
Oui, se brisera !
Et partout ma haine,
Partout vous suivra !

CORILLA.
Dans sa peine amère,
Le cœur désolé
De tant de misère,
Il reste accablé !
Puisque votre haine
Partout me suivra,
Jamais notre chaîne
Ne se brisera !

TOBY.

O destin prospère !
Ah ! suis-je éveillé,
Ou suis-je, au contraire,
Bien ensorcelé ?
Domaine, domaine,
Château que voilà,
Fortune soudaine !
Ma tête se perdra !

LE CHOEUR, montrant Dora.

O douleur amère
Pour son cœur désolé !
De tant de misère
Il reste accablé.
D'où vient donc la haine
Qui les sépara ?
Je vois qu'à sa peine
Elle succombera !

(Corilla sort par la gauche, tous s'éloignent par la droite ainsi que Toby qui emmène Dora désolée.)

SCÈNE VI.

EVENDALE, seul.

Oui, cette fois, mon parti est pris. (Regardant du côté où Corilla est sortie.) Elle aura beau faire, je partirai sans elle, et je ne tarderai pas... Qui me retiendrait, maintenant ?... J'ai perdu Dora... Dora, dont je n'étais pas digne, et que j'aime plus que jamais !... Je devais un dédommagement à ce brave homme, dont j'ai troublé le bonheur et la tranquillité... Maintenant, le temps d'assurer le reste de ma fortune à Dora... et ces devoirs remplis, je me donnerai le plaisir de me soustraire définitivement à ma femme... et j'espère qu'à présent Cliffort lui-même me permettra de partir.

SCÈNE VII.

EVENDALE, CLIFFORT, qui est entré pendant les dernières paroles.

CLIFFORT, à Evendale, lui frappant sur l'épaule.

Non!

EVENDALE.

Ah! te voilà, mon ami, mon cher ami!... Tu ne sais donc pas que, pendant que tu courais à la manufacture, lady Evendale venait me trouver ici au château?

CLIFFORT, froidement.

Si, vraiment... Derrière une charmille, et sans être aperçu d'elle, je l'ai vue, comme je te vois... et je l'ai entendue causer avec Toby, qui maintenant sait tout!

EVENDALE.

Eh! ce n'est rien encore! Lady Evendale a refusé toute séparation. Plus terrible que jamais, elle ne veut rien entendre. C'est une guerre à mort... Tu vois donc qu'il n'y a pas au monde de malheur pareil au mien!

CLIFFORT.

Peut-être!... Tu te crois toujours privilégié, et, prompt à te désespérer, tu ne sais jamais rien supporter avec sang-froid et courage... Moi qui te parle, il m'est arrivé, depuis que je t'ai quitté, le coup le plus imprévu, le plus terrible, le plus fatal!

EVENDALE.

Et moi, qui ne pense qu'à mes chagrins... Parle, mon ami, parle.

CLIFFORT.

A quoi bon?

EVENDALE.

Je le veux, je l'exige.

CLIFFORT.

Eh bien!... tu le sais déjà... mari trompé, j'étais parti, sans rien dire, pour le Caucase... et depuis cinq ans, ma femme se croyait veuve, et moi garçon... mais il n'est pas ici-bas de bonheur durable!

EVENDALE.

On a tout découvert?...

CLIFFORT.

A peu près.

EVENDALE.

O ciel!

CLIFFORT.

Une belle occasion de se tuer!

EVENDALE.

Eh bien! partons ensemble, ne nous séparons pas... le veux-tu?

CLIFFORT, après un moment de silence.

Non... un sage a dit quelque part : « Avant de quitter la vie, regarde autour de toi, si tu n'as pas quelque malheur à secourir... » J'ai regardé... j'ai vu qu'en vivant, je pouvais encore rendre un service... assurer le bonheur d'un ami... et je reste.

EVENDALE.

Mais il n'y a plus d'espoir!

CLIFFORT.

C'est là que nous triomphons, nous autres médecins... et il me semble que l'année dernière déjà, tu ne t'es pas trouvé si mal de mes ordonnances.

EVENDALE.

D'accord... mais aujourd'hui, après ce qui s'est passé avec lady Evendale, que rien ne pourra désarmer!...

CLIFFORT.

Qui sait?

EVENDALE, haussant les épaules.

Allons donc!... tu l'amènerais à cette séparation, à ce divorce, que dans sa volonté de fer elle refuse?

CLIFFORT.

Pourquoi pas?... (Tirant un papier de sa poche.) Tiens! voici un papier sur lequel je viens de tracer des caractères magiques... Je les tiens d'un sage, qui m'avait appris, dans l'Inde, à fasciner les serpents.

EVENDALE.

Oui, mais les femmes?

CLIFFORT.

Les femmes aussi.

EVENDALE.

Mais la mienne?

CLIFFORT.

Tout comme une autre... Essaies-en!

EVENDALE.

Y penses-tu?

CLIFFORT, le lui donnant.

Essaies-en!... qu'est-ce que cela te coûte!... aie confiance, une fois en ta vie, en ton médecin.

EVENDALE, hésitant.

Mais, mon ami...

CLIFFORT.

Remets-lui seulement, et sans lui dire un mot, cette espèce de talisman, dont la vertu secrète est telle, qu'à sa vue, esclave soumise, elle obéira à tes moindres désirs... à tes moindres gestes... tu n'auras qu'à commander.

EVENDALE.

Tu as un sang-froid qui me confond... mais en attendant, lady Evendale va venir, fidèle à sa menace, me prendre, pour partir avec elle.

CLIFFORT.

Elle partira seule... moi, je vais trouver Toby... tout arranger avec lui... et dans quelque temps... dès qu'une autre union sera possible et convenable...

EVENDALE, vivement.

Quoi, vraiment!... tu crois toujours que lady Evendale...

CLIFFORT, froidement.

Je pense que pour se rendre à la ville voisine, le chemin le plus court et le plus agréable pour elle, est la petite rivière qui traverse le parc... Je vais faire disposer, en ton nom, et de la manière la plus élégante, la barque qui doit l'emmener... A bientôt, mon ami, à bientôt...

(Il sort par la gauche.)

SCÈNE VIII.

EVENDALE, CORILLA, entrant par la droite, à la fin de la scène
CLIFFORT.

FINALE.

CORILLA.

Je vous l'ai dit, milord... sans vous je ne puis vivre...
Je quitte ce château... Vous allez donc me suivre!
(Geste d'impatience d'Evendale.)
Ce sera! je le veux ainsi!

EVENDALE, à part, en regardant le papier cacheté qu'il tient à la main.

Ah! si j'osais!

CORILLA.

Parlez... J'attends ici
Votre réponse!

EVENDALE, lui tendant le papier.

La voici!

CORILLA, souriant en le décachetant.
Quoi! vous daignez m'écrire!... Ah! c'est une faveur.
(Jetant les yeux sur l'écriture.)
O ciel!
(Elle manifeste la plus grande terreur, et se soutient à peine en parcourant le billet qu'elle tient d'une main tremblante.)

Ensemble.

CORILLA, à part.
Je sens dans mes veines
Un froid glacial!
O terreurs soudaines!
Souvenir fatal!
Tremblante, indécise,
Ce pouvoir vainqueur,
D'effroi, de surprise
Fait battre mon cœur!

EVENDALE, stupéfait.
Ah! j'y crois à peine!
Cet écrit fatal
Dans ses traits amène
Changement total!
Quelle est ma surprise!
Ce pouvoir vainqueur,
Tout à coup maîtrise
Et dompte son cœur!

(S'approchant d'elle avec crainte et curiosité.)
De cet écrit vous comprenez
Quelle est la terrible influence!
(Corilla baisse la tête et fait signe que oui.)
Vous comprenez quelle puissance
Sur vous il me donne...

CORILLA, baissant la tête avec soumission.
Ordonnez!

EVENDALE, à part.
Je n'en puis revenir!...

16.

(Haut.)
Eh bien ! donc, je demande
Que dès ce jour nous soyons séparés !

CORILLA.

Soit !

EVENDALE, surpris.

Vous consentez ?

CORILLA.

Oui !

EVENDALE.

Vous me le signerez !
(Corilla fait signe que oui. Evendale continue à part.)
Ah ! de ce talisman que la magie est grande !
(Avec joie.)
Tous nos nœuds, grâce au ciel, seront enfin rompus !

CORILLA.

Ils le sont, et de droit ! qu'exigez-vous de plus ?
(En ce moment, une barque élégamment ornée et pavoisée commence à paraître sur la rivière qui, au fond du théâtre, traverse le parc.)

Ensemble.

CORILLA.

Je sens dans mes veines
Un froid glacial.
O transes soudaines !
O secret fatal !
Tremblante, indécise,
Ce pouvoir vainqueur
D'effroi, de surprise
Fait battre mon cœur !

EVENDALE.

Ah ! j'y crois à peine !
Bonheur sans égal,
Qui brise ma chaîne
Et mon joug fatal !
Esclave soumise
Ce pouvoir vainqueur

Tout à coup maîtrise
Et dompte son cœur!

(Corilla, comme subjuguée par un pouvoir surnaturel, s'avance vers la barque, de laquelle descend Cliffort; à sa vue, Corilla reste pétrifiée : Cliffort ôte son chapeau, lui offre la main avec galanterie, et la reconduit jusqu'à la barque dans laquelle elle monte. La barque s'éloigne du rivage.)

CLIFFORT, à Evendale, après le départ de Corilla.

Eh bien! eh bien! que te disais-je?...

EVENDALE.

C'est à confondre... ma femme?...

CLIFFORT.

Était la mienne.

EVENDALE, poussant un cri.

O ciel!

CLIFFORT.

Sois tranquille, je suis philosophe.

SCÈNE IX.

EVENDALE, CLIFFORT, TOBY, DORA, TOUS LES PAYSANS et PAYSANNES DU DOMAINE, accourant et entourant Evendale.

LE CHŒUR.

Nous venons pour les fiançailles
De notre ami Georges Preston.
A bientôt les épousailles,
C'est le vœu de tout le canton!
Vive Dora! vive Preston!

L'ÉTOILE DU NORD

OPÉRA-COMIQUE EN TROIS ACTES

MUSIQUE DE G. MEYERBEER.

Théatre de l'Opéra-Comique. — 16 Février 1854.

PERSONNAGES.   ACTEURS.

PÉTERS MICHAELOFF, ouvrier charpentier .... MM. Bataille.
GEORGE SKAWRONSKI, menuisier et musicien. .... Jourdan.
DANILOWITZ, pâtissier .... Mocker.
GRITZENKO, kalmouk. .... Hermann-Léon.
MAITRE REYNOLDS, cabaretier .... Nathan.
LE GÉNÉRAL TCHÉRÉMÉTEFF... Duvernoy.
LE COLONEL YERMOLOFF...... Carvalho.
ISMAILOFF, sous-officier de tartares... Delaunay-Riquier.
THERSKHIN, sous-officier d'artillerie... Caperon.

CATHERINE, sœur de Skawronski.... Mmes Caroline Duprez.
PRASCOVIA, fiancée de Skawronski ... Lefebvre.
NATHALIE } vivandières .... { Lemercier.
EKIMONNA } { Decroix.

Ouvriers et Ouvrières. — Officiers et Soldats de toutes armes. — Vivandières. — Ménétriers. — Paysans et Paysannes. — Seigneurs et Dames de la cour.

En Finlande, au premier acte ; au camp russe, au deuxième acte ; au palais du czar, à Saint-Pétersbourg, au troisième acte.

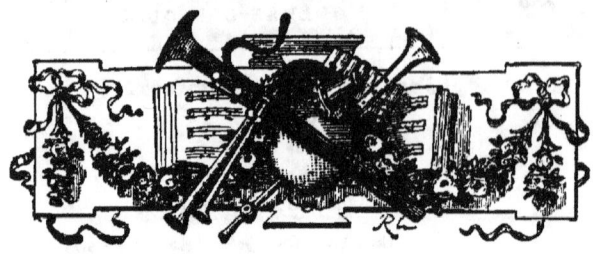

L'ÉTOILE DU NORD

ACTE PREMIER

Dans un village aux environs de Wiborg, sur les bords du golfe de Finlande. — A gauche du spectateur, une maison rustique, celle de George Skawronski; on y monte par un escalier en dehors. A droite, l'entrée d'une église de village. Au fond, des rochers, et à l'horizon, le golfe de Finlande.

SCÈNE PREMIÈRE.

PLUSIEURS OUVRIERS charpentiers et autres sont couchés au milieu du théâtre, et se reposent pendant la première chaleur du jour. D'AUTRES sont assis, LEURS FEMMES et LEURS FILLES viennent de leur apporter leur repas dans des paniers et se mettent à les servir. PÉTERS MICHAELOFF est debout devant un établi de menuisier; il est le seul qui travaille pendant que tous les autres se reposent.

INTRODUCTION.

LE CHŒUR.
Sous cet ombrage,
Après l'ouvrage,

Délassons-nous de nos travaux !
Heure chérie,
Où tout s'oublie,
Où le bonheur est le repos !
Le vrai bonheur, c'est le repos !

DES OUVRIERS, s'adressant à Péters.

Quoi ! ces jeunes beautés, cette liqueur divine,
Péters, n'ont-elles plus le droit de te tenter ?

PÉTERS, faisant un pas vers eux.

Morbleu !

(Il s'arrête et dit à part avec dépit.)

Non, non, je veux prouver à Catherine
Qu'on peut rester sans boire et sans se disputer !
Cela n'est pas aisé... N'importe.

(Haut, s'adressant aux ouvriers.)

Je ne puis !

LES OUVRIERS.

Travaille donc tout seul !... et nous, nous, mes amis...

Sous cet ombrage, etc.

SCÈNE II.

LES MÊMES ; DANILOWITZ, avec un plateau de pâtisseries qu'il présente tour à tour aux ouvriers et à leurs femmes.

DANILOWITZ.

AIR.

Voici ! voici !... qui veut des tartelettes ?
Comme elles sont friandes et bien faites !
Ces macarons nouveaux
Et ces jolis gâteaux,
Voyez comme ils sont beaux !
Surtout comme ils sont chauds !
Tout chauds ! tout chauds ! tout chauds !

(S'adressant aux ouvriers qui boivent.)
Oui, la pâtisserie
Fait valoir le bon vin,
Comme femme jolie
Embellit un festin !
Ouvriers francs lurons,
Choisissez sans façons !

Amoureux vulgaires,
Vos feux ordinaires
Ne s'allument guères
Que pour quelques jours.
Pâtissier modèle,
Ma flamme éternelle
Et se renouvelle,
Et dure toujours !

Venez, venez, faites emplettes
De ces gâteaux appétissants ;
Achetez-les, jeunes fillettes,
Comme mon cœur ils sont brûlants !

Voici ! voici !... qui veut des tartelettes ! etc.

LES OUVRIERS, qui ont pris des gâteaux font place à table près d'eux à Danilowitz.

Viens ! et pour te payer prends un verre de schnick !

DANILOWITZ, tendant son verre.

Versez !
(Regardant autour de lui.)
Je ne vois pas la belle cantinière
Catherine, qui d'ordinaire
Vient vendre aux ouvriers le nectar de Dantzick ?

LES OUVRIERS, montrant l'escalier et la maison à gauche.

Elle n'est pas sortie encor de chez son frère !

D'AUTRES OUVRIERS, à demi-voix.

C'est elle que Péters attend, j'en suis certain !

LES FEMMES, de même.

Il en est amoureux !

DANILOWITZ, riant.
Amoureux !

LES OUVRIERS.
Mais en vain !

PÉTERS, à part.
Que j'aurais de plaisir à me mettre en colère,
Sans mon serment !

LES OUVRIERS, levant leurs verres.
A la Finlande buvons,
A notre prince trinquons !
En bons Suédois, il faut boire
A ses succès, à sa gloire !
Pour lui versons et buvons !
A Charles douze notre roi,
A Charles douze, moi je boi.
 — Dieu qui nous entends,
Protége la Suède ;
Viens et défends
Nos foyers et nos enfants !
Que les Russes par ton aide
Soient vaincus de nouveau,
Et que la Suède
Soit leur tombeau !
(A Danilowitz, qui reste assis.)
Eh bien !... et toi ?...

DANILOWITZ, se levant.
Je boi
Au czar, Pierre premier !

LES OUVRIERS.
Sur-le-champ, tu vas vite
Boire avec nous !

DANILOWITZ.
Non, je suis Moscovite !

LES OUVRIERS.
C'est un affront ! c'est une trahison !
(Le menaçant.)

Dis comme nous à l'instant!... ou sinon...

DANILOWITZ.

Non! cent fois non... non... non...

PÉTERS, se jetant entre Danilowitz et ceux qui le menacent.

Il a raison!

Ensemble.

DANILOWITZ et PÉTERS.

Avance! avance!
De ton insolence
Crains la récompense,
Oui, crains mon courroux!
Venez! peu m'importe!
Et votre cohorte
Fût-elle plus forte,
Je vous brave tous!

LES OUVRIERS.

Vengeance! vengeance!
Que leur insolence
Ait sa récompense!
Vous deux contre tous!
Eh quoi! de la sorte
Chacun d'eux s'emporte!
L'audace est trop forte,
Tremblez devant nous!

(Au moment où ils vont se précipiter les uns sur les autres, on entend sonner la cloche du port qui annonce la reprise des travaux; tous s'arrêtent.)

TOUS.

C'est la cloche du chantier,
La cloche qui rappelle au travail l'ouvrier,
Plus de combats!... quel que soit leur pays
Tous les bons ouvriers au travail sont unis!
Rentrons!... rentrons, mes bons amis!

(Tous sortent par la droite ou par le fond.)

SCÈNE III.

DANILOWITZ, revient près de PÉTERS qui est resté seul, debout, au milieu du théâtre.

DANILOWITZ, à Péters, lui frappant sur l'épaule après un instant de silence.

Tu es Moscovite?

PÉTERS.

C'est vrai!

DANILOWITZ.

Comment te trouves-tu dans la Finlande?

PÉTERS.

Je ne voulais que la traverser... et un jour que je m'étais mis en colère... je suis tombé comme frappé d'un coup de sang... dans ce village.

DANILOWITZ.

Étais-tu donc seul?

PÉTERS.

Non, mais des ouvriers avec qui je voyageais et qui étaient comme toi, qui ne me connaissaient pas... m'ont abandonné... une jeune fille qui demeure là... (Montrant la maison à gauche.) m'a secouru.

DANILOWITZ.

Mais dès le lendemain tu allais mieux... et tu n'es pas parti?

PÉTERS.

Ce village me convenait.

DANILOWITZ.

N'est-ce pas plutôt la jeune fille qui te plaisait?...

PÉTERS.
C'est possible !

DANILOWITZ.
Ils disent tous que tu en es amoureux...

PÉTERS.
Peut-être ! un caprice !...

DANILOWITZ.
Ils prétendent que tu as pris de l'ouvrage... (Montrant la droite.) là, dans ce chantier, parce qu'elle y vient tous les jours vendre de l'eau-de-vie ou du rhum aux ouvriers.

PÉTERS.
La vérité est que son rhum est excellent.

DANILOWITZ.
Ils ajoutent même que pour la voir de plus près, tu vas soir et matin chez son frère George Skawronski, menuisier et ménétrier du village, pour y étudier sur la flûte l'air que Catherine préfère.

PÉTERS.
Si je le préfère aussi, qu'est-ce que cela te fait ? Mais, par saint Nicolas, voilà assez longtemps que tu m'interroges... et toi qui es si curieux, qui es-tu ?

DANILOWITZ.
Danilowitz, Moscovite comme toi, et maître pâtissier ! Mais il n'y a rien à faire en ce pays ; j'ai envie de retourner dans le mien servir le czar Pierre.

PÉTERS.
Bah ! un brutal !

DANILOWITZ.
Je ne dis pas non ! mais il a de la tête, du cœur, et il en donne à ses soldats, qui, rien qu'en entendant retentir la *Marche sacrée*, se feraient tous tuer.

PÉTERS.
Qu'est-ce que c'est que la *Marche sacrée ?*

DANILOWITZ.

Celle que sa garde jouait à Pultawa et qu'il a, dit-on, composée lui-même.

PÉTERS.

Ah!... il est musicien?

DANILOWITZ.

Il fait, dit-on, tous les métiers.

PÉTERS.

Tant pis!

DANILOWITZ.

Tant mieux... il y en aura dans le nombre quelqu'un qui me conviendra, et comme je veux arriver...

PÉTERS.

Où cela?

DANILOWITZ.

Aussi haut que possible.

PÉTERS, le regardant avec étonnement.

C'est justement là que je vais.

DANILOWITZ.

Eh bien, si tu veux faire route ensemble...

PÉTERS.

Tu me suivras?

DANILOWITZ.

Fût-ce au diable!

PÉTERS.

Il se peut que je t'y conduise.

DANILOWITZ, lui tendant la main.

Alors, tu es mon homme.

PÉTERS.

Tu seras le mien... (La lui prenant.) soldat, puis officier.

DANILOWITZ.

Et général!

PÉTERS, riant.

Et prince!

DANILOWITZ.

Pourquoi pas?

PÉTERS, de même.

Tu vas plus vite que moi...

DANILOWITZ.

Et des richesses, des honneurs, des plaques, des cordons...

PÉTERS, de même.

Tu ne m'en laisses pas...

DANILOWITZ.

Dame! quand on prend du ruban!...

PÉTERS.

A tantôt... c'est dit.

(Danilowitz lui donne une poignée de main et sort.)

SCÈNE IV.

PÉTERS, seul, regardant sortir Danilowitz.

En voilà un qui n'est qu'ambitieux!... à la bonne heure! cela peut servir!... mais amoureux... cela ne sert à rien... et je partirai! car si je restais plus longtemps, je le deviendrais tout à fait... et je ne le veux pas! non, je ne le veux pas!... et pour le lui prouver... je partirai sans la voir... sans même lui dire adieu... (Regardant la maison à gauche.) Leurs volets sont toujours fermés... est-ce qu'ils dormiraient encore à cette heure-ci?... (Entendant la flûte de George.) non... non, voilà mon professeur qui répète l'air favori de Catherine... répondons-lui.

(Il prend sur l'établi à droite une flûte et se met à en jouer.)

SCÈNE V.

PÉTERS, GEORGE, paraissant au haut de l'escalier.

GEORGE.

Bravo! bravo, mon élève!

PÉTERS.

Tu trouves! tant mieux... car je vais partir, et je voulais, auparavant, prendre ma dernière leçon... viens; montons chez toi...

GEORGE.

Ça se trouve d'autant mieux que Catherine, ma sœur, n'y est pas et que nous pourrons, à notre aise, faire des gammes...

PÉTERS, s'arrêtant.

Ah! Catherine n'y est pas...

GEORGE, à demi-voix.

Elle est déjà sortie... toute seule... et de grand matin.

PÉTERS, vivement.

Et pourquoi?

GEORGE, lui faisant signe de se taire.

C'est un secret... une histoire amoureuse... et comme tu es mon élève et mon ami, je m'en vais te la dire...

PÉTERS, cherchant à se contraindre.

Oui... oui... ça me fera plaisir... (Brusquement.) Parle donc! parle.

GEORGE.

Ma sœur et moi, vois-tu bien, nous ne sommes pas de ce pays, mais d'un autre bien loin d'ici, du côté de l'Ukraine, entre le Dniéper et le Volga...

PÉTERS.

Il y a de la marge.

GEORGE.

Ma mère, qui, par état, disait la bonne aventure, nous laissa orphelins, ma sœur et moi, à l'âge de dix à onze ans, sans autre héritage que son talent de lire dans les astres et les chansons bohémiennes qui courent le pays, et que nous n'avons jamais oubliées.

PÉTERS, avec impatience.

Eh bien?...

GEORGE.

Eh bien... ma mère en mourant m'avait confié à ma sœur, quoique je fusse l'aîné, parce que de nous deux c'était ma sœur qui était l'homme! j'avais peur de tout, elle, de rien; or donc, marchant devant nous et gagnant notre vie en chantant, nous sommes arrivés jusqu'ici, en Finlande, il y a près de deux ans. Ma sœur a prétendu alors...

PÉTERS.

Eh bien!

GEORGE.

Que nous ne pouvions pas toujours, moi jouer de la flûte, ni elle dire la bonne aventure, qu'il fallait prendre un état; j'ai choisi celui de menuisier dans la semaine et de ménétrier le dimanche, sans compter les leçons... quand je trouve des élèves comme toi!...

PÉTERS, avec impatience.

Et Catherine?...

GEORGE.

Catherine, qui avait encore bien plus d'intelligence que moi, s'est lancée dans le commerce. Du moment où elle a eu acheté son premier baril d'eau-de-vie de Dantzick, sa fortune a été faite; car c'était à qui lui achèterait tant elle est gentille, avenante et sage!... ah! dame! faut pas y toucher, tu en sais quelque chose... ce soufflet de l'autre jour!

17.

PÉTERS, de même.

Oui, morbleu!... mais cet amour dont tu parlais tout à l'heure...

GEORGE.

Nous y voici... il y avait dans le village, *Au grand monarque,* un tavernier, à qui ma sœur faisait concurrence et qui nous détestait...

PÉTERS, de même.

Et cet amour...

GEORGE.

Attends donc... le tavernier avait une nièce, Prascovia, la plus belle fille du village, qui n'a rien, ni moi non plus... et depuis un an, sans en rien dire, j'en mourais, j'en desséchais d'amour!

PÉTERS, vivement.

Comment c'était toi, imbécile!... et pourquoi ne pas le dire tout de suite?

GEORGE.

Je n'osais en parler à personne, mais cette bonne Catherine m'avait deviné! elle est sortie aujourd'hui de grand matin en me disant : « Calme-toi, frère! ne t'arrache plus les cheveux! je reviendrai tantôt avec de bonnes nouvelles. » Mais elle est bien longue à revenir!

PÉTERS, gaiement.

Nous l'attendrons!... et si tu veux, d'ici là, prendre notre leçon?...

GEORGE, allant vers la table, à gauche, placée sous l'escalier, et sur laquelle sont restés des bouteilles et des verres.

J'aimerais mieux prendre autre chose! un verre de genièvre, par exemple, car rien n'altère comme l'inquiétude et l'attente.

PÉTERS.

Je m'étais promis de renoncer au genièvre; mais pour elle, pour Catherine! rien qu'un verre.

GEORGE, qui a rempli les deux verres.

A ses bonnes qualités! à ses attraits!

PÉTERS, s'animant et levant son verre.

Verse alors! verse toujours! nous boirons longtemps!

SCÈNE VI.

Les mêmes; CATHERINE, paraissant au fond, vêtue en cantinière, et portant au côté, un petit baril de rhum.

CATHERINE.

A merveille! C'est charmant pour un amoureux!... s'amuser à boire pendant qu'on fait pour lui une demande en mariage!

GEORGE.

Eh bien... quelle nouvelle! et que t'a dit Reynolds le cabaretier?

CATHERINE.

COUPLETS.

Premier couplet.

Le bonnet sur l'oreille et la pipe à la bouche,
Il trônait, comme un roi, dans son comptoir d'étain.
« Sire, ai-je dit, mon frère aspire à votre couche;
Par moi, de votre nièce il demande la main! »
    Sa Majesté, m'accueillant d'un sourire,
    Ota sa pipe et voulut bien me dire :
« Celui qui vous envoie ici nous fait honneur!
Notre nièce est sa femme, et moi son serviteur! »
  (S'adressant gaiement à Péters et à George.)
Parlez... Ne suis-je pas un bon ambassadeur?

Deuxième couplet.

Mais les traités de paix engendrent des batailles.
Il voulait peu donner et beaucoup obtenir;
De son vieux cabaret relever les murailles,
Et comme tous les rois, en un mot, s'agrandir!

J'ai tout promis en adroit diplomate.
Alors m'a dit ce czar, cet autocrate :
« A celui qui t'envoie annonce son bonheur!
Notre nièce est sa femme, et moi son serviteur! »
(A Péters et à George avec finesse.)
Parlez... Ne suis-je pas un bon ambassadeur?

Ensemble.

PÉTERS et GEORGE.

Vive la diplomatie!
Vive une femme jolie!
(A part, regardant Catherine.)
Ce serait, sur mon honneur,
Un habile ambassadeur!

GEORGE, s'adressant à Catherine.

Mais ces conditions qu'il exigeait pour me donner sa nièce, explique-moi comment tu as pu les exécuter.

CATHERINE, frappant sur son baril d'eau-de-vie.

Est-ce que depuis deux ans, il n'y a pas là pour moi, une mine d'or potable et liquide... rien qu'en tournant le robinet!

GEORGE.

C'est vrai!

CATHERINE.

Et si j'ai rêvé la fortune, ce n'était pas pour moi... mais pour toi, frère, que ma mère m'avait recommandé de protéger et d'établir; mes économies seront ta dot, et tu épouseras celle que tu aimes!

GEORGE.

Non... non... ce n'est pas possible... je n'accepte pas!... car toi aussi, tu dois te marier.

CATHERINE.

Je n'y songe pas...

GEORGE.

Épouser un jour quelque brave garçon... quelque bon ouvrier... qui t'aime!...

CATHERINE, froidement.

Je n'en connais pas!

PÉTERS.

Pour ce qui est de ça, Catherine, tu ne dis pas vrai!

CATHERINE, tournant la tête vers lui d'un air dédaigneux.

Ah! vous êtes encore là, maître Péters?

PÉTERS.

Tu sais bien que quelqu'un a pour toi de l'amour!

CATHERINE.

De l'amour!... allons donc! est-ce qu'on a le temps d'y songer quand on se grise ou quand on se querelle toute la journée?...

PÉTERS.

Autrefois c'est possible! mais j'ai juré...

CATHERINE, vivement.

Hier... c'est vrai!... vous avez juré de ne plus jamais boire, ni vous disputer... et Danilowitz le pâtissier que je viens de rencontrer m'a raconté, avec fierté, qu'à vous deux tout à l'heure vous vous étiez battus contre tous les ouvriers du port.

PÉTERS.

Ils sont venus nous chercher querelle! mais ils avaient commencé par me proposer de boire... et je les ai refusés.. parce que jamais... je l'ai dit, jamais!...

CATHERINE.

C'est pour cela que, dans ce moment encore... vous étiez là... le verre à la main...

PÉTERS, avec impatience.

Morbleu!...

CATHERINE.

A merveille... de la colère!...

GEORGE, avec impatience.

C'est ta faute aussi !

PÉTERS, vivement.

N'est-ce pas?...

GEORGE.

Et si tu le rudoyais moins...

PÉTERS.

C'est justement ce que je dis !

CATHERINE.

Écoute, George! te rappelles-tu ce que me disait ma mère... quand elle regardait si attentivement dans nos traits, dans nos yeux?...

GEORGE.

Oui...

CATHERINE.

Et la nuit de sa mort... quand elle cherchait à lire pour nous dans les astres?... « Catherine... disait-elle... chacun a son étoile, la tienne qui brille au nord, au-dessus de toutes les autres, te réserve de bizarres destinées... »

PÉTERS, avec intérêt.

En vérité...

CATHERINE.

« Quelqu'un viendra qui, par son mérite, s'élèvera bien haut... et cette fortune qu'il te devra en partie... il la partagera avec toi ! »

PÉTERS, vivement.

Ta mère a dit cela ?

GEORGE.

C'est vrai! je l'entends encore... à telles enseignes qu'elle a ajouté... « Tu seras cause par là de la fortune de ton frère... qui sans cela ne la ferait jamais... »

CATHERINE, à George.

Ce n'est pas là ce que j'ai voulu dire, (Se retournant vers Péters.) mais ceci, Péters : lorsque tu étais sans connaissance... prêt à mourir... et que je t'ai secouru... il y avait dans ton regard, au moment où tu revins à la vie, quelque chose de noble, d'élevé, que parfois je retrouve encore... c'est comme un éclair de feu que je n'ai vu briller dans les yeux de personne; aussi... je me disais : ce n'est pas là un homme ordinaire...

PÉTERS.

Tu pensais cela?...

CATHERINE.

Oui, d'abord... mais maintenant...

GEORGE.

Tu n'as plus la même idée...

CATHERINE.

Non!

PÉTERS, vivement.

Et pourquoi?... Dis-le donc... je le veux!... je le veux!

CATHERINE, après un instant de silence.

Voilà un mot que tu prononces trop souvent! Eh bien, tu *veux* trop vite et trop vivement pour *vouloir* longtemps! Je ne te parle pas ici d'amour, mais de tes autres penchants... Tu avais appris l'état de charpentier, et tu le savais à peine que tu as voulu prendre celui de menuisier!... Tu commençais à y réussir que tu as voulu devenir musicien, et comme tu fais déjà quelques progrès, tu vas probablement t'en dégoûter bientôt. Tu commences tout... tu ne finis rien; or, on n'arrive que par la patience et la persévérance, et tu n'en as pas!

PÉTERS, s'animant.

J'en aurai... J'aurai de la fermeté... Tu le verras!

CATHERINE.

Erreur!... Tu te crois de la fermeté... parce que tu as de la colère.

PÉTERS, se contenant à peine.

Ne répète pas cela!

CATHERINE.

Et dans ce moment même, parce qu'en amie je te dis tes vérités et tes défauts... tu as peine à m'écouter jusqu'au bout et à rester calme!

PÉTERS.

Ah! ce n'est pas cela... mais c'est toi qui, avec ton sang-froid et ton indifférence, me rendrais furieux, et je ne sais qui me retient...

CATHERINE.

Me battre aussi! (Avec fierté.) Te crois-tu déjà mon seigneur et maître?

PÉTERS.

Pardon! pardon, Catherine, c'est plus fort que moi... c'est un malheureux défaut que je n'ai jamais pu réprimer.

CATHERINE.

Qui ne peut se vaincre soi-même ne sera jamais ni un bon mari... ni un bon maître!

PÉTERS, hors de lui.

Ah! c'en est trop! ce mot-là... Catherine... ce mot-là... (S'arrêtant et cherchant à se modérer.) Je te prouverai, à toi qui parles... que j'ai une volonté... et que je sais la maintenir... d'abord je venais ici ce matin pour te faire mes adieux!

CATHERINE, avec émotion.

Ah!...

PÉTERS.

Mes derniers adieux... Je quitte ce pays... je n'y reviendrai plus... je ne t'aimerai plus... je t'oublierai!

CATHERINE, de même.

Soit !

PÉTERS.

Et tu ne sais pas, Catherine... tu ne sais pas ce que tu perds...

CATHERINE.

Je retrouverai toujours aisément un aussi mauvais caractère... et toi, Péters, tu auras peut-être de la peine à rencontrer une amie aussi sincère !

PÉTERS, revenant.

Que dis-tu ?

CATHERINE.

Va-t'en donc !... va-t'en ! tu y es décidé... tu nous l'as dit !

PÉTERS.

Eh bien ! oui... je pars.

(Il fait un pas pour sortir.)

SCÈNE VII.

Les mêmes ; PRASCOVIA.

PRASCOVIA, entrant avec effroi et en regardant autour d'elle sur la ritournelle de l'air suivant.

GEORGE, courant au devant d'elle.

Prascovia ! ma fiancée !

CATHERINE, remontant aussi vers elle.

Ma belle-sœur ! qu'y a-t-il donc ?

PRASCOVIA.

AIR.

Ah ! que j'ai peur ! ah ! que j'ai peur !
J'ai tant couru !... je me soutiens à peine !

J'ai tant couru... que j'en suis hors d'haleine !
Et même auprès de vous, mon cœur
Palpite encore de frayeur...
Ah! que j'ai peur! ah! que j'ai peur!
Ah! ah! ah! ah! ah! que j'ai peur!

(Tout le monde l'entoure.)

Qu'ai-je dit? quel délire
Un instant me troubla?
Je renais!... je respire!
Près de vous me voilà!
Votre douce présence,
Bannissant la frayeur,
A rendu l'espérance
Et le calme à mon cœur!

Et puisque, grâce à vous, ma crainte est apaisée,
Je puis vous dire enfin ce qui l'avait causée.
Apprenez...

(On entend un roulement de tambours.)

Ah! que j'ai peur! ah! que j'ai peur!
J'ai tant couru!... je me soutiens à peine!
J'ai tant couru... que j'en suis hors d'haleine!
Et même auprès de vous, mon cœur
Palpite encore de frayeur!
Voyez plutôt!... Ah! que j'ai peur!
Ah! ah! ah! ah! ah! que j'ai peur!

GEORGE.

Sois tranquille, je vais savoir par moi-même...

PRASCOVIA, qui était à moitié évanouie, se relève vivement.

N'y va pas, n'y va pas!... Il y a, dit-on, un corps tartare, commandé par le général Tchérémétefi, qui marche sur Wiborg, mais son avant-garde, qui s'est répandue dans la campagne... vient d'entrer dans le village.

CATHERINE.

Eh bien?

PRASCOVIA, tremblante.

Eh bien! des Kalmouks, des Baskirs, des pillards qui mettent tout à feu et à sang!

PÉTERS.

C'est ce que nous verrons.

CATHERINE, se retournant vers lui.

Ah! vous n'êtes pas parti?

PÉTERS.

Il y a du danger pour vous... je reste.

CATHERINE, lui tendant la main.

C'est bien!

PRASCOVIA, continuant.

Ils ont couru d'abord chez les cabaretiers. Mon oncle, sans s'occuper de moi, s'est sauvé d'un côté, moi de l'autre!... (Regardant George.) de celui-ci!

CATHERINE, lui serrant la main.

La ligne droite!... près de ton fiancé, près de ta sœur...

PRASCOVIA, remontant le théâtre et regardant vers la gauche.

Tenez... tenez... les voyez-vous de loin! ils viennent de ce côté... que faire?

GEORGE.

Nous enfuir!

PÉTERS, saisissant une hache de charpentier.

Non pas... les arrêter!... et je m'en charge!...

CATHERINE, lui prenant la main et le regardant.

Ah! voilà le regard dont je te parlais, et ta main ne tremble pas! Bien, Péters!... tu as du cœur... (Souriant.) Mais tu n'as pas le sens commun. Tu vas, avec ta hache, nous faire tous massacrer... à commencer par toi!

PÉTERS, brusquement.

Si cela m'est égal!

CATHERINE, vivement et avec tendresse.

Si ça ne me l'est pas!

PÉTERS, poussant un cri de joie.

Ah! que dis-tu?

GEORGE, regardant vers la gauche.

Les voici!... les voici!... Nous sommes perdus!

CATHERINE, qui a aussi remonté vers la gauche.

Allons donc, regarde plutôt; ne les reconnais-tu pas?

GEORGE.

La peur m'empêche de distinguer.

CATHERINE.

Ce sont des Tartares de l'Ukraine... Je vous sauverai!... mais pas d'armes.

PÉTERS.

Et quel moyen de défense?

CATHERINE.

Je m'en charge!... (A Prascovia et à George, leur montrant la maison à gauche). Des verres et des bouteilles.

(Prascovia et George s'élancent dans la maison à gauche.)

PÉTERS, à Catherine.

Mais que veux-tu faire?

CATHERINE, se dirigeant vers la maison.

Cela me regarde.

PÉTERS.

Je te suivrai.

CATHERINE, d'un geste impératif.

Je te le défends...

(Elle monte l'escalier et disparaît.)

PÉTERS, seul, la regardant sortir.

Singulière fille! Mais elle a beau dire... je veillerai sur elle, (Montrant la droite.) et sans me montrer je resterai là, rien que pour voir comment elle mettra en fuite, à elle seule, les Tartares de Tchérémétef.

(Il disparaît un instant par la droite.)

SCÈNE VIII.

GRITZENKO, s'élançant sur le théâtre à la tête d'un pulk de KAL-
MOUKS ; puis CATHERINE.

LE CHŒUR.
Personne !... entrons,
Compagnons,
Massacrons et pillons !

CHANSON.

GRITZENKO.
Enfants de l'Ukraine
Et fils du désert,
Hourra !
Holla !
Le vent nous amène
Plus prompts que l'éclair !
Hourra !
Holla !
Le trépas
Suit nos pas
Et conduit nos bras.
Hourra !

Salpêtre ou bitume
N'est pour nous qu'un jeu !
Ma pipe s'allume
Aux palais en feu !
De leur toit qui croule
Et flambe à nos yeux,
Dans le sang qui coule
Éteignons les feux !

Tout par le fer
Et pour l'enfer !
A nous le butin,
Fille et bon vin !
De l'or,

De l'or !
Sinon la mort !

(Au moment où ils s'élancent sur l'escalier à gauche, Catherine paraît sur les premières marches, elle porte un costume de devineresse bohémienne, tenant à la main le tambour de basque. A son aspect les Tartares reculent et descendent l'escalier avec surprise.)

CATHERINE, sur les marches de l'escalier.

Arrière ! et tremblez à ma voix !
Arrière ! et respectez mes lois !
Depuis quand, Tartares de l'Ukraine,
Bravez-vous
Votre sœur la magicienne
Et son courroux !
Bénie est cette terre,
Vous foulez la poussière
De Wlasta, ma mère,
Que vous connaissiez tous !
Wlasta que l'Ukraine entière
Comme une sainte révère !

LE CHŒUR, à demi-voix.

C'est notre race et notre sang !
C'est merveilleux ! c'est étonnant !

CATHERINE, leur montrant sa maison.

Sur ce toit, même après sa mort,
Son ombre auguste veille encor.
Entrez donc ! mais comme amis,
En son humble logis !
Malheur à qui peut oublier
Les droits sacrés du foyer !
Anathème sur son sort ;
A lui l'opprobre et la mort !

Mais quand notre hôte a respecté
Les lois de l'hospitalité,
Le triangle sonne,
La chanson résonne
Et ses sœurs
Couronnent sa coupe de fleurs !

RONDE BOHÉMIENNE.

Il sonne
Et résonne,
Au cœur il résonne,
Cet air du pays
Par vous compris.
Tra, la, la, la, la, la !
Venez, frères, venez, je veux
Lire en vos mains votre avenir heureux !

(Prenant la main de Gritzenko qui la lui présente.)

Toi, naguère paysan,
Vois la chance qui t'attend !
Sous un autre étendard,
Dans la garde du czar,
Tu vas, bonheur sans égal,
Être nommé caporal !...

(Solennellement.)

Si ton glaive toujours défend
Et le faible et l'innocent !

LE CHŒUR.

O magie !
O génie !
Tiens, voici ma main,
Réponds-nous soudain !

CATHERINE.

Il sonne, etc.

(Les Tartares reprennent la chanson de Catherine, en riant entre eux et en dansant autour de Catherine. Celle-ci agite son tambour de basque et se dirige vers le fond. Les Tartares la suivent, elle disparaît en dansant et les Tartares se précipitent sur ses pas. Tous se sont éloignés.)

SCÈNE IX.

GEORGE et PRASCOVIA, sortant de la maison à gauche.

GEORGE, du haut du balcon.

Hourra!... Ils la suivent!... Ils s'éloignent d'ici! Elle nous a débarrassés en cadence et en mesure des Tartares de l'Ukraine, est-ce heureux! (Descendant avec Prascovia.) Cours à la recherche de ton oncle... Moi je vais à l'église, voir le ministre et les témoins, et tout disposer pour ce soir; vu que, de ce temps-ci, il faut se hâter d'être heureux, car on n'est jamais sûr du lendemain.

(Il embrasse Prascovia.)

PRASCOVIA se défendant.

Prends donc garde, et les Tartares!

GEORGE.

Autant de pris sur l'ennemi!

(Il sort par la gauche avec Prascovia.)

SCÈNE X.

CATHERINE, rentrant par le fond à droite.

Ils sont loin maintenant! Nous avons rencontré un appel de trompette qui les a forcés de rentrer au quartier. (S'asseyant sur un escabeau.) Respirons un peu!

PÉTERS, sortant par la droite et s'avançant lentement vers Catherine, qui est assise à gauche.

Tu es une étrange fille, Catherine! un courage, un sang-froid!...

CATHERINE, le regardant.

Pour ce qui est du courage... tu n'en manques pas non plus... et quant au calme et au sang-froid... je ne t'en aurais jamais cru autant... Tu étais là, (Lui montrant la droite.)

immobile dans ton coin, le menton appuyé sur ta hache, que tu caressais de la main... prêt à fendre la tête au premier qui m'aurait touchée...

PÉTERS, étonné et avec surprise.

Qui t'a dit cela ?

CATHERINE.

Je le lisais dans tes yeux !... mais, grâce au ciel, tu n'as pas bougé...

PÉTERS, avec amertume.

Tu m'avais reproché d'être impétueux... furieux... que sais-je ! tu vois que je me corrige...

CATHERINE.

Aussi je suis plus satisfaite ! et cela doit te prouver que si tu avais toujours à côté de toi quelqu'un pour te modérer et t'empêcher de faire des sottises... (Geste de Péters.) Ne vas-tu pas t'étonner ?

PÉTERS.

Non... rien ne m'étonne plus maintenant... Ce que tu me dis là... ce que tu me disais ce matin de mes défauts... tout cela est vrai... je le reconnais ! Mais jamais, avant toi, personne ne m'avait parlé ainsi !

CATHERINE.

Cela ne prouve qu'une chose, c'est que tu n'avais pas d'amis !

PÉTERS, vivement.

C'est vrai ! (Mettant sa tête dans ses mains.) pas un !... pas un seul !...

CATHERINE, lui tendant la main.

Et moi donc ?

PÉTERS.

Tu m'as repoussé !

CATHERINE.

Comme mari, parce que je ne suis pas assez sûre de ton caractère ; mais comme amie... me voici !

PÉTERS.

Ah ! merci !... car tant d'obstacles, tant de haines m'environnent !... je suis si malheureux !

CATHERINE, avec intérêt.

Toi... malheureux !... (Souriant.) Prends garde ! si tu parles ainsi... je vais recommencer à t'aimer !

PÉTERS, vivement.

Que dis-tu ?

CATHERINE.

Voyons ! as-tu assez de confiance en moi, pour me raconter toutes tes affaires ?

PÉTERS, souriant.

Toutes !... ce n'est pas aisé !

CATHERINE.

Crois-tu donc que je ne puisse pas te donner un bon conseil !

PÉTERS.

Si vraiment !

DUO.

CATHERINE.

De quelle ville es-tu ?

PÉTERS.

De Moscou !

CATHERINE.

Je suppose
Que ton père y vivait. Quel était son métier ?

PÉTERS, avec embarras.

Mais... celui que j'exerce.

CATHERINE, naïvement.
Il était charpentier !
Habile ?
PÉTERS.
Pas trop.
CATHERINE.
Riche ?
PÉTERS.
Il avait quelque chose :
Une ancienne maison... édifice très-vieux
Qu'il faudrait réparer !
CATHERINE.
Jeter bas vaudrait mieux
Pour tout refaire à neuf !
PÉTERS, vivement.
C'était juste mon rêve !
Mais à tous mes projets un obstacle s'élève.
J'y renonce !
CATHERINE.
Déjà !
(Riant.)
Tu ne sais pas vouloir !
C'est là ma force à moi ! Car vouloir, c'est pouvoir.
PÉTERS, avec intérêt et curiosité.
Ah ! selon toi, vouloir...
CATHERINE.
C'est pouvoir !
PÉTERS.
Que dis-tu là ?
CATHERINE.
Jamais, je le suppose,
Tu ne seras qu'un bien pauvre ouvrier.
PÉTERS.
Un assez mauvais charpentier.

CATHERINE.
De toi je veux faire autre chose.

PÉTERS.
En vérité !

CATHERINE.
Quelque chose de mieux !
Et ce sera...
(Avec force.)
Car je le veux !

PÉTERS
Ah ! tu le veux !

CATHERINE, avec force.
Oui, ce sera !
(Avec coquetterie.)
Fût-ce pour mes beaux yeux !

Ensemble.

PÉTERS, à part.
Noble caractère,
Courageuse et fière,
Il faut pour lui plaire
Mériter sa foi !
Charmante conquête
Qui pour moi s'apprête.
Je veux, sur ma tête,
Qu'elle soit à moi !

CATHERINE.
Voilà le mystère !
Il faut pour me plaire,
Par du caractère
Mériter ma foi !
Veux-tu ma défaite ?
Veux-tu ma conquête ?
Obtiens l'épaulette,
Et je suis à toi !

PÉTERS, la regardant avec admiration.
A toi, ma bien-aimée,
A toi mon avenir ;
Si quelque renommée
Vient jamais l'embellir,
C'est grâce à la mémoire
De tes nobles discours,
Et j'aurai dû ma gloire
A mes premiers amours.

C'est mon étoile en toi que je vois apparaître !

CATHERINE.

La fortune t'attend au milieu des combats.
Ma mère m'a prédit...
(A voix basse.)
Que mon mari doit être
Un grand homme... un héros ! et tu le deviendras !

Ensemble.

PÉTERS.

Au son des trompettes,
Au bruit des tambours,
Les palmes sont prêtes,
A toi pour toujours !
Ta foi m'est promise,
Et jusqu'au retour
J'aurai pour devise
La gloire et l'amour !

CATHERINE.

Au son des trompettes,
Au bruit des tambours,
Les palmes sont prêtes,
A toi sont mes jours !
Je suis ta promise,
Et jusqu'au retour
Garde pour devise
La gloire et l'amour !

PÉTERS.

Tiens, reçois cet anneau ! tu le conserveras !

CATHERINE.

Je le jure !

PÉTERS.

C'est bien !

CATHERINE.

Tant que tu m'aimeras !
Sinon... sinon...

PÉTERS.

Ne parle pas ainsi !
L'honneur m'attend là-bas, mais mon cœur reste ici !

Ensemble.

PÉTERS.

Au son des trompettes, etc.

CATHERINE.

Au son des trompettes, etc.

(Péters embrasse Catherine et sort.)

SCÈNE XI.

CATHERINE, seule, essuyant une larme.

Eh bien... eh bien !... qu'est-ce que je fais donc? une larme, je crois ! heureusement il ne l'aura pas vue !

SCÈNE XII.

CATHERINE, GEORGE et PRASCOVIA entrant par le fond en courant.

GEORGE.

Vive le mariage ! tout est commandé, tout est prêt.

PRASCOVIA, en costume de mariée.

Excepté le marié !... Moi, me voilà déjà en grande toilette... tu vois... mais toi !...

GEORGE.

J'ai eu tant de choses à faire... j'ai vu ton oncle Reynolds et je me suis entendu avec lui ; j'ai prévenu tout le monde à l'église... j'ai prévenu nos témoins, et dans une demi-heure toute la noce et les violons viendront ici prendre le marié.

PRASCOVIA.

Qui ne sera pas même habillé.

GEORGE.

Je le serai ! ce ne sera pas long, si je peux, ma petite Prascovia, ne pas penser à toi !

CATHERINE.

Et ta toilette ! et ton habit de noces, bavard !

PRASCOVIA.

Bavard !

GEORGE.

Je m'en vais !

PRASCOVIA.

Tu seras en retard !

GEORGE.

Sois tranquille... (A Catherine.) Adieu, ma petite sœur ! heureux par toi ! heureux pour toujours !... Je vais m'habiller !

(Il monte en courant l'escalier à gauche.)

SCÈNE XIII.

PRASCOVIA, CATHERINE.

PRASCOVIA, gaiement à Catherine.

Et moi, pendant ce temps, que je te raconte une aventure !... Le vieux bourguemestre qui t'adore... c'est connu !...

me voyant tout à l'heure, en costume de mariée, m'a regardée d'un air ému... attendri... Tu crois peut-être que je vais sur tes brisées?... Rassure-toi ! (A demi-voix.) il m'a priée de te remettre à toi... à toi seule, a-t-il dit, d'un air mystérieux, cette lettre... (La tirant de sa poche.) quelque billet doux ! et d'un bourguemestre, ça doit être drôle !

   CATHERINE, repoussant le billet qu'elle lui présente.

Lis, je n'ai pas de secret pour toi !

   PRASCOVIA, ouvrant la lettre vivement.

Quel bonheur ! (Parcourant les premières lignes.) Ah ! mon Dieu !

   CATHERINE, inquiète.

Qu'est-ce donc ?

   PRASCOVIA, lisant avec émotion.

Les officiers moscovites ont imposé la ville à une douzaine de recrues, et le bourguemestre te prévient, en ami, que si tu ne trouves pas sur-le-champ un remplaçant à George qui est désigné...

   CATHERINE, prenant vivement la lettre qu'elle achève.

Il partira ce soir même comme soldat !

   PRASCOVIA, avec colère.

Partir ce soir ! mais c'est indigne ! c'est affreux ! un jeune homme qui allait se marier !

   CATHERINE.

Tais-toi ! (Regardant la maison à gauche.) George, qui s'habille, va t'entendre !

   PRASCOVIA, pleurant.

Si encore le mariage avait été fait !

   DUO.

  Ah ! quel dommage !
  Ah ! quels regrets !
  Croyez donc au mariage !
  Le mien ne viendra jamais !

CATHERINE, qui pendant ce temps a rêvé.
Allons, enfant,
Plus de tourment!
Ne pleure plus, et l'on te mariera.

PRASCOVIA, essuyant ses yeux.
Vraiment! vraiment! il aurait pour cela
Un congé d'une heure!

CATHERINE.
D'une heure!...
Avec le bourguemestre ici l'on s'entendra!

PRASCOVIA, riant.
Quelle joie enivre mon âme!
O bonheur!... ô bonheur! je serai donc sa femme!
(Pleurant.)
Mais le quitter une heure après!
C'est peut-être encor plus terrible!
J'en mourrai, je crois, de regrets.
Ah! ah! ah! ah! ah! ah!

CATHERINE.
Allons, sèche tes pleurs! on fera son possible
Pour t'avoir quelques jours!

PRASCOVIA, vivement et essuyant ses pleurs.
Combien?

CATHERINE.
Cinq ou six!

PRASCOVIA, pleurant.
C'est bien peu, ma sœur! Ah! ah!

CATHERINE.
Eh bien!
Si c'était toute une semaine?...

PRASCOVIA, gaiement.
Vrai!
(Se remettant à pleurer.)
Ah! ah!

CATHERINE.

Qu'as-tu donc encore à t'attrister ?

PRASCOVIA.

C'est que... quand, le dimanche, il faudra se quitter,
Juge donc pour nous quelle peine !

CATHERINE.

Eh bien !... quinze grands jours ?

PRASCOVIA, poussant un cri de joie.

Ah ! j'en rends grâce à Dieu,
On a du moins le temps...

CATHERINE.

Quoi ?

PRASCOVIA.

De se dire adieu !

Ensemble.

PRASCOVIA.

Quinze grands jours ! à la bonne heure !
Quelle ivresse pour des amants !
Voilà malgré moi que je pleure,
Et que je ris en même temps.
Ah ! ah ! ah ! ah !

CATHERINE.

Quinze grands jours ! à la bonne heure !
Quel avenir pour des amants !
Voilà, joyeuse, qu'elle pleure,
Et qu'elle rit en même temps.
Ah ! ah ! ah ! ah !

CATHERINE.

Mais, songes-y bien ! quinze jours seulement.

PRASCOVIA, avec regret.

Pas davantage !

CATHERINE.

Il faut bien que George reprenne son poste, et remplace,
à son tour, son remplaçant !

PRASCOVIA.

Un remplaçant !... tu espères donc en trouver ?

CATHERINE.

Oui.

PRASCOVIA.

Je n'en vois pas dans le village !

CATHERINE.

Moi ! j'en connais un, à peu près de sa taille, et que n'effraiera pas l'habit militaire !

PRASCOVIA.

Mais le bourguemestre !...

CATHERINE.

Je me charge de le séduire et d'obtenir son consentement... Quant à la noce, si je n'étais pas de retour, faites qu'on ne m'attende pas... Je vous rejoindrai...

PRASCOVIA, gaiement.

Plus tard !... à l'église. (L'embrassant.) O ma bonne petite sœur, que de zèle, de dévouement !... qui pourra jamais les payer !

CATHERINE.

Le bonheur de mon frère... et le tien. Adieu ! voici la noce...

(Elle rentre dans la maison à gauche.)

PRASCOVIA.

C'est vrai !... Mon oncle Reynolds et tous nos amis qui viennent chercher le marié...

SCÈNE XIV.

MAITRE REYNOLDS, PRASCOVIA, Ménétriers, Garçons et Filles de la noce. Les ménétriers accordent leurs flûtes et leurs violons, et vont se placer sous l'escalier qui conduit à la maison de George.

FINALE.

LES JEUNES FILLES.

Prenez vos habits de fête,
O le plus beau des maris !
Car voici, musique en tête,
Vos parents et vos amis !

LES MÉNÉTRIERS.

Zon, zon, zon, zon, zon, zon !
L'amour frappe à la maison.
Zon, zon, zon, zon, zon, zon !
L'amour frappe !... ouvrez-lui donc !

MAITRE REYNOLDS, gravement.

L'usage, dans notre pays,
Est que, le premier jour, l'époux se fasse attendre.
C'est un emblème !

PRASCOVIA.

En quoi ?

MAITRE REYNOLDS.

Pour mieux faire comprendre
Qu'il est et qu'il sera le seul maître au logis !

PRASCOVIA, regardant avec impatience du côté de la porte.

De l'usage il abuse !...

LES JEUNES FILLES.

Et c'est un vrai scandale !

MAITRE REYNOLDS, à Prascovia.

C'est à la fiancée, alors, à lui chanter
De nos aïeules, l'air !... cet air, dont la morale

Est d'inviter
L'époux à se hâter !
Le sais-tu ?

PRASCOVIA.

Sans aucuns doutes !
(Regardant les jeunes filles.)
Ici nous le savons toutes !
(Se tournant du côté de la porte de George.)

COUPLETS.

Premier couplet.

En sa demeure,
Quand sonne l'heure,
Qui donc retient l'heureux époux ?

LE CHOEUR.

Loin de nous !

PRASCOVIA.

Sa fiancée,
Plus empressée,
Déjà se trouve au rendez-vous...

LE CHOEUR.

Sans époux !

PRASCOVIA, avec finesse.

On en pourrait être moins tendre...
Vous en seriez contrarié !
Ne vous faites donc pas attendre,
Venez, monsieur le marié !

LES JEUNES FILLES.

C'est un danger, souvent, de faire attendre.
Paraissez donc, monsieur le marié !

PRASCOVIA.

Deuxième couplet.

Voici la danse !
Elle commence
Là-bas sous les arbres en fleurs.

LE CHŒUR.
Tout en fleurs !

PRASCOVIA.
La foule est grande !
Notre Finlande
Ne manque pas de beaux danseurs !

LE CHŒUR.
Pleins d'ardeurs.

PRASCOVIA.
On pourrait prendre votre place,
Vous en seriez contrarié !
Prudemment, hâtez-vous, de grâce,
Venez, monsieur le marié !

LES JEUNES FILLES.
Oui, des absents, parfois, on prend la place,
Paraissez donc, monsieur le marié !

GEORGE, paraissant en manches de chemise en haut de l'escalier à gauche.
Me voici, mes amis ! plus qu'un instant, de grâce !
C'est mon habit... mon habit que je passe,
Et je suis à vous !
(Il rentre dans la maison. En ce moment passent, au fond du théâtre et au son du tambour, plusieurs recrues conduites par des soldats ; elles montent sur la jetée, du haut de laquelle elles doivent s'embarquer. Air de marche.)

Ensemble.

LES SOLDATS.
Plan ! plan ! plan! plan !
Marchez, soldats,
Marchez au pas.
L'honneur qui vous attend là-bas
Doit désormais régler vos jours
Au son du fifre et des tambours !
Marchez, soldats,
Marchez au pas.
Plan ! plan ! plan ! plan ! plan !

PRASCOVIA et GEORGE.

Tic-tac, tic-tac, tic,
Ah! pour nous quel doux pronostic!
Tic-tac, tic-tac,
Amour, j'en crois ton almanach.

LES MÉNÉTRIERS et LA NOCE.

Zon, zon, zon, zon, zon, zon!
L'amour frappe à la maison!
Zon, zon, zon, zon, zon, zon, zon!
L'amour frappe, ouvrez-lui donc,
Zon, zon, zon, zon, zon, zon, zon!

MAITRE REYNOLDS et SES AMIS, buvant.

Gloux, gloux, gloux, gloux,
Que pour moi ce bruit est doux!
Gloux, gloux, gloux, gloux,
Buvons à ces deux époux!

(On entend sonner les cloches de l'église.)

MAITRE REYNOLDS.

Voici l'heure, et dans la chapelle,
Heureux époux, le pasteur vous appelle,
Entendez-vous, déjà l'on prie ici pour vous!

(Sur le devant du théâtre les jeunes filles de la noce placent sur la tête de Prascovia la couronne et le voile de mariée, d'autres de ses compagnes lui attachent le bouquet. Pendant ce temps, Catherine, enveloppée d'un manteau, monte au milieu d'autres recrues sur la jetée : elle regarde Prascovia, son frère et le groupe qui, tous, sont agenouillés sur le devant du théâtre.)

CATHERINE, du haut de la jetée.

Tu m'avais dit, ma mère,
En montant vers les cieux,
De protéger mon frère,
Et mon frère est heureux!
Tu le vois... j'ai rempli tes vœux,
Il est heureux!
O ma mère,
Viens nous bénir et veille sur nous deux!

LES AUTRES RECRUES, s'adressant à Catherine.

Allons donc, plus de tristesse,
Et qu'à ta belle maîtresse
L'écho redise pour adieux
Du marin les chants joyeux !

CATHERINE.

Navire que le flot balance,
Sur ton bord lorsque je m'élance,
Qu'à mes amis l'écho joyeux
Redise encor mes chants d'adieux !

(Elle monte sur le vaisseau qui commence à s'éloigner, et George qui vient d'embrasser Prascovia, se dirige avec elle et toute la noce vers l'église ; mais il s'arrête en cherchant des yeux Catherine qu'il croit en retard et semble attendre qu'elle arrive.)

GEORGE, parlé.

Et Catherine... où donc est-elle?...

PRASCOVIA.

Ne t'inquiète pas, elle nous rejoindra à l'église ! c'est elle qui me l'a dit !

CATHERINE, sur le vaisseau qui s'éloigne.

Navire que le flot balance, etc.

(Catherine envoie un dernier adieu à son frère qui ne le voit pas. Le vaisseau disparaît.)

ACTE DEUXIÈME

Un camp russe. — Des tentes au fond. Un arbre au milieu du théâtre : à gauche, une guérite. A droite et à gauche, des faisceaux de fusils, des affûts de canons, etc.

SCÈNE PREMIÈRE.

EKIMONNA, NATHALIE et D'AUTRES VIVANDIÈRES circulent dans le camp où DES SOLDATS de différentes armes sont groupés différemment à droite et à gauche. ISMAILOFF, GRITZENKO, puis CATHERINE.

(Au lever du rideau tout le monde valse. Les danseuses sont habillées partie en recrues, partie en jeunes tambours, ainsi que les femmes des chœurs.)

GRITZENKO, s'avançant.

Assez danser ! assez valser !
Plus que le schnick, ça vous tourne la tête !
Maintenant, mes amis, le petit chansonnette.
(A Ismaïloff.)
Cosaque, à vous de commencer.

ISMAÏLOFF.

Volontiers ! sans blesser ici la modestie,
Je puis, je pense, caporal,
Vous dire un couplet jovial
En l'honneur de la cavalerie !
(Il s'avance au milieu des hussards qui l'entourent.)

CHANSON DE LA CAVALERIE.

Premier couplet.

Gentil Cosaque au cœur d'acier
Sur son coursier s'élance,
S'élance,
Il défirait le monde entier
Quand il brandit sa lance !
Sonnez, clairons ! Tout aussitôt,
Le voyez-vous partir au trot,
Chassant le fantassin timide ?
Et tout frémit au galop,
De son coursier rapide,
Hop, hop, hop, hop !

Deuxième couplet.

Gentil Cosaque aime à changer,
Aux belles s'il veut plaire,
La guerre
L'a rendu téméraire !
Il est permis d'être léger
Dans la troupe légère !
Perçant les cœurs
De traits vainqueurs,
Ce modèle des séducteurs
Se rit de la beauté timide !
Et les amours en pleurs
Suivent son coursier rapide.
Hop, hop, hop, hop, hop, hop !

GRITZENKO, s'avançant.

Un instant ! ce refrain me semble attentatoire
Au corps des grenadiers dont je suis caporal,
Et je veux, à mon tour, défendre ici leur gloire
Par un couplet belliqueux... et loyal !

LES GRENADIERS, entourant Gritzenko.

Il a raison ! honneur au caporal !

GRITZENKO, s'adressant à Catherine et aux jeunes recrues qu'il fait manœuvrer.

Allons, jeune recrue, un peu d'art, et ne fût-ce

Que pour manœuvrer gentiment,
Écoutons attentivement
Le bréviaire guerrier du beau grenadier russe.
(Pendant la ritournelle de la chanson, les danseuses habillées en recrues
font l'exercice, commandées par Gritzenko.)

CHANSON DE L'INFANTERIE.

Premier couplet.

Grenadiers moscovites,
Je dirai vos mérites !

LE CHŒUR, imitant le tambour et ainsi de suite tous les deux vers.
Trum, trum, trum, trum !

GRITZENKO.
Pour l'audace et la grâce,
Aucun ne vous surpasse !

LE CHŒUR.
Trum, trum, trum, trum !

GRITZENKO, les montrant de la main.
Dans un jour de bataille
C'est comme une muraille,
Pour qui bombe et mitraille
Ne sont qu'un pur agrément !

LE CHŒUR.
En avant, en avant !
Trum, trum, trum !

GRITZENKO.
Va, va, va, va, va, marche en avant !

Deuxième couplet.

C'est surtout près des belles,
Même les plus rebelles,
Que du grenadier russe
On admire l'astuce !
Nulle rigueur ne lasse
Un amour si tenace.
Il fait fondre la glace
Par le feu du sentiment !

LE CHŒUR.
En avant, en avant!

GRITZENKO, et LE CHŒUR.
Va, va, va, va, marche en avant,
Toujours en avant!

(A la fin de cette scène, Catherine arrive avec les nouvelles recrues, venant de faire l'exercice, le fusil sur l'épaule, et se rangeant à droite sur le théâtre. Gritzenko leur commande deux ou trois mouvements : *Portez armes! Présentez armes! Bas les armes!* — Nathalie et Ekimonna viennent offrir des verres de brandevin aux jeunes soldats qui acceptent. Catherine, qui a placé son fusil près de la guérite à gauche, s'est assise au pied de l'arbre qui est au milieu du théâtre, et se repose en regardant valser ses camarades qui s'éloignent peu à peu. Le caporal Gritzenko se promène et passe et repasse devant Catherine qu'il semble examiner attentivement.)

SCÈNE II.

CATHERINE, NATHALIE et EKIMONNA, GRITZENKO,
se promenant et regardant toujours Catherine.

CATHERINE, assise au pied de l'arbre.
Ah! il fait chaud!

NATHALIE, s'adressant à Catherine.
Oui, le métier est rude pour une recrue! le jeune soldat voudrait-il se rafraîchir?

EKIMONNA.
Du genièvre ou de l'excellente eau-de-vie de Dantzick?

CATHERINE.
A moi! (A part et regardant en souriant les deux vivandières.) Voilà pourtant comme j'étais! (Haut.) Merci, mesdemoiselles.

NATHALIE.
Est-ce la soif qui te manque?

EKIMONNA.
Ou la caisse militaire qui est à sec?
CATHERINE, frappant sur son gousset.
C'est possible... la paie est rare dans l'armée moscovite.
NATHALIE.
N'est-ce que ça?... nous savons faire crédit
CATHERINE, à part.
Toujours comme moi!
EKIMONNA.
Surtout aux jolis garçons!
CATHERINE, à part.
Ce n'est plus comme moi!
EKIMONNA.
Je ne demande rien que la préférence!
NATHALIE.
Moi de même, et j'ai parlé la première.
CATHERINE, à part, regardant Gritzenko.
Qu'est-ce qu'il a donc, ce caporal... à me regarder ainsi? est-ce qu'il se douterait de quelque chose? (A Ekimonna et à Nathalie.) Vous êtes bien bonnes, mesdemoiselles, mais il faudrait toujours s'acquitter.
EKIMONNA, avec coquetterie.
Vous tenez donc décidément à payer?
CATHERINE.
Certainement!
NATHALIE.
Eh bien!... un joli soldat, tel que vous, s'acquitte avec un baiser.
CATHERINE, se récriant.
Par exemple!... (A part, regardant Gritzenko.) et ce caporal qui observe toujours... refuser lui donnera des soupçons...
EKIMONNA.
Comment, monsieur, vous hésitez?

CATHERINE.

Du tout! (Aux deux vivandières.) je ne prends rien et je paie!
(Il donne un baiser à Nathalie et deux à Ekimonna.)

EKIMONNA, souriant.

Payer double!...

NATHALIE, avec dépit.

Quelle générosité!

EKIMONNA, avec naïveté.

Faut-il vous rendre, monsieur le soldat?

CATHERINE.

Non! non... ça se trouvera avec autre chose... mais tenez, on vous appelle là-bas...

NATHALIE, avec coquetterie.

Monsieur le soldat nous conservera donc sa pratique?

CATHERINE.

Oui, sans doute.

EKIMONNA et NATHALIE, faisant la révérence.

C'est bien de l'honneur pour nous!
(Elles sortent en courant et en riant.)

SCÈNE III.

GRITZENKO, CATHERINE.

CATHERINE, à part avec fatuité.

Ah! j'espère que maintenant le caporal n'aura plus de doutes... s'il en avait... Eh! si vraiment! ses yeux ne me quittent pas d'un instant.
(Elle se met à fredonner d'un air indifférent.)

GRITZENKO.

Jeune soldat, quel air te permets-tu de chanter là?

CATHERINE.

La marche du czar!...

GRITZENKO.

C'est défendu.

CATHERINE.

Allons donc!... la marche sacrée.

GRITZENKO.

C'est égal! le colonel Yermoloff a défendu à notre régiment de la jouer.

CATHERINE.

Pourquoi?

GRITZENKO.

Je n'en sais rien! dans le militaire on obéit et on ne raisonne pas! (Gravement.) Approche ici, jeune soldat!

CATHERINE, prête à refuser.

Moi! (A part.) Allons! obéissance passive! il n'y a pas à plaisanter avec la discipline moscovite! (S'approchant de Gritzenko.) Me voici, caporal!

GRITZENKO.

Regarde-moi, maintenant!... je te dis de me regarder... ce n'est pas désagréable, je pense.

CATHERINE, le regardant.

Au contraire, caporal!...

GRITZENKO.

Surtout depuis que j'ai coupé ma barbe! (Avec un soupir.) car il l'a fallu! et par Sakinka mon patron!...

CATHERINE, riant.

Saint-Alexandre! votre grand juron!

GRITZENKO.

On ne nous permet que la moustache... et encore!...

CATHERINE, à part.

Que diable me veut-il?... (A Gritzenko qui la regarde toujours.) Qu'est-ce que vous trouvez donc à mon visage?...

GRITZENKO.

Je le trouve incompréhensible... attendu que tu ressembles comme deux grains de poudre... à une jolie fille... une cantinière, que j'ai rencontrée dernièrement en Finlande, dans les environs de Wiborg.

CATHERINE.

Une cantinière... avec un baril de Dantzick première qualité?

GRITZENKO.

De la bonne eau-de-vie, ma foi!

CATHERINE.

C'était ma sœur!

GRITZENKO.

Je comprends maintenant la similitude! les mêmes traits, la même taille... pas plus haute qu'un sabre de cavalerie, mais ayant le diable au corps... Sakinka!

CATHERINE, vivement.

Outrager ma sœur!

GRITZENKO.

On ne l'outrage pas, jeune recrue, on veut seulement vous dire, par là, qu'il y a une douzaine de jours... moi, Gritzenko, je n'étais rien qu'un pandour, enrôlé dans les Kalmouks de l'Ukraine..., troupe irrégulière, non soldée et ayant pour paie que le pillage qui ne donne pas toujours... parce que le paysan qu'on a pillé la veille est stupide, Sakinka! impossible de le faire contribuer le lendemain!...

CATHERINE.

Il se défend?

GRITZENKO.

Non!... il n'a plus rien! ni nous non plus! Sakinka!

CATHERINE, avec impatience.

Eh bien?

GRITZENKO.

Eh bien, tout en me versant du Dantzick, la cantinière... je veux dire la sorcière... m'avait prédit que j'entrerais dans la garde impériale... ça n'a pas manqué : j'ai été nommé par ordre non-seulement soldat... mais caporal !... rien que cela, Sakinka !

CATHERINE.

Est-il possible !...

GRITZENKO.

Vous en voyez les galons !... sans le *visa* desquels je n'y croirais pas encore !

CATHERINE.

Et ainsi nous voilà caporal dans la garde, gagnant six kopecks par jour !

GRITZENKO, à demi-voix.

Bien davantage !... vingt, trente, quarante kopecks chaque soir !

CATHERINE.

Comment cela ?

GRITZENKO.

Toujours par suite de la fortune... que ta sœur a vue là... dans ma main !... On a beau être caporal... ça n'empêche pas les soucis et les regrets. Je n'en avais qu'un... celui de ma barbe qu'il m'avait fallu couper pour entrer dans la garde... c'est l'ordre despotique et formel du czar... et j'en gémissais un jour... quand un officier qui m'entendit... me serra la main en me disant à voix basse : « C'est bien. Tu es des nôtres !... prends ce papier et lis !... — Oui, mon officier. » Aussi, fidèle à la consigne, j'ai pris le papier et ne l'ai pas lu, Sakinka !

CATHERINE.

Pourquoi ?

GRITZENKO.

Parce que je ne sais pas lire !... mais le papier contenait

vingt kopecks que j'ai placés là, (Montrant son gousset.) et le lendemain au soir, en passant rapidement devant moi, on m'a demandé : « As-tu exécuté mes ordres? — Oui, mon officier, autant que j'ai pu! — Bien! continue ainsi! » Et il m'a remis un autre papier qui contenait trente kopecks, et hier soir, quarante... en me disant : « Place-les de même!... » ce que j'ai fait... (Montrant son gousset.) mais bientôt il n'y aura plus de place... tant il y a foule... Sakinka!

CATHERINE, avec finesse.

C'est que vous avez gardé les papiers?

GRITZENKO.

Oui, sans doute...

CATHERINE.

C'est un tort... ça tient de la place.

GRITZENKO.

C'est juste!

(Il les tire de sa poche et va pour les déchirer.)

CATHERINE, le retenant.

Un instant... je peux vous dire ce qu'il y a là... moi qui sais lire...

GRITZENKO, avec étonnement.

Tu sais lire?

CATHERINE.

Sans doute!

GRITZENKO.

Et tu ne sais pas faire l'exercice!... voilà un cadet singulièrement éduqué! (A Catherine qui a pris les papiers et qui les lit.) Eh bien!... qu'y a-t-il?

CATHERINE.

Il y a : *Gratifications pour le caporal Gritzenko*.

GRITZENKO.

Preuve que la lecture est inutile, car sans le savoir... j'avais deviné cela...

CATHERINE, à part, lisant le papier.

« Dix kopecks par jour pour chacun des soldats que le « caporal enrôlera dans notre entreprise. » Quelle entreprise ? et qu'est-ce que cela signifie ?

GRITZENKO.

Silence !... voici mon colonel, avec d'autres de ses amis !... le vieux colonel Yermoloff, un ancien strelitz. Saluez, jeune soldat !

(Gritzenko et Catherine portent la main à leur front et restent immobiles.)

SCÈNE IV.

LES MÊMES ; YERMOLOFF ; derrière lui PLUSIEURS OFFICIERS.

YERMOLOFF, à voix haute à Gritzenko.

Caporal !... (A voix basse.) Tout va-t-il bien ?

GRITZENKO, toujours droit et immobile.

Oui, colonel !

YERMOLOFF, de même.

As-tu de nouveaux amis ?

GRITZENKO, de même.

Oui, colonel !

YERMOLOFF, montrant Catherine qui est aussi restée immobile, la main collée à son front.

Ce jeune soldat en est-il ?

GRITZENKO, de même.

Oui, colonel !... c'est une recrue !

YERMOLOFF.

C'est bien... Si j'ai des ordres à envoyer... il peut rester ici. (A haute voix.) Préviens le major que, dans l'instant même, le général Tchéréméteff va passer le régiment en revue.

(Gritzenko porte la main à son bonnet et sort.)

CATHERINE, à part.

Qu'est-ce que ça signifie? Après tout, ça ne me regarde pas...

(Elle s'éloigne.)

SCÈNE V.

YERMOLOFF, THERSKHIN, ISMAILOFF et PLUSIEURS OFFICIERS de différentes armes entrant l'un après l'autre. Yermoloff et les principaux officiers parlent entre eux à demi-voix; puis LE GÉNÉRAL TCHÉRÉMÉTEFF et GRITZENKO.

THERSKHIN.

Quelles nouvelles, colonel?

YERMOLOFF.

Une proclamation du czar.

ISMAILOFF.

Qui nous est adressée. C'est étonnant! car, pour nous, le czar est un inconnu qui nous compte à peine parmi ses soldats.

YERMOLOFF.

Il est vrai que jusqu'à ce jour... jamais cette division de l'armée russe n'a été honorée de sa présence.

ISMAILOFF.

Et que dit la proclamation?

YERMOLOFF.

Elle établit le knout dans l'armée... pour les officiers comme pour les soldats!

ISMAILOFF.

Ce n'est pas possible!

YERMOLOFF.

Si cela était, que diriez-vous? que feriez-vous?

ISMAILOFF.

Ce que nous ferions ? demandez-leur à tous.

LE CHOEUR, avec indignation.

Assez d'opprobre, assez d'affronts
Ont fait rougir nos fronts !
Assez longtemps ce czar si fier
Nous a brisés d'un joug de fer !
Sans murmurer de tant de maux
Nous vîmes le fer des bourreaux !
Mais le knout !... la honte à subir...
Jamais !... plutôt mourir !

(En ce moment, les tambours battent aux champs. Officiers et soldats courent se ranger en ligne. Paraît le général Tchérémétoff, qui vient de la droite, et passe devant le front de bataille.)

LE CHOEUR.

Flottez dans l'air, drapeaux vainqueurs !
Sonnez, clairons ! et ranimez nos cœurs !
A vos accents, au signal du combat,
Tressaille l'âme du soldat !

(Les troupes défilent devant le général. Celui-ci, avant de partir, donne à voix basse des ordres à quelques soldats, puis il fait signe à Gritzenko, qui vient de rentrer, de s'approcher de lui.)

GRITZENKO, immobile et portant la main à son bonnet de grenadier, pendant que le général lui parle à l'oreille.

Oui, général ! oui, général !

(Le général sort.)

GRITZENKO, toujours immobile.

Le général en chef... quel honneur !... me promettre vingt coups de canne... lui-même... si ses ordres ne sont pas exécutés... Ils le seront ! (A des soldats qui commencent à dresser une tente.) Dépêchez-vous, moujiks, ou je vous donne sur-le-champ, et comptant, ce que le général m'a promis, (Levant sa canne.) Sakinka !

SCÈNE VI.

GRITZENKO et LES OUVRIERS qui dressent la tente; CATHE-RINE, et DEUX JEUNES SOLDATS entrant par la droite, le fusil sur l'épaule.

CATHERINE.

Qu'est-ce donc, caporal?

GRITZENKO.

Une tente que le général a donné ordre de dresser, en cet endroit, pour deux officiers supérieurs.

CATHERINE.

Lesquels?

GRITZENKO.

Ça ne me regarde pas! (Regardant Catherine et les deux jeunes soldats.) Portez armes!

CATHERINE.

A quoi bon?

GRITZENKO.

On ne raisonne pas... Portez armes!... J'ai ordre de placer trois factionnaires autour de cette tente.

CATHERINE.

Trois!...

GRITZENKO.

On ne raisonne pas!... Avancez à l'ordre. La consigne est de vous promener tous trois cette nuit, au clair de la lune... (A un des soldats.) toi devant cette tente... (A un autre.) toi à gauche... (A Catherine.) toi à droite... C'est là mon ordre de bataille.

CATHERINE, murmurant entre ses dents.

Est-il bête!...

GRITZENKO.

On ne raisonne pas... (Bas à Catherine.) Toi, comme je te protége... (Lui montrant une guérite qui est à gauche du spectateur.) je te permets de te promener de la guérite à la tente, ou de la tente à la guérite... à ta volonté... jusqu'à ce qu'on vienne te relever.

CATHERINE.

Et d'ici là si je meurs de froid ?...

GRITZENKO.

On ne raisonne pas... Sakinka !... A vos postes... demi-tour... marche !

(Les deux soldats disparaissent par le fond, derrière la tente; Gritzenko sort ; Catherine reste debout près de la guérite à gauche. Pendant la scène précédente, des soldats ont élevé une grande et belle tente qui tient dans toute sa largeur les deux tiers du théâtre. — Au fond, et sur les côtés, les rideaux sont fermés ; ceux qui font face au spectateur sont relevés et laissent voir l'intérieur de la tente qui est richement décoré. — Des chaises, une table. De la guérite à la tente, le tiers du théâtre est libre ; c'est dans cet espace que Catherine se promène, le fusil sur l'épaule, pendant qu'au fond du théâtre apparaît de temps en temps la sentinelle qui se promène derrière la tente.)

SCÈNE VII.

CATHERINE, seule, réfléchissant appuyée sur son fusil.

Il est évident qu'il se trame quelque chose ! Ah! si j'étais ambitieuse... si j'étais homme !... Mais, pauvre femme, je n'aspire qu'à m'en aller... et mon frère George tarde bien à me remplacer ! il m'a oubliée dans son bonheur, moi qui ne songe qu'à lui... et à un autre encore. (Soupirant.) Ah !... (Remettant son fusil à son épaule et se promenant.) Factionnaire, à ton poste !

SCÈNE VIII.

TCHÉRÉMÉTEFF, PÉTERS, DANILOWITZ ; DEUX AIDES DE CAMP entrant dans la tente par la porte du fond, pendant que Catherine, qui est en dehors, entre dans la guérite où elle se repose.

TCHÉRÉMÉTEFF, s'inclinant.

Quoi ! ces deux officiers supérieurs qu'on m'annonçait... Qui pouvait s'attendre à une si brusque arrivée ?... elle m'a tellement surpris...

PÉTERS.

C'est ce que je voulais... mais vous n'êtes pas le seul que je veuille surprendre. Pour vous, comme pour tout le monde, je suis le capitaine Péters Michaëloff qui vient vous annoncer que l'armée suédoise...

TCHÉRÉMÉTEFF.

Bat en retraite...

PÉTERS.

Doit demain, au point du jour, tomber sur votre corps d'armée qui, trop avancé, peut être enveloppé.

TCHÉRÉMÉTEFF.

Permettez-moi d'oser vous dire que de faux rapports vous abusent...

PÉTERS, sévèrement.

J'ai vu !... ainsi que Danilowitz Mentzikoff, mon nouvel aide de camp... que voici...

DANILOWITZ, saluant.

Oui, général !

PÉTERS.

Et ce n'est pas le danger le plus grand.

TCHÉRÉMÉTEFF.

Comment cela ?

PÉTERS.

Un esprit de sédition et de révolte règne, dit-on, dans le corps d'armée que vous commandez ; vous en êtes-vous aperçu ?

TCHÉRÉMÉTEFF.

Nullement ! tous mes soldats n'ont que zèle et dévouement pour le czar.

PÉTERS, le regardant.

Ainsi, vous m'en répondez ?...

TCHÉRÉMÉTEFF.

Sur ma tête !

PÉTERS, le regardant toujours.

J'accepte la caution... mais cela ne m'a pas empêché de prendre mes sûretés.

DANILOWITZ.

Si nous prenions d'abord place à table ; je connais M. le capitaine, il doit mourir de soif.

PÉTERS, brusquement à Danilowitz.

C'est vrai ! mais je ne permets à Pierre de boire et de perdre la tête que lorsque le czar n'a plus besoin de la sienne. (A Tchérémétef.) J'avais fait dire à un régiment de grenadiers de Tobolsk de se diriger à marches forcées sur le camp ; sont-ils arrivés ?

TCHÉRÉMÉTEFF.

Non, Sire !... (Se reprenant.) Non, capitaine !

PÉTERS.

J'avais d'un autre côté envoyé l'ordre à une division de Tartares de se trouver ici dans la nuit ?... vous n'en avez pas de nouvelles ?

TCHÉRÉMÉTEFF.

Non, capitaine !

(Péters garde le silence et réfléchit.)

DANILOWITZ, impatienté et se hasardant à prendre la parole.

Capitaine! tout va refroidir.

PÉTERS, brusquement.

Silence! ou je t'envoie en Sibérie.

DANILOWITZ.

Pardon! mais le souper?

PÉTERS, brusquement.

Le souper aussi!

DANILOWITZ, à part.

Ce ne sera pas le moyen de le réchauffer.

PÉTERS, s'adressant à ses deux aides de camp qui sont restés debout à l'entrée de la tente.

Messieurs, nous ne souperons pas ensemble ce soir! A cheval! Que les deux divisions que j'attends soient ici au point du jour! j'y compte! vous m'entendez!

(Les deux aides de camp s'inclinent et sortent.)

PÉTERS, gaiement à Danilowitz.

Et maintenant, Danilowitz, bonsoir aux affaires!

DANILOWITZ, gaiement.

Et à table! j'ai un appétit de Cosaque.

PÉTERS.

Et moi, une soif à boire la Néva.

DANILOWITZ.

Alors les bouchons vont sauter!

PÉTERS, à Tchéréméteff.

Surtout pas d'officiers pour servir le capitaine Péters, ce serait lui donner trop d'importance... J'ai remarqué, en traversant le camp, de jolies filles, ma foi! le baril sur l'épaule et la tournure guerrière... vous nous les enverrez...

DANILOWITZ.

Pour nous servir à boire...

PÉTERS.

Danilowitz a raison !

TCHÉRÉMÉTEFF, se récriant.

Des vivandières!

DANILOWITZ, montrant Péters.

Quand elles sont jolies, maître Péters ne les dédaigne pas...

PÉTERS, bas à Danilowitz.

Par souvenir et par reconnaissance... Je croirai voir Catherine !

(Tchéréméteff s'incline et sort.)

SCÈNE IX.

CATHERINE, à gauche, près de la guérite et recommençant à se promener en dehors de la tente ; à droite, sous la tente, PÉTERS et DANILOWITZ.

PÉTERS.

Eh bien, mon lieutenant ?

DANILOWITZ.

Eh bien, mon capitaine ?

PÉTERS.

Que dis-tu de ton sort auprès de moi ?

DANILOWITZ.

Je commence à m'y faire ! mais d'abord la tête me tournait...

PÉTERS.

Et ce soir, mon cher favori, elle pourrait bien te tourner encore... car tu ne sais pas boire...

DANILOWITZ.

Ce n'est pas faute d'étudier, et près de Votre Majesté on s'instruit aisément...

TRIO.

PÉTERS.

Eh bien... à ce repas où la soif nous convie,
Le verre en main, je te défie !

DANILOWITZ.

Et j'accepte !

PÉTERS, s'asseyant.

Allons donc... commençons le combat !

DANILOWITZ.

Buvons en empereur !

PÉTERS.

Mieux encore, en soldat !

PÉTERS et DANILOWITZ.

Joyeuse orgie,
Vive folie !
Par toi j'oublie
Soins et tourments !

(Prenant une bouteille.)

Viens, ô maîtresse
Enchanteresse,
Porter l'ivresse
Dans tous mes sens !

(Ils boivent et mangent.)

CATHERINE, à gauche en dehors de la tente, écoutant.

Que se passe-t-il donc, là-bas, sous cette tente ?

(Regardant autour d'elle.)

Je suis seule !... voyons... l'occasion me tente !

(S'approchant de la tente dont elle cherche à entr'ouvrir les rideaux.)

Je sais bien qu'un soldat en faction posté
D'être aussi curieux n'a pas la liberté ;
C'est défendu, mais sur mon âme !
Quand ce soldat est une femme
Ce doit être permis !...

(Regardant par une fente de la toile.)

Je vois un officier !...

(Apercevant Danilowitz qui lui fait face.)

O ciel ! Danilowitz !... naguère pâtissier !
(Regardant encore.)
Et près de lui ! grand Dieu !...

(S'appuyant sur son fusil.)
Je me soutiens à peine !
Péters !... Péters !!... avec l'habit de capitaine !
Un chemin si rapide... une épaulette d'or !...
(Avec fierté.)
J'y comptais !!... et pourtant je n'ose y croire encor !

PÉTERS et DANILOWITZ, sous la tente et à table.
Joyeuse orgie, etc.

PÉTERS, se versant à boire.
Buvons encor ! buvons toujours !

CATHERINE, regardant.
Ah ! plus de doutes !
Il boit si bien que ce doit être lui !
(A part.)
Ah ! que c'est mal de boire ainsi !

PÉTERS, à Danilowitz.
Tu n'oses te verser, et déjà tu redoutes
D'être battu !

DANILOWITZ.
Non pas !... le flacon est fini !

PÉTERS, s'animant.
Un autre alors, un autre !...

DANILOWITZ.
Ah ! j'ai peur, capitaine,
Pour votre tête.

PÉTERS.
Et moi, je vais faire à la tienne
Voler le flacon que voici,
Si tu ne m'obéis !...

CATHERINE, à part.
Colère !... c'est bien lui !
Ah ! que c'est mal de boire ainsi !

PÉTERS, à qui Danilowitz vient de verser un grand verre.
Vois en flots de rubis la liqueur purpurine
Rire dans le cristal !... Allons, buvons, ami,
A mes amours !... à Catherine !

CATHERINE, à part et souriant.
Ah ! c'est moins mal de boire ainsi !

Ensemble.

CATHERINE, en dehors de la tente.
Gaîment je pardonne,
L'amour me l'ordonne :
On peut, je suis bonne,
Boire aux amours !
Pour sa maîtresse
Que son ivresse
Dure sans cesse
Et charme toujours
Ses jours !

PÉTERS et DANILOWITZ, à table sous la tente.
Joyeuse orgie, etc.

(Le factionnaire qui était placé de l'autre côté de la tente et qu'on ne voyait pas, paraît en ce moment et se promène au fond du théâtre.)

CATHERINE, l'apercevant et s'éloignant de la tente.
Dieu ! l'autre sentinelle !... Heureusement, je l'espère, elle ne m'aura pas vue ! (S'approchant de la guérite à gauche.) Rentrons dans nos retranchements.

(Elle rentre dans la guérite.)

SCÈNE X.

CATHERINE, dans la guérite à gauche ; PÉTERS et DANILO-WITZ, sous la tente à droite ; puis EKIMONNA et NATHALIE.

DANILOWITZ, buvant.
Je ne sais si j'y vois double... mais il me semble voir deux gentilles vivandières.

PÉTERS.

Gentilles... tu y vois juste encore!... Il y en a une qu ressemble comme deux gouttes d'eau à Catherine!

DANILOWITZ.

Et l'autre...

PÉTERS, gris.

L'autre... aussi! c'est à s'y méprendre.

DANILOWITZ, à demi-voix.

Il la voit partout!

PÉTERS, aux vivandières.

Vos noms, mes tourterelles?

EKIMONNA.

Ekimonna!

NATHALIE.

Et Nathalie, pour vous servir!

PÉTERS.

Approchez!

(En ce moment Catherine veut sortir de la guérite à gauche et se rapprocher de la tente, mais Gritzenko paraît au fond à la tête d'une patrouille qui s'avance et fait sa ronde sur la ritournelle du quintette suivant.)

QUINTETTE.

PÉTERS.

Gentilles vivandières,
Soyez nos ménagères!

(Les faisant asseoir, l'une près de lui sur un tambour, l'autre près de Danilowitz.)

Ici nous vous plaçons!
Venez, et toutes deux soyez mes échansons!

(Montrant Danilowitz.)

Car lui ne sait pas boire!

(A Ekimonna qui lui verse à boire.)

Avec toi, ma charmante,

Plus mon verre se vide et plus ma soif augmente !
Le vin et la chanson ! voilà les gais repas !
Et les chants avec vous ne nous manqueront pas.

EKIMONNA.

Non vraiment !

NATHALIE.

Que veux-tu ?

EKIMONNA.

Romance ?...

NATHALIE.

Ou bien ballade ?

PÉTERS, riant.

Des romances... à moi ! Non, morbleu ! c'est trop fade.
Je veux du fort !

EKIMONNA, riant.

Du kirsch !

PÉTERS.

C'est dit !

NATHALIE.

Nous en avons !

PÉTERS.

Et nous, mon lieutenant, écoutons !

DANILOWITZ.

Écoutons !

COUPLETS DES VIVANDIÈRES.

EKIMONNA.

Premier couplet.

Sous les remparts du vieux Kremlin,
Deux beaux Cosaques, sabre en main,
Se battaient pour une bouteille,
Se battaient pour une beauté !
L'une était fragile et vermeille...
L'autre de même qualité !

Mais qui des deux l'emportera ?
Ah ! ah ! ah ! ah ! ah ! ah !
(Imitant un soldat qui fait des armes.)
C'est le fer qui décidera !
Ah ! ah ! ah ! ah ! ah ! ah !
Ah !

NATHALIE.

Deuxième couplet.

Lorsque survient un vieux sergent,
Qui propose un arrangement :
Jouez aux dés cette bouteille !
Jouez aux dés cette beauté !
(Imitant des joueurs qui roulent des dés.)
C'est la prudence qui conseille,
Et son avis fut écouté !
Oui, jouons ces deux trésors-là,
C'est le dé qui décidera !
(Imitant de nouveau des joueurs qui roulent des dés.)
Ah ! ah ! ah ! ah ! ah ! ah !
Ah !

EKIMONNA.

Troisième couplet.

Plus de bataille ! tous les deux...

NATHALIE.
Furent vainqueurs, furent heureux !

EKIMONNA.
L'un, ayant gagné la bouteille,
Ne proposa pas de trinquer !

NATHALIE.
Et l'autre vainqueur, ô merveille !
Sans façon... offrit... de troquer !

PÉTERS et DANILOWITZ, se mettant à rire.
Ah ! ah ! ah ! ah ! ah !

Ensemble.

EKIMONNA et NATHALIE.

D'un grenadier de Pultawa
Nous tenons cette histoire-là.
(Riant.)
Ah! ah! ah! ah! ah! ah!

PÉTERS et DANILOWITZ.

La belle histoire que voilà!
(Riant.)
Ah! ah! ah! ah! ah! ah!
Ah! longtemps il m'en souviendra.
Ah! ah! ah! ah! ah! ah!

(Le second factionnaire, qui s'était promené dans le fond à gauche, s'éloigne en ce moment et disparaît derrière la tente.)

CATHERINE, debout dans sa guérite, suivant des yeux le factionnaire qui s'éloigne.

Il s'éloigne enfin! tant mieux!

(Quittant sa guérite et se rapprochant de la tente.)

On croirait qu'ils vont se battre
Tant ils font de bruit... à deux.

(Regardant par la fente de la toile, et apercevant Ekimonna et Nathalie.)

Je le crois bien!

(Avec indignation.)

Ils sont quatre!

DANILOWITZ, à Nathalie en riant.

De ces rivaux jaloux le combat est joyeux!

PÉTERS, qui est placé entre les deux femmes.

Mais je n'aurais pas fait comme eux!
Unissant dans la même ivresse
Et la bouteille et ma maîtresse,
J'aurais gardé toutes les deux!

(Passant chacun de ses bras autour de la taille d'Ekimonna et de Nathalie.)

Oui, je choisis toutes les deux!

(Il les embrasse.)

CATHERINE, en dehors de la tente, pousse un cri d'indignation.

Ah! grands dieux!

Ensemble.

CATHERINE.

C'en est fait! cet outrage
A jamais me dégage!
N'écoutons que la rage
Qui déchire mon cœur!
Dans ma haine profonde,
Qu'ici je le confonde,
Et que le ciel seconde
Ma jalouse fureur!

PÉTERS et DANILOWITZ.

O charmant badinage!
Amour libre et volage,
Qui pour un jour engage
La tête et non le cœur!
Beautés, reines du monde,
Que votre amour réponde
A l'ivresse profonde
Dont je ressens l'ardeur!

EKIMONNA et NATHALIE.

Cessez ce badinage,
Non, vous serez volage!
Et jamais je n'engage
Ma raison ni mon cœur.
Je ne crains rien au monde,
Et, loin qu'on vous réponde,
Ma sagesse profonde
Défendra mon honneur!

(Catherine marche avec agitation de la tente à la guérite; puis au bout de quelques instants, comme ramenée malgré elle vers un spectacle dont elle ne peut détacher ses yeux, elle retourne vers la tente et regarde encore.)

SCÈNE XI.

(Le jour vient de se lever.)

LES MÊMES; GRITZENKO, paraissant au fond, à la tête d'une patrouille, tandis qu'UN OFFICIER entre sous la tente par la droite.

SEXTUOR.

L'OFFICIER, présentant une lettre.
Au commandant Péters, le général...
PÉTERS, tout à fait gris.
        Au diable!
Que me veut-il?
(A Danilowitz.)
Tiens, lis!
DANILOWITZ, après avoir lu.
      Ah! c'est inconcevable!
(A Péters.)
Venez!
PÉTERS, chancelant.
Non pas! je reste!
DANILOWITZ, regardant Péters avec frayeur.
      O ciel!
PÉTERS.
      Vas-y, vas-y!
Pour moi, je suis trop bien ici!

(Danilowitz sort vivement par la droite avec l'officier, laissant Péters seul avec les deux vivandières. Pendant ce temps, Gritzenko et sa patrouille, après avoir relevé le factionnaire qui est derrière la tente, et qu'on ne voit pas, revient à gauche vers Catherine.)

GRITZENKO.
Le caporal, à son devoir fidèle,
Vient relever la sentinelle!
(Apercevant Catherine qui vient de retourner vers la tente et qui regarde.)

CATHERINE, avec colère et jalousie.
Seul à présent!
GRITZENKO.
Que vois-je! un soldat indiscret
D'épier ses chefs se permet!
(Frappant sur l'épaule de Catherine.)
Jeune soldat!
CATHERINE, avec impatience et sans se retourner.
C'est bien!
GRITZENKO.
Voici votre heure!
On vient vous relever.
CATHERINE, regardant toujours.
Je ne veux pas partir!
GRITZENKO.
Quittons ces lieux!
CATHERINE, avec jalousie.
Non pas! non, non, non, j'y demeure.
Je reste-là! quand j'y devrais mourir!
GRITZENKO.
Mais la consigne!
CATHERINE.
Elle me choque!
GRITZENKO.
La discipline!
CATHERINE.
Je m'en moque!
GRITZENKO.
Le châtiment...
CATHERINE.
Ça m'est égal!
Et je me ris de lui...
(A Gritzenko qui veut l'emmener de force.)
Comme du caporal!
(Elle lui donne un soufflet.)

GRITZENKO, poussant un cri et portant la main à sa joue.
Sakinka!

Ensemble.

GRITZENKO.
Je suffoque de rage!
Un soufflet au visage!
Caporal, quel outrage!
Pour moi, quel déshonneur!
Accourez, tout le monde!
A moi! qu'on me seconde,
Et qu'ici tout réponde
A ma juste fureur !

CATHERINE, regardant du côté de la tente.
C'en est fait! son outrage
A jamais me dégage!
N'écoutons que la rage
Qui fait battre mon cœur.
Dans ma haine profonde,
Qu'ici je le confonde,
Et que le ciel seconde
Ma jalouse fureur!

PÉTERS, sous la tente, entre les deux femmes.
O charmant badinage!
Amour libre et volage,
Qui pour un jour engage
La tête et non le cœur!
Beautés, reines du monde,
Que votre amour réponde
A l'ivresse profonde
Dont je ressens l'ardeur!

EKIMONNA et NATHALIE.
Cessez ce badinage,
Non, vous serez volage!
Et jamais je n'engage
Ma raison ni mon cœur!
Nous connaissons le monde,

> Et, loin qu'on vous réponde,
> Ma sagesse profonde
> Défendra mon honneur !

(A la voix de Gritzenko, plusieurs soldats viennent d'accourir. Le morceau finit à cet endroit avec grand bruit; mais la ritournelle continue encore à l'orchestre seulement, et en sourdine.)

EKIMONNA, courant ouvrir les rideaux de la tente à gauche.

Eh! mais, quel est-ce bruit?

(Les rideaux de la tente qui sont ouverts laissent voir Péters assis près de la table, tenant à la main son verre que Nathalie vient de remplir.)

GRITZENKO, apercevant Péters en uniforme.

Un capitaine!... c'est ce qu'il me faut... Justice, mon capitaine...

(Il entre par les rideaux à gauche, qu'Ekimonna vient d'ouvrir, et s'avance sous la tente près de Péters. Derrière lui, entre également Catherine que des soldats amènent.)

PÉTERS, complétement gris.

Encore un importun! que viens-tu m'annoncer? Parle, mais ne m'impatiente pas!

GRITZENKO.

Un soufflet que moi, caporal, j'ai reçu d'une recrue, d'un simple soldat.

PÉTERS, tenant son verre.

Eh bien! qu'on le fusille!... et sur-le-champ!

GRITZENKO, aux soldats qui entourent Catherine.

En avant! marche!

CATHERINE, s'élançant près de Péters.

O ma mère! fais que ma voix arrive à son cœur! Péters!... Péters!... regarde bien!... reconnais mes traits... c'est moi.

PÉTERS, ivre et regardant Catherine sans la reconnaître.

Toi!... eh bien, qu'on le fusille !

CATHERINE, avec indignation.

Ah! dans son ivresse il ne me voit pas... il ne m'entend

pas... Soit, la mort! mais n'oublie pas qu'elle me vient de toi, Péters!

(A ce dernier mot, qu'elle prononce avec force, Péters, comme accablé jusque-là par les fumées de l'ivresse, lève la tête qu'il tenait baissée, aperçoit Catherine, laisse tomber le verre qu'il tenait à la main, repousse Ekimonna et Nathalie, qui accouraient auprès de lui, et se lève, en poussant un grand cri. Pendant ce temps, les soldats de Gritzenko ont emmené Catherine, qui sort en jetant sur Péters un dernier regard d'indignation et de mépris. Péters s'est levé. Il porte la main à son front et cherche à rappeler ses idées. La commotion violente qu'il vient d'éprouver n'a pas encore totalement chassé l'ivresse; il y a encore un instant de lutte entre elle et sa raison; lutte que l'orchestre doit peindre. Enfin il revient à lui... fait un pas en avant et s'écrie avec force.)

PÉTERS.

Arrêtez!

(Ici finit la ritournelle sur un grand trait d'orchestre.)

GRITZENKO, qui s'est tenu à la porte de la tente à gauche, accourt à la voix de Péters.

Que voulez-vous dire, capitaine?...

PÉTERS, toujours avec égarement.

Cette ressemblance... cette voix!... ce dernier mot surtout... (A Gritzenko.) Je veux voir ce soldat... et l'interroger... Cours!... ramène-le moi... ou le knout...

GRITZENKO, poussant un cri.

Sakinka!...

(Il sort en courant par la gauche de la tente, au moment où Danilowitz entre par le fond.)

SCÈNE XII.

PIERRE, DANILOWITZ.

DANILOWITZ.

Sire!

PÉTERS, allant à lui.

Ah! c'est toi!... l'as-tu vue? Quelles nouvelles?

DANILOWITZ.

La nouvelle, c'est que le général, qui répondait de l'armée, ne répond plus de rien. Il est sûr maintenant qu'une conspiration doit éclater au moment de la bataille.

PÉTERS, étonné, portant la main à son front.

Une conspiration... une bataille !...

DANILOWITZ.

Du reste, il ne sait rien. Il ignore le but du complot... et le nom des chefs...

PÉTERS, avec impatience.

Eh! qui te parle de cela?... Je te parle de Catherine!

DANILOWITZ.

Catherine !...

PÉTERS.

Son image... son fantôme s'est offert à moi... pour me rappeler à la raison.

DANILOWITZ, haussant les épaules.

S'occuper d'une femme!... quand il s'agit de notre salut à tous!

SCÈNE XIII.

PÉTERS, DANILOWITZ, GRITZENKO.

GRITZENKO, courant à Péters.

Capitaine !...

PÉTERS.

Eh bien! ce jeune soldat?...

GRITZENKO, avec embarras.

Je suis arrivé au bon moment... au moment où l'on chargeait les fusils. Le jeune soldat écrivait tranquillement, car il entend l'écriture plus que la discipline.

SCRIBE. — Œuvres complètes.   IVme Série. — 16mo Vol. — 21

PÉTERS, avec colère.

Après !

GRITZENKO.

Oui, capitaine... J'ai dit : Arrêtez!... et je l'ai amené... je l'amenais... Il est là... ou plutôt il n'est pas là pour le dire... attendu que, longeant la rivière qui borde le camp... il m'a glissé un chiffon de papier dans la main... (Montrant une lettre.) et pendant que je regardais... il s'est élancé...

PÉTERS.

Malheureux!...

GRITZENKO.

Nageant comme un poisson...

PÉTERS.

Et tu l'as laissé échapper?

GRITZENKO, se récriant.

Permettez!...

PÉTERS, lui arrachant la lettre des mains.

Et ce papier, donne!... donne!... et va-t'en!

GRITZENKO, portant la main à son shako.

Oui, général!... (A part.) C'est égal... je ne crois pas que le petit soldat en réchappe... le coup était bon.

(Il fait le signe de tirer un coup de fusil.)

PÉTERS, qui pendant ce temps a déchiré l'enveloppe de la lettre.

Un anneau!... celui de Catherine!... le mien!... Plus de doutes!... c'était elle!... (Des deux papiers renfermés dans l'enveloppe, il en donne un à Danilowitz et lit l'autre.) « Vous m'avez « trahie!... tout est fini. Je ne vous verrai plus. Mais pour « vengeance et pour dernier adieu, je vous laisse une for- « tune. Vous n'êtes que capitaine, portez au czar le papier « ci-joint, et il n'aura rien à vous refuser!... Signé : « CATHERINE. »

DANILOWITZ.

Et ce papier?... (Jetant les yeux sur celui qu'il tient.) Les dé-

tails sur la conspiration... et le nom des principaux chefs... (A Péters qui reste absorbé dans sa douleur.) M'entendez-vous, Sire, m'entendez-vous?

PÉTERS, à part, avec douleur et sans l'écouter.

Catherine n'est plus! Catherine, mon bon ange et mon étoile!

SCÈNE XIV.

YERMOLOFF et PLUSIEURS OFFICIERS entrent et font signe à d'AUTRES CONJURÉS de les suivre.

DANILOWITZ, les regardant pendant qu'ils causent entre eux.

O ciel! (A part.) Le colonel Yermoloff... et ses officiers... tous les chefs de la conspiration!... (S'approchant du czar qui est toujours resté immobile assis à droite, et à demi-voix.) Sire, nous sommes environnés de nos ennemis!

PIERRE, levant la tête.

As-tu peur?...

DANILOWITZ.

Pour Votre Majesté!

YERMOLOFF, s'avançant.

Deux officiers qui ne sont pas de cette division! (S'avançant vers eux.) Êtes-vous pour ou contre nous?

DANILOWITZ.

Pour vous, colonel!

YERMOLOFF.

Que venez-vous donc nous annoncer?

PIERRE, se levant brusquement.

Que le czar est arrivé!

(Danilowitz le retient par la main.)

YERMOLOFF.

Trop tard!

PIERRE, vivement.

Non, car il attend pour vous châtier...

DANILOWITZ, l'interrompant.

Deux régiments fidèles...

YERMOLOFF.

Ils sont loin encore!... Les Suédois sont près... et tout le camp va se soulever au signal convenu.

DANILOWITZ.

Lequel?

YERMOLOFF.

La marche même du czar!

PIERRE.

La marche sacrée!

YERMOLOFF.

C'est à ce bruit que les Suédois doivent s'emparer du camp qui leur est livré, et se joindre à nous!

PIERRE.

Les Suédois! ô trahison!

(Dans ce moment des soldats entrent et enlèvent la tente.)

SCÈNE XV.

Les mêmes; THERSKHIN, Officiers du camp de différentes armes; Soldats, Vivandières, etc., se précipitant sur le théâtre.

FINALE.

YERMOLOFF et LE CHŒUR.

Que veulent ces soldats? Que nous annoncent-ils?
    (A Therskhin.)
    Parlez : d'où vient ce trouble? quels périls
    Nous menacent?

THERSKHIN.

Terreur extrême,
Le bruit partout se répand
Que Pierre, que le czar lui-même,
Vient d'arriver au camp!

LE CHOEUR.

Immolons le tyran qui se livre à nos mains!

PIERRE, bas à Menzikoff.

M'immoler! Non, le ciel déjoûra leurs desseins!

YERMOLOFF, à Pierre et à Danilowitz.

Vous nous avez dit vrai! venez et suivez-nous.
Assez longtemps, amis, dans l'ombre et le silence
Nous avons attendu l'heure de la vengeance!
Musique en tête, en avant, suivez-nous!
Et bientôt, aux accents de la marche sacrée,
Dans tout le camp sa mort sera jurée!
N'est-ce pas, compagnons, ici nous jurons tous
Que le tyran tombera sous nos coups!

SERMENT.

Ensemble.

PIERRE, à part.

Dieu protecteur,
Sois mon vengeur!
Veille sur la patrie!

LE CHOEUR.

Dieu protecteur de la Russie,
Pour sauver la patrie,
Arme mon bras vengeur!

PIERRE, à part.

Pour déjouer leurs complots ennemis,
S'il le faut, prends mes jours, mais sauve mon pays!

LE CHOEUR.

Que par ta main nos desseins soient bénis!
Que la mort du tyran sauve notre pays!

(On entend dans la coulisse à gauche la musique du régiment Yermoloff

jouant la marche sacrée. Les soldats s'apprêtent à sortir. Pierre, que Danilowitz retient en vain, s'élance au-devant d'eux.)

PIERRE.

Soldats, qu'on trompe et qu'on égare,
Où courez-vous? et de vos compagnons
Quel délire s'empare?

LE CHOEUR, repoussant Pierre.

Va-t'en, ou suis nos pas! car nous marchons
Contre un tyran, contre un barbare!

PIERRE.

Contre le czar, votre empereur!

LE CHOEUR.

Il ne l'est plus!... à lui malheur!

PIERRE.

Malheur plutôt à vous!... vous qui, pour vous venger,
Au milieu de vos rangs appelez l'étranger!
Quoi! pour punir le czar, vous couvrir d'infamie,
Trahir tous vos serments et vendre la patrie!
Non, non! au seul aspect des drapeaux ennemis,
Oubliez votre haine et songez au pays!...
Oui, dussions-nous courir à notre perte,
Honneur à qui succombe et honte à qui déserte!
Venez, suivez-moi tous sous ce noble étendard!
Et vainqueurs, je promets de vous livrer le czar;
Seul, sans défense,
Je le livre à vos coups.

LE CHOEUR.

Seul, sans défense,
Tu le livres à nous...

YERMOLOFF.

Quelle est donc ta puissance?

TOUS.

Qui donc es-tu?

PIERRE, il découvre sa poitrine.

Le czar!... Frappez!

YERMOLOFF.

Ah! plus d'espoir!

PIERRE.

Oui, le czar qui sait tout et ne veut rien savoir!...
Quand l'ennemi s'avance et quand le canon tonne,
Allez combattre et vaincre, et le czar vous pardonne!

LE CHŒUR.

Nous tombons à tes pieds et nous sommes à toi!

PIERRE.

Ah! mes enfants!...

LE CHŒUR.

A toi nos bras et notre foi!
Dieu, protecteur
De la Russie,
Sauve la patrie,
Et sauve l'empereur!
Il nous promet le pardon et l'oubli!
Nous jurons de combattre et de mourir pour lui!

(On entend le bruit d'une marche guerrière.)

TOUS, s'arrêtant effrayés.

Honte à nous!... par les ennemis,
Par les Suédois... notre camp est surpris!

DANILOWITZ, regardant vers le fond du théâtre.

Non, non! rassurez-vous, amis...
Ce sont nos régiments, exacts au rendez-vous,
Qui viennent pour combattre et pour vaincre avec vous!

(On voit descendre de la montagne à gauche la musique d'un régiment tartare, tandis que descend par la droite le régiment des grenadiers de Smolensk, ayant également sa musique en tête. Chaque régiment joue en entrant en scène une marche différente ; puis les deux marches se jouent ensemble et s'exécutent en même temps que la marche sacrée pendant le chœur suivant.)

LE CHŒUR DES CANTINIÈRES.

Pour la patrie et l'empereur,
Marchez, soldats fidèles :

Les braves seuls ont droit de toucher notre cœur.
L'amour couronne la valeur,
Et les beautés rebelles
N'ont rien à refuser à qui revient vainqueur!

LE CHŒUR DES SOLDATS.

Allez, amis! et sans frayeur,
Marchez sous la mitraille,
Qui meurt pour la patrie et pour notre empereur
Jouit d'un éternel bonheur!
Car, du champ de bataille,
Son âme monte aux cieux, qui s'ouvrent au vainqueur!

(Le chant est interrompu par un coup de canon qui annonce le commencement de la bataille.)

PIERRE.

Écoutez!... écoutez!... le signal des combats,
Allez, marchez, braves soldats!

(Les trois marches reprennent toutes les trois ensemble.)

LE CHŒUR.

Pour la patrie et pour le ciel,
Marchons à la victoire!
Qui combat pour son roi combat pour l'Éternel!
Que le cœur du soldat réponde à son appel,
C'est celui de la gloire!
Qui meurt en combattant revivra dans le ciel!

ACTE TROISIÈME

Un riche appartement dans le palais du czar. — Une grande fenêtre avec des châssis dorés, et dont les contrevents s'ouvrent en dehors, occupe tout le fond du théâtre. A gauche, une porte donnant sur les jardins. A droite, une porte conduisant aux appartements du palais. Sur un fauteuil à gauche, une hache et un habit d'ouvrier. Également à gauche, une table recouverte d'un tapis de velours.

SCÈNE PREMIÈRE.

PIERRE, seul, assis près de la table.

Pour fuir son souvenir, qui semble me poursuivre,
A de rudes travaux vainement je me livre.
Inutile travail!... qui n'apporte avec lui
    Que la fatigue et non l'oubli!

ROMANCE.
Premier couplet.

O jours heureux de joie et de misère!
Elle m'aimait!... c'était là le vrai bien.
En la voyant, j'étais roi sur la terre;
En la perdant, roi, je ne suis plus rien!
    Reviens!... et j'abandonne
    Le sceptre et la grandeur!
    Destin, prends ma couronne
    Et rends-moi le bonheur!

Deuxième couplet.

Oui, vers le port tu conduisais ma voile,

Tu me guidais vers de nobles travaux.
En toi le Nord aurait vu son étoile,
Car ton regard enfantait des héros !
    Toi dont la main nous donne
    Le sceptre et la grandeur,
    Destin, prends ma couronne
    Et rends-moi le bonheur !

SCÈNE II.

PIERRE, DANILOWITZ.

PIERRE, à droite.

Qui entre ?... ce ne pouvait être que Danilowitz. (A Danilowitz.) Approche et compte comme une nouvelle preuve de ma faveur la permission de pénétrer dans ce lieu ! tu es le premier.

DANILOWITZ.

C'est vrai, Sire ! et je me croirais ici dans le cabinet du czar, (Montrant le fauteuil à gauche.) si cet habit et cette hache ne me rappelaient Péters le charpentier !

PIERRE.

Tu crois... Eh bien ! (Lui montrant la porte à gauche.) là... dans ce coin retiré du palais, qui donne sur mon jardin... regarde !... toi seul, ici, peux juger de la ressemblance.

DANILOWITZ, ouvrant la porte à gauche et regardant.

O ciel !... l'atelier de Péters, tel qu'il était à Wiborg, non loin de la maison de Catherine !

PIERRE.

Souvenir dont j'ai voulu m'entourer !

DANILOWITZ.

Et de l'autre côté, (Souriant.) ma boutique à moi !... Danilowitz... le pâtissier !

PIERRE.

Aujourd'hui colonel Menzikoff !... et favori de l'empereur !

DANILOWITZ.

Faveur qu'il doit moins à son mérite... qu'à la gentille Catherine... la cantinière !

PIERRE.

Que dis-tu ?

DANILOWITZ.

Il n'y a que moi, Sire, avec qui vous puissiez parler d'elle !

PIERRE, naïvement.

C'est vrai ! (Avec vivacité.) Mais conviens toi-même qu'il y a de quoi se désespérer ! tant de recherches inutiles, tant de soins ne nous prouvent-ils pas que Catherine n'est plus !... qu'elle est morte !... (Avec douleur.) morte !

DANILOWITZ, lentement.

Non, Sire !... elle n'est pas morte !

PIERRE.

Qui te l'a dit ?

DANILOWITZ, de même.

Je le sais ! j'en suis sûr !

PIERRE, lui sautant au cou.

Ah ! mon ami !... mon cher Danilowitz !... tu es général... tu seras prince !... prince Menzikoff... tu seras mon ministre... car cela seul me prouve...

DANILOWITZ.

Que j'ai tous les talents !

PIERRE, gaiement.

Oui... oui... (Le prenant par-dessous le bras.) Tu as de bonnes nouvelles ?

DANILOWITZ.

Bonnes !... Je n'ai pas dit cela, Sire !

PIERRE.

Tu m'as dit qu'elle existait ?

DANILOWITZ.

Oui mais... perdue peut-être... pour Votre Majesté !

PIERRE.

Perdue pour moi! (Avec colère.) Elle m'a oublié! elle est à un autre... Ah! je châtierai tous ceux qui m'outragent... Malheur à elle et à ce rival! malheur à toi!...

DANILOWITZ, souriant tristement.

Oui! la Sibérie!... pour Menzikoff votre favori... dont la faveur n'aura pas duré longtemps.

PIERRE.

Pardon! la douleur m'égarait...

DANILOWITZ, secouant la tête.

Ah! Catherine avait raison! Pierre peut commander à tous, disait-elle!...

PIERRE, avec dépit.

Excepté à lui-même!... Je prouverai le contraire! (Regardant les papiers que Danilowitz tient à la main.) Quels sont ces papiers que tu m'apportais?...

DANILOWITZ.

Des ukases à lire et à signer!

PIERRE, cherchant à se modérer.

Bien!... l'État d'abord... et mes amours ou ma jalousie... après!

(Pierre s'assied devant sa table.)

DANILOWITZ.

Un ukase sur l'armée!

PIERRE, le parcourant.

C'est bien.

(Il signe et remet le papier à Danilowitz.)

DANILOWITZ.

Un autre sur la *barbe*.

PIERRE, lisant.

Exécutoire pour tout l'empire!

DANILOWITZ.

Cela excite, dit-on, beaucoup de murmures... même des révoltes!

PIERRE, signant.

N'importe ! je forcerai mes sujets à être beaux et à plaire, malgré eux !

DANILOWITZ.

Un ukase préparé par vos ordres sur la *grammaire* et l'*alphabet russes*... (Avec étonnement.) Votre Majesté s'en occupe aussi ?

PIERRE.

Un souverain doit s'occuper de tout ! il y avait *quarante-trois lettres* ; par un décret impérial j'en supprime *neuf!* restent *trente-quatre*... c'est assez !

DANILOWITZ.

Ce n'est pas trop ! surtout pour jurer et se mettre en colère... Votre Majesté le regrettera !

PIERRE, avec impatience.

Il suffit ! (Lisant un autre papier.) *Le lieutenant Zouboff... condamné à mort...* (S'arrêtant.) Un si brave officier !... *pour avoir frappé son colonel...* (Signant vivement.) C'est juste !... (Achevant de lire.) *étant dans un état d'ivresse !...* (Avec embarras.) Ah !... il était ivre...

DANILOWITZ, montrant le papier.

L'empereur a signé...

PIERRE.

C'est vrai ! (Le lui donnant.) Qu'on publie cet arrêt !... et ce soir...

DANILOWITZ.

Exécuté !...

PIERRE.

Ce soir tu demanderas sa grâce à Pierre, qui la lui accordera... (Après un silence.) J'ai eu le temps de me calmer !... tu le vois, tu peux tout me dire maintenant. Revenons à Catherine... Elle en aime un autre ?...

DANILOWITZ.

Non pas, Sire...

PIERRE.

Tu m'as dit cependant...

DANILOWITZ.

Que je ne savais rien encore de positif, mais que j'étais sur la trace...

PIERRE, voyant la porte qui s'ouvre, et se retournant vivement.

Qui va là?... Qui ose, sans mon ordre, pénétrer en ces lieux?

DANILOWITZ.

Un grenadier de votre garde... J'en avais fait placer plusieurs en faction dans vos appartements et à l'entrée de ce pavillon.

PIERRE.

C'est inutile. Qu'on les retire!

DANILOWITZ, s'inclinant.

J'y veillerai, Sire.

SCÈNE III.

PIERRE, DANILOWITZ; GRITZENKO, qui pendant ce temps s'est avancé immobile et tout d'une pièce, s'arrête devant le czar sans le regarder et en portant la main à son shako.

GRITZENKO, tremblant.

C'est l'empereur!

PIERRE, à Gritzenko.

Que me veux-tu?

GRITZENKO, avec émotion.

Oui, Sire!...

PIERRE.

Qu'est-ce qui t'amène?...

GRITZENKO.

Oui, Majesté!

PIERRE.

Je te demande ce que tu as à me dire, me comprends-tu?

GRITZENKO.

Non, Majesté! j'ai trop peur!

PIERRE.

Je te défends d'avoir peur! parle.

GRITZENKO.

Oui, Majesté! (Vivement, et comme un homme qui prend un parti courageux.) Une bande d'ouvriers charpentiers venant des environs de Wiborg, en Finlande, est aux portes du palais, se disant appelés à la nouvelle ville de Saint-Pétersbourg par le czar Pierre, mon empereur!... (Après avoir respiré.) Voilà, Majesté.

PIERRE, à Danilowitz.

C'est vrai! mes anciens compagnons d'atelier; je les ai fait venir... (A Gritzenko.) Qu'on laisse entrer tous ceux qui viendront de Finlande!

GRITZENKO.

Oui, Majesté!

PIERRE, à Danilowitz.

Je te dirai plus tard pourquoi et ce qu'ils auront à faire... (Regardant Gritzenko qui est toujours immobile, la main portée au shako.) Eh bien!... que me veux-tu encore? parle!

TRIO BOUFFE.

GRITZENKO.

Mon devoir est d'apprendre à Votre Majesté
Que je suis caporal, bien connu, bien noté,
Et ce que je voudrais... c'est de l'avancement!

PIERRE, souriant.

Vraiment!... quels sont tes droits?

DANILOWITZ, bas à Gritzenko.

      Parle! c'est le moment,
Il est de bonne humeur.

GRITZENKO, toujours la main à son shako.

L'empereur, mon doux maître,
Lors du dernier combat, se rappelle peut-être
Gritzenko, qui reçut en dévoué sujet...

PIERRE.

Une blessure?...

GRITZENKO.

Non! un soufflet!

PIERRE et DANILOWITZ, étonnés.

Un soufflet!...

GRITZENKO.

Donné par un soldat, une jeune recrue
Que j'avais établie, en faction, debout
Auprès de votre tente!...

PIERRE, le regardant.

Eh! oui... rien qu'à sa vue
Je m'en souviens!...

(A Danilowitz, lui montrant Gritzenko.)
C'est lui qui fut cause de tout!

Ensemble.

GRITZENKO.

Comme il me regarde!
Je crois maintenant
Qu'il va, dans sa garde,
Me nommer sergent!
Pour moi quel honneur!
Surtout quel bonheur
Que mon empereur
Soit de bonne humeur!

PIERRE.

Plus je le regarde,
C'est bien lui vraiment,
Lui qui se hasarde
Comme un suppliant.
Lui, solliciteur,
Vouloir ma faveur,

Lorsque la fureur
S'élève en mon cœur!

DANILOWITZ.

Plus je le regarde,
C'est bien lui vraiment,
Lui qui se hasarde;
Hélas! l'imprudent
Croit à la faveur
De son empereur,
Lorsque la fureur
Fait battre son cœur!

GRITZENKO, passant près du czar et s'adressant à lui.

C'est à votre service et sur ma joue... émue
Que George Skawronski, cette jeune recrue,
M'a frappé d'un soufflet! moi, son supérieur!

DANILOWITZ, bas à Gritzenko, qui est placé entre lui et le czar.

Tais-toi! ce souvenir va le mettre en fureur!

GRITZENKO.

En fureur! je comprends. La stricte discipline
Voulait qu'on fusillât, et le czar s'imagine
Que ce jeune soldat s'est échappé.

PIERRE, vivement.

Morbleu!
C'est là le mal!

GRITZENKO.

Non pas, j'aime à le croire!

PIERRE et DANILOWITZ, vivement.

Ce qu'il est devenu, tu le sais donc?

GRITZENKO.

Un peu!
Mais je n'ai pu naguère achever mon histoire.

PIERRE et DANILOWITZ, le pressant tous les deux et avec joie.

Parle, nous t'écoutons!

GRITZENKO.

Voyant mon prisonnier s'enfuir à la sourdine

Et braver à la nage ainsi la discipline,
J'ai saisi mon mousquet!... et le coup est parti !

PIERRE, pousse un cri et tombe en chancelant sur une chaise.
O ciel!

DANILOWITZ, avec effroi.
Atteint?...

GRITZENKO, avec satisfaction.
Je crois que oui.

PIERRE, avec désespoir, et cachant sa tête dans ses mains.
Tué!...

GRITZENKO, avec tristesse.
Je crois que non!

DANILOWITZ, bas à Gritzenko, lui montrant le czar.
Redoute sa colère.
Va-t'en !

GRITZENKO, naïvement.
Je comprends bien!... l'empereur est choqué
De ce qu'hélas! je l'ai manqué!

PIERRE, se levant hors de lui.
Crains mon courroux!... fuis de ces lieux !

GRITZENKO, allant au czar.
J'ai pourtant visé de mon mieux !

DANILOWITZ, bas à Gritzenko, qu'il prend par le bras.
Va-t'en! va-t'en! le czar est furieux !

GRITZENKO, avec bonhomie.
J'ai pourtant visé de mon mieux !
(Parlé.)
En me disant :

Ensemble.

GRITZENKO.

Vive la discipline,
Devant qui je m'incline !
Sa justice divine
Est celle du canon,

Qui, terrible à la ronde,
Au loin menace et gronde,
Et frappe tout le monde
Sans donner de raison.

PIERRE, s'exaltant peu à peu.

La fureur me domine!
Quoi! sa main assassine
A frappé Catherine!
O lâche trahison!
(Avec désespoir.)
Ah! je perds tout au monde!
Et la douleur profonde
(Montrant son cœur.)
Qui là... s'agite et gronde
Égare ma raison!

DANILOWITZ.

La fureur le domine!
Une main assassine
A frappé Catherine!
Pour lui point de pardon!
(Montrant le czar.)
Il n'aimait qu'elle au monde!
Et sa fureur qui gronde,
Redoutable et profonde,
Égare sa raison!

(Exalté, hors de lui, Pierre, dont la colère s'est élevée au dernier degré, court saisir sa hache de charpentier, et veut en frapper Gritzenko.)

DANILOWITZ se précipitant entre eux et arrachant au czar sa hache, qu'il jette au loin.

Quel aveugle courroux! Sire, daignez m'entendre!
(Il lui parle à voix basse et avec chaleur.)

GRITZENKO, à part.

Il dit pourtant que l'empereur
Est dans son jour de bonne humeur!
J'ai bien fait de ne pas le prendre
Dans un jour de mauvaise!

PIERRE, allant à lui.

Écoute !

GRITZENKO, immobile et portant la main à son shako.

Oui, Majesté !

PIERRE.

Si ce jeune soldat, par ton arme ajusté
N'existe plus !...

GRITZENKO, de même.

Oui, Majesté !

PIERRE.

S'il n'est pas retrouvé demain...

GRITZENKO, de même.

Oui, Majesté !

PIERRE.

Je te fais fusiller, toi-même !...

GRITZENKO, de même.

Oui, Majesté !

PIERRE.

Fusillé !... tu comprends, j'espère ?...

GRITZENKO, de même.

Oui, Majesté !

PIERRE.

Et qu'en dis-tu ?

GRITZENKO, de même.

Je dis, Sire, que c'est vexant,
Que c'est même contrariant !

(Parlé.)

Mais c'est égal !...

Ensemble.

GRITZENKO.

Vive la discipline, etc.

PIERRE.

La fureur me domine ! etc.

DANILOWITZ.

La fureur le domine! etc.

(Pierre et Danilowitz sortent par la gauche en causant, et disparaissent dans les jardins.)

SCÈNE IV.

GRITZENKO, seul et toujours immobile.

Je comprends la colère de mon empereur : ça fait grand tort à la discipline que la jeune recrue, George Skawronski, du régiment de Novogorod, n'ait pas été jugée et fusillée, après un soufflet authentique. Certainement, pour le bon ordre et l'exemple, il faut qu'il y ait quelqu'un de fusillé... il en faut un ! c'est juste !... je comprends bien ! Mais que ce soit moi! je ne comprends pas... à moins que ce ne soit pour n'avoir pu représenter le prisonnier qui m'était confié... alors... je ne dis pas !... et ce sera désormais une bonne leçon pour prendre garde et observer la consigne !...

(Se retournant vivement du côté droit.)

SCÈNE V.

GRITZENKO, GEORGE et PRASCOVIA.

GRITZENKO, brusquement.

Qui va là ? que voulez-vous ? d'où venez-vous ?

PRASCOVIA.

Nous arrivons de la Finlande !

GEORGE.

A pied, monsieur !

GRITZENKO.

A pied !

PRASCOVIA.

Oui ! et le chemin ne nous a pas paru long !

ROMANCE.

Premier couplet.

(Montrant George.)
Sur son bras m'appuyant,
Je m'arrêtais souvent
Près de l'eau qui murmure
Et fuit à travers la verdure,
Roulant ses flots amoureux...
Et nous rêvions près d'eux
Tous les deux!

Deuxième couplet.

Je cueillais des bluets!
Je riais! j'écoutais
Les oiseaux, qui sans cesse
Gazouillaient leur tendresse
Et leurs chants amoureux...
Et nous faisions comme eux
Tous les deux!

GRITZENKO.

Ainsi donc j'ai cru comprendre que vous étiez Finlandais?

PRASCOVIA.

Oui, monsieur le caporal.

GRITZENKO.

Très-bien... J'ai ordre du czar de laisser entrer au palais tous ceux qui viennent des environs de Wiborg.

PRASCOVIA.

Nous en venons.

GRITZENKO.

Vous êtes charpentiers... comme les autres?

GEORGE.

Du tout. Je suis soldat : George Skawronski.

GRITZENKO, vivement.

Ah bah! George Skawronski!

PRASCOVIA.

Du régiment de Novogorod !

GRITZENKO, poussant un cri.

Ah ! mon Dieu ! Troisième bataillon ?...

GEORGE.

Oui, monsieur.

GRITZENKO.

Troisième compagnie ?...

PRASCOVIA.

Oui, caporal... (A George.) Montre donc ta feuille de route.

GRITZENKO, à part, pendant que George lui présente le papier.

C'est exactement cela !... ça doit être ça, c'est mon homme !... excepté qu'il ne lui ressemble pas le moins du monde... (A haute voix, prenant le papier qu'il ne lit pas.) Mais peu importe !... ces papiers sont en règle... et à moins que vous ne soyez deux... du même régiment... et du même nom...

GEORGE.

Justement !... nous sommes deux !

GRITZENKO.

Je n'en demande pas tant ! un seul me suffit... Et puisque vous voilà...

GEORGE.

Bien plus tard que je n'aurais voulu... J'ai couru nuit et jour après le régiment de Novogorod... il avait quitté le champ de bataille... et elle... c'est-à-dire lui... George Skawronski, du troisième bataillon... pas de nouvelles... Que faire ?... qu'est-elle devenue ?... Vous comprenez ?...

GRITZENKO.

Pas trop !... mais allez toujours... allez...

GEORGE.

Eh bien !... eh bien !... j'allais disant à chacun : « Je suis George Skawronski, » et à ce nom, un émissaire d'un général, d'un aide de camp du czar, nous a arrêtés, ma femme

et moi... avec les plus grands égards, et nous a conduits ici à Saint-Pétersbourg... au palais... Vous comprenez ?

GRITZENKO.

Pas trop !

GEORGE.

C'est moi ! monsieur... c'est moi... qui viens remplacer l'autre, et vous prie de me prendre pour lui.

GRITZENKO.

Moi d'abord... je vous reçois, je vous accepte... pourvu que l'empereur n'en demande pas davantage et consente à la chose...

PRASCOVIA.

Il ne peut pas s'y opposer !

GRITZENKO.

Vous croyez !

GEORGE.

Eh ! oui sans doute... l'autre George... c'est moi... ça me regarde !

GRITZENKO.

Mais tout ce qu'il a fait...

PRASCOVIA, montrant George.

C'est pour lui !... c'est pour son compte !

GEORGE.

C'est pour moi !... c'est pour mon compte...

GRITZENKO, portant la main à sa joue.

Ah ! diable !... c'est vous... qui... Alors je vous plains... parce que la punition...

GEORGE.

Raison de plus... me voilà... me voilà prêt... Et pour commencer...

GRITZENKO.

Soit ! pour commencer... vous allez être fusillé !

GEORGE et PRASCOVIA.

O ciel !

GRITZENKO.

Deux fois... premièrement comme déserteur... deuxièmement pour m'avoir donné un soufflet à moi...

PRASCOVIA et GEORGE.

A vous ?...

GRITZENKO.

Ce dont je vais faire mon rapport à mon empereur... Attendez-moi là... tous deux !

GEORGE et PRASCOVIA.

Mais, monsieur le caporal...

GRITZENKO.

Fusillé !...

(Il sort par la gauche.)

SCÈNE VI.

GEORGE, PRASCOVIA.

DUO.

GEORGE, tremblant.

Fusillé !

PRASCOVIA.

Fusillé !

GEORGE.

Fusillé !...

PRASCOVIA.

Fusillé !...

GEORGE.

Oh !... la foudre... à mes yeux... a brillé !
Mon esprit... incertain... effrayé...
Ne voit rien... dans ce nœud... embrouillé ;

Je ne sais... si je suis... éveillé !
Fusillé !

PRASCOVIA.

Fusillé !

GEORGE.

Fusillé !...

PRASCOVIA.

Fusillé !...
(Voulant l'entraîner vers la droite.)
Essayons d'échapper au sort qui te menace,
Viens-t'en !

GEORGE.

Je ne peux pas ! ma sœur a pris ma place !
Je dois prendre la sienne !

Ensemble.

GEORGE, s'efforçant de chasser sa frayeur.

Oui, j'aurai du courage,
Je veux, je dois mourir !
A la fleur de mon âge
Je sens qu'il faut partir !
Loi terrible et sévère !
Partir !... et sans retour,
En laissant sur la terre
Le bonheur et l'amour !

PRASCOVIA.

Je n'ai pas le courage
De te laisser mourir !
A la fleur de ton âge
Quoi ! tu voudrais partir ?...
Ah ! si je te suis chère,
Un jour, encore un jour !
Un seul jour sur la terre
De bonheur et d'amour !

Quoi ! quinze jours de mariage,
Et c'est fini !

GEORGE, avec désespoir.
Tais-toi! tais-toi!

PRASCOVIA.
Quand nous faisions si bon ménage!

GEORGE, de même.
De grâce, prends pitié de moi!

PRASCOVIA.
Lorsque la vie était si belle!...

GEORGE.
Tais-toi... Mon courage chancelle.

PRASCOVIA.
Quand nous pouvions, jeunes tous deux,
Pendant si longtemps être heureux!

GEORGE.
O terrible et cruelle épreuve!

PRASCOVIA.
Quoi! tu voudrais me laisser veuve!

GEORGE.
Tais-toi! Mon courage s'en va.

PRASCOVIA, redoublant de caresses.
Cet adieu... ce baiser... que je te donne là
(Elle l'embrasse.)
Serait-ce donc le dernier!...

GEORGE, ne pouvant plus résister.
Ah! ah!
Non, je ne veux pas mourir!...

GEORGE et PRASCOVIA, regardant autour d'eux si personne ne les
écoute.
Il faut sans bruit
Fuir dans la nuit
Et déloger
D'un pied léger!
Que diront-ils quand ils viendront
Et chercheront?

Je ris vraiment
En y pensant !
(Tous les deux s'élancent vers la porte à droite, par laquelle ils sont entrés. Paraît un grenadier.)

LE GRENADIER.

On ne passe pas !...

PRASCOVIA.

Prenons alors par l'autre porte !...
(Elle fait quelques pas vers la porte à gauche et recule en voyant entrer Danilowitz.)

SCÈNE VII.

DANILOWITZ, entre en rêvant, PRASCOVIA, s'est rapprochée tout effrayée de GEORGE qui est resté au fond.

GEORGE.

Qu'as-tu donc ?...

PRASCOVIA.

Ce colonel, ce général... qui ressemble à s'y méprendre à notre ancien ami, Danilowitz le pâtissier.

GEORGE.

Allons donc !...

DANILOWITZ, les reconnaissant.

Ciel !... (S'adressant aux soldats qui sont restés près de la porte à gauche.) Emmenez ces deux prisonniers et ne les perdez pas de vue...

PRASCOVIA, étonnée.

Sa voix aussi !...

GEORGE, étonné.

C'est ma foi vrai !... Et si ce n'était son uniforme...

DANILOWITZ, s'adressant à eux d'un air sévère.

Qu'y a-t-il ? Qu'avez-vous ?

PRASCOVIA et GEORGE, tremblants.

Rien !... rien !... monseigneur.
(A demi-voix et se disputant entre eux en reculant vers la porte à droite.)

GEORGE, regardant toujours Danilowitz.

Tu vois bien que ce n'est pas lui !...

PRASCOVIA, de même.

Quand je te le disais !

GEORGE, de même.

Tu me disais que si !

PRASCOVIA, de même.

Parce qu'il y a quelque chose.

GEORGE.

C'est évident... Mais quelque différence...

PRASCOVIA.

Dans la taille !...

GEORGE.

Celui-là est plus grand !...

DANILOWITZ, avec colère.

Sortez !
(George et Prascovia sortent tous les deux en se disputant.)

SCÈNE VIII.

DANILOWITZ, puis PIERRE.

DANILOWITZ, respirant.

Ils s'en vont !... heureusement ! car voici Pierre !... et leur surprise aurait été bien plus grande encore à la vue de Sa Majesté le charpentier ! (Regardant Pierre.) Eh ! mon Dieu, Sire, quel air agité !

PIERRE, cherchant à se modérer.

Ce n'est pas sans raison ! et tu vas tout m'expliquer !...

22.

ou sinon !... En traversant, tout à l'heure, l'endroit retiré du palais où sont placés tes appartements... j'ai entendu une voix que je n'ai pu méconnaître, celle de Catherine !... Catherine chez toi... Et cachée !...

DANILOWITZ, froidement.

Croyez-vous, Sire ?

PIERRE, avec fureur.

Si je le crois !... à telles enseignes qu'elle chantait à haute voix cet air que George, son frère, m'avait autrefois appris sur la flûte. Cet air qu'elle et moi connaissons seuls en ce palais. Nieras-tu maintenant ? oseras-tu nier ?

DANILOWITZ.

Non, Sire ! c'est la vérité ! Depuis ce matin !... d'après mes ordres et la récompense par moi promise, la paysanne qui pendant quinze jours l'avait recueillie dans sa chaumière me l'a amenée...

PIERRE.

Et tu ne me l'avais pas encore dit?

DANILOWITZ.

Je n'osais pas !

PIERRE.

Et pourquoi ?

DANILOWITZ, hésitant.

Parce qu'elle était ici, sans y être !... ce n'est plus elle !...

PIERRE.

Qu'est-ce que cela signifie?

DANILOWITZ.

Que votre infidélité dont elle a été le témoin, sa condamnation, ce fleuve qu'elle a traversé à la nage, cette blessure qu'elle a reçue... tant de secousses à la fois ont ébranlé sa raison !

PIERRE, poussant un cri.

...Ah !... Catherine si forte ! si courageuse !... (Avec douleur.)

Si tu savais quels projets j'avais formés sur elle... sur elle... mon guide et mon étoile !

DANILOWITZ, avec ménagement.

Le temps et nos soins vous la rendront, il ne s'agit que d'attendre...

PIERRE, avec emportement.

Attendre ! je ne le puis !

DANILOWITZ.

Dans son délire même elle parle sans cesse de Pierre.

PIERRE, avec émotion.

De moi ?

DANILOWITZ.

Tout à l'heure encore vous l'avez entendue... elle redisait cet air que vous et George répétiez si souvent sur la flûte ; son idée fixe, c'est son village !

PIERRE, poussant un cri d'espoir.

Ah !

DANILOWITZ.

C'est ce toit où elle vous a connu ! c'est son frère, sa sœur, tous les siens qu'elle appelle et qu'elle désespère de revoir !

PIERRE, portant la main à son front.

Ah !... (S'adressant à Danilowitz.) Écoute !... qu'on la délivre ! qu'on la conduise ici !... et puis... (Entrent quelques officiers du palais : il leur parle à voix basse ; Danilowitz a l'air de faire des observations. — A Danilowitz.) Je prends tout sur moi !... mais que mes ordres soient fidèlement exécutés, c'est à toi de les transmettre ici à tout ce monde... (Avec colère.) Et maintenant laissez-moi... laissez-moi tous.

(Tous sortent.)

SCÈNE IX.

PIERRE, seul.

Oui, l'amour n'est qu'un vain mot, ou ce moyen doit me la rendre ! il me la rendra ! je le veux... je le veux ! quand devant cette volonté tout devrait se briser, même mon existence ! (Regardant vers la droite.) C'est Catherine... c'est elle !... (S'élançant par la porte à droite.) Allons !

SCÈNE X.

CATHERINE, sortant de la porte de gauche. Elle est vêtue de blanc. Puis LES OUVRIERS FINLANDAIS du premier acte.

FINALE.

CATHERINE.

Quelle douce lueur succède
A la nuit qui couvrait mes yeux !
O ma mère, viens à mon aide !
Suis-je sur terre ou dans les cieux ?

(Cherchant à rappeler ses idées.)

Oui... dans mon souvenir... glisse comme un nuage...
De mille objets confus le bizarre assemblage,
Qui brille... revient... s'enfuit,
Et dans l'ombre s'évanouit...
Et pourtant...

Quelle douce lueur succède, etc.

(On entend en dehors le chœur des ouvriers finlandais qu'on a entendu à la première scène du premier acte.)

LE CHŒUR, en dehors.

Sous cet ombrage,
Après l'ouvrage,
Délassons-nous de nos travaux !
Heure chérie
Où tout s'oublie,
Où le bonheur est le repos,
Le vrai bonheur c'est le repos !

(Catherine, aux premières mesures du chœur précédent, est restée frappée de surprise.)

CATHERINE.

Mon sommeil dure encore!... et j'entends dans mon rêve
Les chansons qu'en Finlande entonnait sur la grève
  L'ouvrier matinal!...

(Les contrevents qui fermaient la grande croisée du fond sont retirés en dehors, et l'on aperçoit à gauche la maison de Catherine qu'on a vue au premier acte. Au fond, le village de Wiborg. Les ouvriers finlandais, vêtus des mêmes habits, sont groupés comme ils l'étaient à la première scène.)

CATHERINE, poussant un cri de surprise.

Ciel!...

(Cachant sa tête dans ses mains.)

J'ai cru voir à travers un nuage
  Apparaître mon village!
Est-ce une ombre? est-ce l'image
    De ces lieux jadis
    Par moi tant chéris?

(Le châssis vitré qui fermait le fond disparaît et les ouvriers entrent en scène.)

UN OUVRIER, s'adressant à Catherine qui s'approche timidement.

Eh bien!... la cantinière... tu ne nous verses pas à boire! Est-ce que ton baril est à sec?

UN AUTRE OUVRIER.

Est-ce qu'il n'y a pas ce matin le petit verre de rhum ou de kirsch pour les charpentiers?

TOUS, appelant.

Allons donc? Catherine! Catherine!

CATHERINE, toute troublée.

Me voici!... me voici!...

(A part.)

C'est bien moi qu'on appelle...

(Prenant son baril qu'un ouvrier lui présente.)

Et mon baril de rhum... qui m'est resté fidèle !
(Regardant les ouvriers.)
Voici bien mes amis... les voici revenus !
(A part, avec une expression de joie.)
Mes amis !...
(Avec douleur.)
Je croyais que je n'en avais plus !

TOUS LES OUVRIERS, avec impatience.

Catherine ! Catherine !...

SCÈNE XI.

Les mêmes ; DANILOWITZ, en pâtissier, avec un plateau de pâtisseries, comme au premier acte.

DANILOWITZ.

Voici !... voici ! qui veut des tartelettes ?
Comme elles sont friandes et bien faites !
Et ces jolis gâteaux,
Voyez comme ils sont beaux !
Surtout comme ils sont chauds !

CATHERINE, qui, pendant quelques instants, l'a regardé avec surprise.

Danilowitz !... le pâtissier !
(A part.)
Il me semble pourtant qu'il était officier...
(Cherchant.)
Où donc ?... où donc ?... Ah ! je me le rappelle...
(Elle s'élance vers lui pour l'interroger. Danilowitz lui présente son plateau.)

DANILOWITZ, parlant sur la musique qui continue toujours.

Eh bien ! Catherine, tu ne m'achètes pas aujourd'hui des gâteaux ? Je comprends... tu te hâtes de retourner à la maison de ton frère qui t'attend avec impatience !...

CATHERINE, portant la main à son front.

Quel nuage plus sombre obscurcit ma raison !
Mon frère, m'a-t-il dit ?... mon frère... et sa maison ?...

DANILOWITZ, parlant.

Où il y a fête aujourd'hui pour son mariage avec Prascovia !

CATHERINE.

Son mariage !...
    Est-ce une erreur nouvelle ?
Est-ce une ombre ? l'ombre fidèle,
L'âme errante de mes amis,
    Par moi tant chéris !

SCÈNE XII.

LES MÊMES; GEORGE, PRASCOVIA, en habits de mariés, comme au premier acte, REYNOLDS, l'oncle de Prascovia, et TOUS LES INVITÉS du premier acte habillés de même. Puis PIERRE, et DES OFFICIERS, DES SEIGNEURS et DES DAMES de la cour.

LE CHŒUR.

Prenez vos habits de fête,
O le plus beau des maris !
Car voici, musique en tête,
Vos parents et vos amis !

(Catherine, pendant le chœur précédent, s'est approchée doucement et pas à pas de Prascovia et de George, et n'ose les toucher, tant elle a peur de les voir s'évanouir comme une ombre.)

GEORGE, tout troublé et parlant sur la musique.

Eh ! mais, Catherine... qu'as-tu donc, et qui t'empêche de nous embrasser comme à l'ordinaire ?

PRASCOVIA.

Ce n'est pas pour te gronder, mais tu t'es joliment fait attendre pour la noce.

CATHERINE.

La noce !
    (A George qu'elle prend par la main.)
Viens, mon frère !
Viens... c'est toi, qui par moi seras seul écouté...
Je ne croirai que toi !... dis-moi la vérité !

GEORGE, bas à Prascovia.

Et Danilowitz qui nous a ordonné de mentir sous peine de la colère de l'empereur!...

CATHERINE.

Dis-moi si ma raison est à jamais perdue?

GEORGE et PRASCOVIA, riant.

Quelle idée!... allons donc!

CATHERINE, cherchant à rappeler ses souvenirs.

Pourtant, je vois encor... ce camp et ces soldats!...
Et cet ingrat... pour qui j'ai bravé le trépas!
Péters... qui m'a trahie!...

(Vivement.)

Oui, je me le rappelle,
J'en suis sûre à présent... il était infidèle!...

GEORGE, parlant sur la musique.

Voilà une imagination!... ce pauvre Péters qui n'aime et n'a jamais aimé que toi... à telles enseignes qu'il est déjà à la maison depuis ce matin, pour prendre sa leçon, soi-disant, (Tirant sa flûte de sa poche.) mais dans le fait... pour t'y attendre.

CATHERINE.

Vous me trompez... ailleurs il a porté ses pas.
(On entend en dehors l'air de flûte que Pierre jouait au premier acte. — Catherine, parlant sur la ritournelle.) Ah! mon Dieu... cet air... qui donc le jouait ainsi? ah! lui!... lui... Péters!...

GEORGE, avec bonhomie.

Eh! oui, c'était Péters... oui, le fait est certain.

CATHERINE.

C'est bien l'air que chaque matin
Il répétait avec mon frère!

GEORGE, de même.

Avec moi-même! eh! oui, la chose est claire!

CATHERINE.

C'est lui... je le reconnais... je le dirais... je crois.

(Elle chante l'air, et la flûte, qui s'est fait entendre à gauche, l'accompagne.)

O prodige nouveau !
N'est-ce pas un écho ?
(Avec extase.)
Ne va pas me fuir,
Doux souvenir
Où mon espoir se fonde !
O rêve heureux
Par qui s'ouvrent les cieux !

(Écoutant.)
L'écho se tait.
(A George.)
Réponds pour que l'écho réponde.

(George, qui est à droite du théâtre, joue sur sa flûte l'air que reprend la flûte à gauche.)

Cet air si cher m'enivre et porte dans mes sens
Le parfum des fleurs au printemps !

(En ce moment Pierre paraît. Catherine pousse un cri et tombe évanouie dans les bras de Pierre. Danilowitz, George et Prascovia l'entourent.)

DANILOWITZ, effrayé.

Morte !... morte !...

PIERRE, tenant toujours Catherine dans ses bras.

Non, non, la joie ne tue pas !

(Dans ce moment des groupes d'officiers, de seigneurs, de dames de la cour, entrent de droite et de gauche. Des dames d'honneur portant le manteau impérial, l'attachent sur les épaules de Catherine encore évanouie, que le czar soutient toujours dans ses bras. D'autres dames posent sur son front la couronne, tandis que Prascovia, à genoux devant elle, attache à son côté le bouquet blanc de mariée. En ce moment, Catherine ouvre les yeux, sa raison est revenue. Elle craint de la perdre de nouveau. Elle touche avec étonnement son manteau, porte la main à sa couronne.)

CATHERINE.

O ma mère !... tu me l'avais dit... pour moi... la gloire... le bonheur !

PIERRE, lui montrant la cour qui l'environne.

Ils sont ici !

CATHERINE, se jetant dans ses bras.

Non !... là !

LE CHŒUR.

Vive notre impératrice,
Notre étoile protectrice !
Qu'elle soit toujours
Et notre gloire et nos amours !

(Les tambours battent aux champs, les épées brillent.)

TOUS.

Vive l'impératrice.

TABLE

	Pages.
Marco Spada	1
La Lettre au Bon Dieu	109
Le Nabab	175
L'Étoile du Nord	285

Soc. an. d'imp. P. DUPONT, Dr. Paris. — (Cl.) 212.3.80.

ŒUVRES COMPLÈTES

DE

EUGÈNE SCRIBE

DE L'ACADÉMIE FRANÇAISE

OPÉRAS COMIQUES

MARCO SPADA
LA LETTRE AU BON DIEU
LE NABAB
L'ÉTOILE DU NORD

E. REIBER inv.

ES

PARIS
E. DENTU, LIBRAIRE-ÉDITEUR
PALAIS-ROYAL, 17-19, GALERIE D'ORLÉANS.

V. — 16.

1880